외교의 길

한승주

서울대 외교학과를 졸업하고 도미하여 미국 뉴햄프셔대에서 정치학 석사, 캘리포니아주립대(버클리)에서 정치학 박사 학위를 받았다. 이후 미국 대학에서 약 8년, 귀국 이후 30년 가까이 고려대에서 연구하고 학생들을 가르쳤다. 김영삼 대통령 시절에는 외무부 장관으로 정책을 만들고 현장을 지휘했다. 노무현 대통령 시절에는 주미 대사로 격동의 외교 무대에서 직접 선수로 뛰기도 했다. 대학에서 은퇴 후에도 외교에 종사하고 있으니 반세기 경력의 '교수 외교관'이라고 하겠다.
김영삼 대통령 시절, 장관 취임 2주 만에 북한이 NPT(핵확산금지조약) 탈퇴를 선언하여 그에 대처하는 것이 가장 큰 임무가 되었다 김 대통령은 외교 문제에서 장관을 비롯한 실무진의 조언과 건의를 존중해주었고, 본인의 의견과 다른 점이 있어도 합리적인 건의는 받아들여주었다. 그뿐만 아니라 인사에 간섭하거나 통제하지 않고 외무부의 독자적 결정을 허용하고 존중해주었다.
노무현 대통령은 대선에서 자신을 지지하지 않았던 나에게 주미 대사 자리를 제의했고, 나는 그것을 수락했다. 노 대통령은 이념적으로 다른 입장을 갖는 경우가 있어도 큰 틀에서 합리적이고 실용적인 건의를 받아들여주었다. 이라크 파병을 결정하고, 미국과 자유무역협정(FTA) 협상을 개시했으며, 주한미군의 전략적 유연성을 수용했다. 나는 노 대통령에게 좌우를 아우르는 '큰 텐트(big tent)'를 칠 것을 건의하기도 했다.

외교의 길

초판 1쇄 발행_ 2017년 6월 1일
초판 2쇄 발행_ 2017년 6월 15일

지은이_ 한승주
펴낸이_ 이성수
펴낸곳_ 올림
주소_ 03186 서울시 종로구 새문안로 92 광화문오피시아 1810호
등록_ 2000년 3월 30일 제300-2000-192호(구:제20-183호)
전화_ 02-720-3131 팩스_ 02-6499-0898
이메일_ pom4u@naver.com
홈페이지_ http://cafe.naver.com/ollimbooks

값_ 28,000원
ISBN 978-89-93027-90-7 03340

이 도서의 국립중앙도서관 출판예정도서목록(CIP)은 서지정보유통지원시스템 홈페이지(http://seoji.nl.go.kr)와 국가자료공동목록시스템(http://www.nl.go.kr/kolisnet)에서 이용하실 수 있습니다.(CIP제어번호 : CIP2017011442)

평화를 향한 여정

외교의 길

한승주

올림

나는 어떤 외교를 지향했는가

나는 평생 외교의 길을 걸어왔다. 지난 50여 년간 대학에서 외교를 배우고 가르쳤다. 1993년에는 외무부 장관으로, 2003년에는 주미 대사로 임명되어 각각 22개월간 격변의 외교 현장에서 뛰기도 했다. 민간인으로서도 끊임없이 다양한 민간외교 활동에 참여해왔다.

별다른 인연이 없었던 김영삼 대통령이 나를 장관으로 발탁한 배경은 지금도 알지 못한다. 다만 내가 고려대 교수로 재직하면서도 주요 국제회의에 적극적으로 참석하고 해외 인사들과 활발하게 교류하는 한편 한국 최초 뉴스위크 고정 칼럼니스트(1983~1993)로서 국제적 이슈에 대한 글을 정기적으로 기고하는 등의 여러 활동을 통해 국제적 인지도가 높아진 것이 어느 정도 작용하지 않았나 하고 짐작할 뿐이다. 노무현 대통령이 나를 주미 대사로 보낸 것은 미국 정계와 학계에서의 나의 인지도와 인맥 등을 바탕으로 당시의 어려운 한미관계를 풀어나갈 수 있는 적임자라고 여겼기 때문이 아닌가 생각된다.

두 보직의 배경에는 모두 북한의 핵무기 개발과 관련된 위협이 있었으며, 이에 대처하는 것이 나에게 주어진 가장 큰 임무였다. 핵무기는 그 자체가 가공할 무기일 뿐만 아니라 그 문제를 해결하는 과정에도 늘 무력 사용과 전쟁의 가능성이 도사리고 있는 심각한 사안이었다. 6·25전쟁으로 막대한 인명 피해와 국토의 황폐화를 경험한 우리로서는 안보와 평화가 무엇보다도 중대한 과제였고, 나는 두 직책을 맡으면서 평화적으로, 외교적으로 문제를 해결해야 한다는 막중한 책임감을 느끼지 않을 수 없었다.

장관직과 대사직을 수행하면서 북핵이 가장 중요한 문제였던 것은 사실이나 안보, 통상, 인권, 문화, 국제기구 등 다른 외교적 이슈들도 비중의 차이가 있을 뿐 모두 중요한 과제들이었다. 또한 장관이라는 직책과 대사라는 직책은 다 같이 외교직이기는 하지만 권한과 활동 범위에서 다른 점도 많았다. 나에게는 두 직책 모두가 보람도 있었지만 한편으로는 아쉬움도 있었다. 1994년 가을 북한의 핵 활동을 동결하여 북핵 문제를 일단락시키고 한반도에서 전쟁의 재발이나 대규모 무력 충돌을 막을 수 있었던 것은 보람 있는 일이었으나, 영구적이고 강력한 평화의 기반을 구축하지 못한 것은 큰 아쉬움으로 남아 있다.

교수가 장관직에 이어 대사직까지 맡은 것은 내가 유일한 케이스는 아니겠지만 자주 있는 일은 아닐 것이다. 교수 출신 외교관은 직업 외교관에 비해 그 나름대로 유리한 점도, 불리한 점도 있다고 생각한다. 이점이라면 교수는 매일매일의 실무에 매달리지 않고 사건과 문제를 시간적으로는 역사적 맥락 속에서, 또 공간적으로는 비교적 시각에서 분석하고 해법을 찾는 능력을 갖출 수 있을 것이다. 학문의 핵심이 사물의 연관성과 인과관계를 찾는 데 있다고 한다면 학문에 종사한 사람들은 실무에만 종사한 사람들보다 비교적 폭넓고 객관적인 안목으로 정책을 다룰 수 있을 것이다.

반면 교수는 직업 외교관과 달리 국내외 다른 공무원이나 외교관들과 인적관계를 형성하고 업무 경험을 축적할 기회를 갖지 못했을 가능성이 크다. 국회의원을 포함한 정치인들과 언론을 상대하는 능력도 부족할 수 있다. 또한 정부의 일에는 그 나름대로의 규율과 관행이 있게 마련인데, 그 방면의 지식과 경륜이 부족할 수밖에 없을 것이다. 어느 정부에서나 볼 수 있는 영역 싸움, 자리다툼, 윗사람에게 잘 보이기 경쟁 등을 수반하는 관료정치에 미숙할 가능성이 크다. 물론 교수 출신이 외교관으로서의 불리한 조건을 성공적으로 극복할 수 있느냐 하는 문제는 개인의 능력과 성향에 따라 다를 것이다. 나는 교수 출신의 외교관으로서 나의 강점은 최대한 활용하고 약점은 가능한 한 극복하려고 노력했다.

이 책은 나의 삶, 그 가운데서도 주로 외교와 연관된 '공적인' 삶의 기록이다. 왜 내가 평화외교를 지향하게 되었는지, 어떻게 합리적 혹은 실용적으로 평화외교를 실현하기 위해 나름대로 노력했는지 그 여정을 돌이켜보았다. 현재 외교 현장에서 뛰고 있거나 장래 우리나라의 외교를 이끌어나갈 후배와 후학들이 실용외교와 더불어 평화외교를 가꾸어가는 데 조금이나마 도움이 될 수 있다면 더 이상 바랄 것이 없겠다.

책의 부록에는 고려대학교 고별 강연인 '외교란 무엇인가?'를 비롯하여 '세계화시대와 한국의 외교', '불안정한 삼각관계', '한반도의 분단 관리와 통일 문제' 등의 연설문과 주요 외국 신문에 게재되었던 나에 관한 기사, 인터뷰 동영상을 인터넷에서 찾아볼 수 있는 바로가기를 수록했다. 이 책에 나타난 나의 사고(思考)와 그에 기초한 실천을 이해하는 데 보탬이 되기를 바란다.

내가 '외교의 길'을 걷는 데 동반자이자 길잡이가 되어준 동료 교수들과 외교관들에게 크게 감사의 마음을 전한다. 이 책이 나오기까지에는 많은 시간과 주변의 도움을 필요로 했다. 2006년 정년을 맞아 대학을 떠난 이후에도 강연, 회의 참석, 자문 활동, 해외 출장 등으로 집필에서 멀어져 있을 때가 많았다. 정해놓은 마감이 없는 회고록 프로젝트로 다시 돌아오게 만들어준 올림의 이성수 대표께 특별한 감사의 말씀을 드린다. 작성 과정에서 원고의 일부 또는 대부분을 읽어주고 귀중한 제언을 해주신 동료, 제자, 지인들께도 깊이 감사드린다. 특히 귀중한 시간을 내어 원고 전체를 읽고 지루한 윤문을 마다치 않은 김정산 작가에게 심심한 감사의 말씀을 드린다. 끝으로 나보다도 자기 분야에서 몇 배 많은 저술을 하느라 시간에 쫓기면서도 원고를 꼼꼼히 다 읽어주고 미흡한 부분을 다듬어준 인생의 반려자 이성미 교수에게 특별히 고마운 마음을 전한다.

2017. 4. 19. 한승주

차례

1부
학문의 길

2부

외교의 길

3부
다시 외교의 길로

부록

1부

학문의 길

500년 서울 토박이

|나의 출생과 성장의 배경|

내가 태어난 1940년은 우리나라가 일본의 식민지가 된 지 30년째 된 해였고, 2차 세계대전이 끝나려면 아직 5년이나 더 남아 있던 때였다.

1945년 여름쯤 우리 가족은 광화문 근처 지금의 새문안교회 부근에 살고 있었다. 어느 날 비행기 두 대가 하늘 높이 반짝이며 날아가는 것을 보았다. 어른들이 B-29라고 했던 기억이 난다. 그때는 몰랐지만 지금 돌이켜보면 아마도 막바지에 접어든 2차대전과 관계가 있었던 것으로 생각된다. B-29는 그해 8월 초 미국이 일본의 히로시마와 나가사키에 원자폭탄을 투하했던 바로 그 폭격기와 같은 기종이었다.

나의 본관은 청주(淸州)이지만 우리 집안은 500년 동안 대대로 서울에서 살았다고 하니 서울 토박이인 셈이다. 우리 집안에 내려오는 족보에 의하면 나는 한씨 가문에서 가장 큰 종파인 양절공(襄節公)파의 창시자이자 세조 때 좌의정을 지낸 한확(韓確, 1403~1456)의 21대손이

왕십리 집 앞에서. 다섯 살의 한훈(韓勳).
훈은 필자의 아명이었다. 1945년.

다. 한확은 성종의 어머니인 인수대비의 아버지이고, 세조의 측근이었던 한명회(韓明澮)와는 9촌 숙질간이었다. 내가 자신을 소개하면서 조상 가운데 한 분을 거론하는 이유는 한확이 세종으로부터 세조에 이르기까지 유능한 외교관으로 활동했던 것으로 알려져 있기 때문이다. 당시에는 왕위 승계와 관련하여 중국의 승인을 얻는 것이 중요한 외교 과제였다. 한확은 1418년 명나라로부터 세종의 국왕 책봉을 받아 왔고, 1455년에는 양위라는 명분을 내세워 단종의 왕위를 찬탈한 세조의 책봉을 받아냈다고 한다. 훗날 내가 수년간이라도 외교관으로서 국가에 봉사하게 된 것이 혹시 조상으로부터 물려받은 DNA와 관련이 있는 것이 아닌가 하는 생각도 해본다.

고려 말과 조선 전기에는 우리 집안이 문신을 많이 배출했으나 그 후에는 무신이 많이 나왔던 것으로 기록되어 있다. 아마도 한확의 9촌

조카였던 한명회가 병사한 후 연산군 대에 와서 성종비 윤씨의 폐출 사건을 막지 못한 죄목 때문에 관직을 추탈당하고 사후 극형에 처해졌던 것과 관련이 있지 않았나 생각된다.

가깝게는 나의 증조부께서 고종(高宗) 때 의관(醫官)을 지내셨다. 내가 열 살 되던 해까지 생존해 계셨는데, 1895년 명성황후 시해 사건 때 놀란 고종께서 궁중 의무실이라고 할 수 있는 전의실(典醫室)에 오셔서 진정제를 받아 드시고 급한 김에 뒷물 수건으로 입을 닦으셔서 당신께서 곤혹스러웠다는 이야기를 해주시기도 했다.

나의 부친은 자수성가하여 자동차 운전과 정비를 가르치는 학원을 운영하면서 운송 사업을 하는 중소기업인이었다. 덕분에 나는 자라면서 경제적으로는 그다지 어렵지 않게 생활했으나 기업 경영이 얼마나 어려운 것인지를 깨닫게 되었고, 그런 연유로 기업인보다는 전문직에 종사하는 사람이 되리라고 작정하게 되었다. 모친은 학교 교육을 많이 받지 못한 분이셨으나 총명하고 인자하셔서 나에게는 좋은 어머님이자 인생의 스승이 되어주셨다. 부친은 장남이셨으나 사업 때문에 일찍이 분가하여 외아들이었던 나는 형제자매 없이 외롭지만 단출한 가정에서 비교적 조용히 성장할 수 있었다.

1950년부터 1960년 사이에 내 인생에 가장 큰 영향을 준 세 가지 사건이 있었다. 첫 번째는 내가 열 살 때인 1950년에 발발한 한국전쟁이고, 두 번째는 1956년 고등학교 1학년 때 미국에 2개월간 연수를 다녀온 것이고, 세 번째는 1960년 4·19혁명에 참여한 것이다.

전쟁과 평화

| 초등학교 시절의 6·25전쟁 |

한국전쟁은 많은 인명을 앗아가고 살아남은 사람들에게는 큰 상처를 남겼다. 전쟁은 열 살짜리 철부지 어린아이도 피해 가지 않았다. 나는 가족과 함께 피란길에 올라 머나먼 길을 걷고 또 걸어야 했다. 먹을 것을 구하지 못해 며칠씩 굶기도 했다. 말로는 표현하기 어려운 온갖 전쟁의 참상을 두 눈으로 보았다. 전쟁의 와중에 포탄 파편을 맞아 다치기도 했다. 이때 몸에 박힌 총알 만한 파편은 70년이 되어가는 지금도 몸속에 지니고 있다.

전쟁이 발발한 1950년 6월 25일은 일요일이었다. 나는 당시 무학국민학교(지금의 초등학교) 5학년생이었는데, 기억하건대 곧 여름방학이 시작되면 한동안 신나게 놀 수 있으리라는 기대에 잔뜩 부풀어 있었다. 북한이 '쳐들어오던' 그날, 북쪽에서 폭탄 터지는 소리가 들렸다. 북한의 소형 비행기가 김포공항까지 날아와 폭탄을 투하했다는 이야기도 들었다.

서울이 함락되던 6월 27일(전쟁이 일어난 지 불과 이틀 후), 우리 세 식구는 왕십리를 출발하여 밤길을 걸어 한강나루(지금 옥수동의 동호대교 근처)에서 한강을 건너 질척거리는 말죽거리를 지나 남쪽으로 향했다. 그때는 길이 말죽처럼 질척거려 말죽거리라고 부르는 줄로 알았다. '말에게 말죽을 먹이기 위해 잠시 머무는 역마(驛馬)거리'라는 뜻에서 '말죽거리'라고 불렸다는 사실을 알게 된 것은 먼 훗날의 일이었다.

북한군이 우리를 포함한 피란민 대열을 바짝 따라오는 와중에 부친의 친구 한 분이 살고 계셨던 충남 공주군의 유구에 도착했다. 그러나 며칠 안 되어 그 지역도 인민군에게 점령당하는 바람에 우리는 서울로 귀환할 수밖에 없었다. 인민군 치하에서 서울로 돌아오는 길은 공포와 불안의 연속이었다. 길거리에는 인민군 행렬도 보이곤 했다. 먹을 것이 떨어져서 며칠을 굶으며 걸어야 했다. 나야 어렸으니까 그나마 덜했겠지만 부모님은 얼마나 조마조마하셨을까 생각하면 지금도 안쓰럽기 짝이 없다.

천신만고 끝에 서울로 돌아온 우리 가족은 창신동의 조부모님 댁을 찾아갔다. 9·28 수복까지 3개월에 가까운 기간 동안 부친은 다락에 숨어 계시고 다른 식구들은 식량을 구하러 다니면서 가슴 조이는 시간을 보내야 했다.

삶과 죽음의 경계를 넘나들다

9월 27일 밤에는 인천에 상륙한 미군이 서울 근교까지 들어와 동대문 밖 창신동 일대에 포탄을 쏘아댔다. 그 와중에 총알 만한 파편이 날아와 내가 입고 있던 바지를 뚫고 오른쪽 엉덩이에 박혔다. 부모님은 피를 흘리며 신음하는 나를 업고 포격을 피하여 부친의 친구가 살고 계신 의정부 마전리 쪽으로 향했다. 창동쯤에서 북한군이 서울 전투에 투입되기 위해 길가에서 대기하고 있었는데, 그중 한 사람이 내가 피를 흘리는 것을 보더니 배낭에서 자기 어머니가 주었다는 명주천을 꺼내 내 상처 주변을 묶어 지혈이 되도록 도와주었다. 내가 그때 살아날 수 있었던 것은 그의 덕분이었을지도 모른다. 지금도 생각하면 고마운 마음이다.

피는 급한 대로 멈추었으나 전쟁 중이라 서울이 탈환된 이후에도 몸속에 박힌 파편을 제거하지 못한 채 상처가 아물어버렸다. 70년 가까운 세월이 지난 오늘까지 나는 그 파편을 몸속에 지니고 다닌다. 간혹 공항에서 금속탐지기를 통과할 때 삐삐 소리가 나서 직원에게 설명을 해야 했던 적도 있다.

훗날 외무부 장관 재임 시절(1993년) 뉴욕타임스 기자 데이비드 생거(David Sanger)에게 전쟁의 와중에서도 이념을 초월한 인도주의를 발휘하여 나를 도와준 북한군 이야기를 해주었더니 그가 그것을 크게 기사화한 일이 있었다. 그 기사가 나간 후 보수 인사들로부터 대한민국의 외무부 장관이 인민군의 도움을 받았다는 이야기를 할 수 있느냐고 비난도 많이 받았다. 남북이 같은 민족이면서도 상대방의 일이라면 개인적으로 고마웠던 이야기도 말하기 어려운 분위기가 서글펐다.

전쟁 중에 나는 폭탄 파편을 맞았을 뿐 아니라 시골길에서 미군 전투기의 로켓포 공격을 받은 적도 있다. 미군 포로들이 밧줄에 묶인 채 이동하는 광경을 목격하기도 했고, 산등성이에서 국군과 인민군이 전투하는 모습을 본 적도 있다.

중공군이 참전하면서 우리는 다시 서울을 떠나야 했다. 1951년 1·4후퇴 때는 온 가족이 트럭을 타고 부산까지 갔다. 인민군이 남침할 때 몰고 왔다가 후퇴할 때 놓고 간 것인데, 부친께서 9·28 서울 수복 후 입수한 것이었다. 인터넷에서 같은 모습의 트럭을 찾아보니 UralZIS-5라는 3톤짜리 소련제였다. 이번에는 친가뿐만 아니라 외가 식구들까지 함께 트럭을 타고 피란길을 떠났다.

부산에서는 잠시 동래 온천동에 거주했다. 내성국민학교에 편입하여 몇 달 다니다가 동래피난국민학교가 생겨 그쪽으로 옮겨 갔는데, 내성국민학교 때의 친구들이 나를 동창으로 받아들여주어 오늘날까지도 간혹 만나곤 한다. 당시는 말이 학교이지 건물도, 책상도, 의자도 없이 야외에서 수업을 했다. 2014년 12월 개봉한 〈국제시장〉이라는 영화에서 주인공 윤덕수가 어린 시절 야외에서 공부하던 모습과 흡사하다. 그래도 영화에서는 책상과 의자는 있었던 걸 보면 현실이 영화보다 더 열악했다고 할 수 있겠다.

나는 공부는 어느 정도 제대로 했는지 다음 해인 1952년에는 들어가기 어렵다는 경기중학교(당시 부산 대신동 구덕산 밑에 임시 가교사가

경기중학교 시절
어머니와 함께. 1953년.

있었다.)에 국가시험을 거쳐 입학했다.

이듬해인 1953년, 아직 전쟁은 공식적으로 끝나기 전이었으나 부산으로 피란했던 서울의 중학교(중학교와 고등학교가 분리되기 이전이어서 6년제였다.)들이 대부분 서울로 돌아가게 되었고, 우리 가족도 다시 짐을 싸서 귀향하기로 결정했다. 서울 가는 길은 피란길만큼이나 어려웠다. 한강에는 임시 철교가 건설되어 있었으나 기차를 타고 한강 다리를 건너려면 검사와 선별이 대단히 엄격했다.

1953년의 서울은 폐허 그대로였다. 공중 폭격과 포격으로 쑥대밭이 되어 제대로 된 건물이라고는 찾아보기 어렵고, 전차 등 교통수단도 전무한 상태였다. 남북한 합쳐 200여만 명의 사망자를 낸 전쟁의 여파로 서울은 황량한 폐허로 변해 있었다.

중2 학생, '휴전 반대' '북진 통일'을 외치다

귀경한 지 몇 달 되지 않아 나는 '휴전 반대' 운동의 소용돌이에 휩쓸리게 되었다. 아직 중학교 2학년이던 나는 3, 4년 위 선배들의 부추김을 받아 '휴전 반대'와 '북진 통일'을 외치며 길거리로 뛰쳐나갔다. 사람들은 들통에 물을 담아 들고 나와 데모하는 학생들의 갈증을 달래게 해주었다.

당시 한국전쟁에서 이미 3만여 명의 전사자를 낸 미국에서는 2차대전 당시 유럽 전선의 영웅이었던 아이젠하워(Dwight D. Eisenhower) 장군이 한국전쟁을 끝내겠다는 공약을 내세워 1952년 대통령 선거에서 당선되었고, 그는 취임 후 북한과의 휴전을 추진했다. 한국에서는 '반공 통일'을 국가적 슬로건으로 내세운 이승만 정부가 통일 없는 휴전에는 결사반대한다는 입장을 고수하고 있었다. 당시는 대학생들이 아직 활발하게 정치에 참여하지 않던 때였으므로 중학교(오늘날의 중고등학교) 학생들이 통일 없는 휴전에 반대하는 운동에 앞장서게 되었던 것이다. 결국 미국이 한미상호방위조약을 체결하고 군사·경제 원조를 대폭 확대한다는 조건으로 이승만 정부로부터 휴전에 대한 동의를 받아냈지만, 한국의 젊은이들이 전쟁과 평화, 그리고 통일 문제에 직접 행동으로 참여한, 해방 후 학생운동의 효시였다고 할 수 있겠다.

사람들은 통일 없는 휴전을 아쉽게 여기기는 했으나 어쨌든 전쟁이 끝난 것은 다행스러운 일이었다. 당시 나는 어린 나이였지만 직접 체험을 통해 전쟁이란 참혹하고 파괴적이고 무서운 것이며, 어떻게 하든 다시 일어나서는 안 된다는 생각이 뇌리에 박히게 되었다. 그러나 한국전쟁의 역사적인 의미를 파악하고 이해할 수 있었던 것은 대학을 졸업하고 성인이 된 후라고 하겠다.

북침인가 남침인가

| 한국전쟁의 원인에 대한 논란 |

전쟁이 휴전으로 마무리된 후 한국전쟁이 야기된 이유와 원인에 대해 의문과 논쟁이 제기되었다. 한국전쟁의 원인과 관련해서 크게는 북한 남침론, 미국 책임론, 남한 선공론 등 세 가지 견해로 나뉜다.

첫째, 가장 정론으로 받아들일 수 있는 것은 북한 남침론이다. 즉, 김일성의 북한 공산정권이 무력으로 남한을 공산화하기 위해 전쟁을 준비하고 계획적으로 그리고 기습적으로 남한을 침략했다는 주장이다. 당시 팽창정책을 추구하던 소련의 지원을 받아 북한군이 남한을 침공했고, 미국과 유엔군의 본격적인 개입이 없었다면 남한은 북한에 쉽게 접수되었을 것이라는 분석이다. 실제로 1990년대에 공개된 소련의 비밀문서는 이러한 분석이 사실에 근거한 것임을 뒷받침해주고 있다.

둘째, 미국의 책임이 크다는 것이다. 우선 전쟁의 원인이 된 한반도 분단을 미국이 주도했고, 1950년 1월 국무 장관 애치슨(Dean Acheson)의 이른바 '애치슨 선언'을 통하여 미국이 한국을 방어 반경(defensive perimeter)에서 제외시켰다는 주장이다. 1949년에 미군이 군사 자문관을 제외하고 모든 병력을 철수한 것과 아울러 사실상 북한의 침공을 초래한 것이나 다름없다는 것이다. 미국이 북한의 남침을 예상하지 못하여 적절한 대비와 방지책을 강구하지 못했고, 북한으로 하여금 미국이 한국에서 전쟁이 나더라도 개입하지 않을 것이라고 오판할 수 있는 근거를 제공한 측면이 있는 것은 사실이다. 그러나 미국이 북한의 침략을 '유도'했다는 것은 당시 상황으로 보나 미국의 세계 전략으로 보나 가능성이 전혀 없는 이야기다.

셋째, 남한이 북한을 먼저 침공했고, 북한은 반격한 것에 불과하다는 견해이다. 이러한 주장을 내세우는 사람을 지금은 별로 찾아볼 수 없으나 휴전 후에는 상당한 영향력을 가졌다. 그들은 전면 전쟁이 일어나기 전 옹진 지구에서 남한 군대의 소규모 대북 공격이 있었던 점, 덜레스(John Foster Dulles) 국무부 고문(후에 국무부 장관)이 전쟁 발발 1주일 전 38선을 시찰했던 점, 유엔 안전보장이사회 상임이사국인 소련이 중국 문제를 이유로 이사회에 불참하고 있었던 점(이것이 소련도 북한이 남침할 것을 예상하지 않았다는 점을 증명한다는 주장이었다.) 등을 지적하며 전쟁을 일으킨 쪽은 북한이 아닌 남한이라는 주장을 내세웠다. 이 문제와 관련하여 남한에 책임이 있다면 북한의 남침에 충분히 대비하지 못한 잘못은 있을지 몰라도 남한이 미국의 지원을 받아 먼저 북한을 침공했다는 주장은 이치로 보나 상황으로 보나 맞지 않는 이야기다. 만약에 남한이 먼저 전쟁을 일으켰다면 어떻게 전쟁이 발발하자마자 밀리기 시작하여 불과 이틀 만에 서울을 빼앗길 수 있었겠는가.

영어에 눈뜨다

|내가 영어를 배운 네 가지 방법|

내 인생의 두 번째 '사건'에 대한 이야기는 중학교 때부터 시작된 나의 영어에 대한 관심으로부터 출발해야 할 것 같다. 휴전 후 아직 중학생이었던 나는 영어에 관심을 갖게 되었다. 웬일인지 영어가 재미있고 쉽게 느껴졌다.

영어 공부를 위해 나는 몇 가지 방법을 강구했다.

첫째는 학교에서 선생님에게서 배우는 문법, 작문 등을 열심히 공부하는 것이었다.

둘째는 원어민 영어선생을 구하는 일이었다. 당시는 지금처럼 원어민이 있는 영어학원 같은 것이 따로 없었을 때였다. 친구 몇 명이 당시 종로 5가 오장동에 있던 미군 통신부대(Signal Corps) 앞에서 지나가는 한 미군에게 영어를 가르쳐줄 수 있느냐고 서툰 영어로 물어보았다. 마침 운이 좋았는지 미국 메인(Maine) 주에서 사범대학에 다니던 리처드 콜(Richard F. Call)이라는 군인을 만났는데, 그가 영어를 가르쳐주겠다고 응답했다. 그는 보수도 거의 없이 2년여 동안 일주일에 닷새 정도 저녁마다 한두 시간씩 헌신적으로 영어를 가르쳐주었다. 그는 영어뿐만 아니라 미국의 문화와 생활양식에 대해서도 많은 것을 가르쳐주었다. 지금도 미국 사람들이 나에게 뉴잉글랜드(미국 동북부) 액센트가 있다고 하는 것은 아마도 영어 학습 초기에 그 지역 출신인 콜에게 집중적으로 배웠기 때문일 것이다.

영어 배우는 방법의 셋째는 방송을 듣는 것이었다. 주로 주한미군을 대상으로 하는 라디오 방송인 AFKN(American Forces Korea Network)을 많이 들었다. 때때로 영화를 보기도 했는데, 당시 중학생은 단체관람 외에는 영화관 출입이 금지되어 있었으므로 영화를 본다는 것이 그다지 쉬운 일은 아니었다. 그러나 기회가 될 때마다 같은 영

꽃다발을 든 사람이 중학교 2학년 시절 영어를 가르쳐주었던
리처드 콜, 그 앞이 필자. 1953년 10월.

SCC 멤버들과 야유회에서.
오른쪽에서 두 번째가 필자. 1959년.

화를 되풀이해 관람하면서 대사를 외우다시피 했다. 미키 루니와 어린 엘리자베스 테일러가 나오는 〈녹원의 천사 National Velvet〉를 보고 열광하기도 했고, 로버트 테일러와 비비안 리가 나오는 〈애수 Waterloo Bridge〉를 보며 가슴 아파하기도 했다.

넷째는 당시 선배들이 만들어놓은 SCC(Students' Cultural Club)라는 영어회화클럽에 참여하는 것이었다. 토론과 오락은 물론 일상적인 대화에 이르기까지 영어만 사용하는 모임이었다. 요즘 말로 하자면 언어 집중훈련 학교(immersion school)에 해당하는 경험이었는데, 일상생활에 필요한 영어를 익히는 데 많은 도움을 주었다. 그때의 멤버들 가운데 후에 여러 분야에서 사회적으로 중요한 활동을 한 사람들이 많고, 지금도 정기적으로 만나서 옛정을 나누고 있다.

SCC 참여는 영어를 배우는 것 이외에도 나에게 또 다른 큰 선물을

훗날 아내가 된 이성미와 함께
대학 교정에서. 1962년 2월.

주었다. 그곳에서 이성미(李成美)라는 서울대학교 미술대학 학생을 만났는데, 그 인연이 결혼으로 이어져 오늘날까지 반세기가 넘도록 인생의 동반자로 함께 살고 있다.

새로운 세상을 만나다

| 미국과의 첫 대면 |

나는 고등학교 1학년 때 미국을 여행하는 특별한 기회를 갖게 되었다. CRS(Camp Rising Sun)라는 국제 여름캠프에 참가하게 된 것이었다. CRS는 1927년 뉴욕 주 라인벡(Rhinebeck)의 캐츠킬(Catskill)이라는 산자락에 있는 작은 마을에 국제 친선과 미래 지도자 양성을 목적으로 설립된 국제 장학캠프이다. 뉴욕의 자산가이자 자선사업가인 조지 조너스(George E. Jonas 1897~1978) 씨가 창설한 것으로서, 미국을 포함한 세계 각국의 만 14~15세 학생들을 초청, 여름에 두 달 동안 같이 생활하며 미국은 물론 세계 여러 나라의 참가자들이 소개하는 다양한 문화를 체험하는 프로그램이었다.

미국은 아시아 국가의 개발과 아시아-미국의 관계 향상을 통한 평화와 발전을 도모하고자 1954년에 비영리 기구인 아시아재단(The Asia Foundation)을 창설했는데, 같은 해에 한국에 지부를 열었다. 아시아재단에서는 1955년부터 한국 학생의 캠프 파견을 지원했다. 1956년 봄에 아시아재단 한국지부는 CRS 참가자 선발을 위해 몇몇 주요 고등학교에 영어도 할 줄 알고 국제 문제에도 관심 있는 학생을 추천해달라고 요청했다. 경기고등학교 1학년이었던 나는 학교의 추천을 받아 당시 서울 관훈동에 있던 아시아재단 회의실에서 선발을 위한 인터뷰를 치렀다.

뜻밖의 행운으로 선발된 나는 캠프 생활 두 달 동안에 외국, 특히 그 당시 미국이라는 나라에 대한 이해의 폭을 넓히고 미국의 풍습과 언어에도 다소 익숙해질 수 있었을 뿐만 아니라 세계 각국의 학생들과 친분을 쌓게 되었다. 그것이 내가 훗날 외교 분야에 관심을 갖게 된 동기가 되지 않았나 생각한다.

CRS는 체류 기간 동안의 숙식비 등 경비 일체는 캠프가 부담하는

미국으로 출발하기 전 여의도공항에서.
왼쪽부터 증조모, 모친, 필자, 고모, 부친. 1956년.

장학캠프였는데, 미국까지의 왕복 여비와 보험료 등의 경비는 아시아재단이 내주었다. 그때는 서울-뉴욕 간의 항공료가 당시 기준으로 봐서는 상당히 높았다. 왕복이 한 1,100달러쯤 되었던 것으로 기억하는데, 당시 우리나라 1인당 국민소득(GNI)이 66달러 정도였다는 점을 감안하면 상당히 큰돈이었음을 알 수 있다. 지금도 할인된 이코노미 클래스 가격이 그 두 배쯤 되는 걸 보면 항공료는 지난 60년 동안 그다지 많이 오르지 않은 것으로 보인다. 소득을 기준으로 한다면 오히려 많이 내렸다고 해야 할 것이다.

당시 나에게 미국행 여비를 지원해주었던 아시아재단은 지금도 아시아 각국에서 활발히 활동하고 있다. 우리나라는 수혜국의 입장에서 벗어나 지원도 하겠다는 의도에서 과거의 수혜자들이 FOTAF(아시아재단우호협회)를 구성하여 초기의 이홍구 전 총리에 이어 지금은 내가 이사장을 맡고 있다.

당시 CRS의 참가 인원은 50여 명 정도였다. 약 20개국에서 한 사람씩, 그리고 미국에서 30명쯤이 참가하는 방식이었다. 우리나라에서는 내가 두 번째로 갔는데, 아쉽게도 그 후에 계속되지 못하다가 약 25년 전부터 재개되었다. 원래는 남학생들만의 캠프였으나 1990년부터 여학생 캠프도 개설되어 지금은 매년 남녀 학생 두 명씩을 CRS에 보내고 있다.

원래 그 캠프를 창시한 분이 국제 평화와 젊은이들의 리더십 육성을 목적으로 했기 때문에 캠프 자체는 아주 검소하게 운영되고 있다. 편안하고 호화스럽게 생활하는 것이 아니라 자신들의 옷가지 빨래는 물론

고등학교 시절 친구들과.
맨 오른쪽이 필자. 1956년.

부엌일, 마당 정리 등의 허드렛일도 하면서 생활하는 가운데 틈틈이 공부도 하고 각자가 자신의 재능을 발휘할 기회를 갖기도 했다.

나의 미국행이 결정된 1956년은 6·25전쟁이 끝난 지 3년밖에 안 된 때여서 아직도 한창 복구하는 중이었다. 학생은 물론이고 일반인들도 외국에 간다는 것이 매우 흔치 않은 일이었다. 고등학생들은 모두 삭발을 하고 다녔는데, 그래도 나는 출국 전 한두 달 동안 머리를 길러서 크루컷(crew cut) 정도의 헤어스타일을 만들었다. 옷차림은 여름이어서 명찰까지 달린 여름 교복을 입고 갔다. 구두는 당시 흔히 워커화라고 불렀던 군화가 제일 오래가고 편한 신발이었기 때문에 그것을 신고 갔다. 지금 생각하면 이런 나의 모습이 미국인들에게는 매우 생소하게 느껴졌을 법도 하지만 그들은 잘 받아주었다.

서울에서 캠프로 가는 여정은 상당히 길었다. 뉴욕까지 직행이 없어서 동경, 웨이크 아일랜드(태평양 서북쪽에 있는 미국령의 섬), 호놀룰루, 샌프란시스코를 거쳐야 했다. 내가 미국에 제일 처음 기착한 곳이 하와이였는데, 당시에는 아직 미연방의 한 주(州)로 포함되기 전이었다. 지금의 뉴욕 JFK공항은 아이들와일드(Idlewild)공항이라고 했다. 이처럼 복잡한 경로를 거쳐서 갔기 때문에 거리가 상당히 멀었고 시간도 많이 걸렸다.

캠프에 가기 전에는 미국이라는 나라를 영화 또는 딕슨(Dixon)이라는 영어 교과서에 묘사된 내용 등을 통해서 보고 이해했기 때문에 아무래도 미국의 화려한 면에 대해 큰 기대를 하고 있었다. 캠프에 가서 처음으로 부모님 곁을 떠나 일도 하고 모기도 많이 물리면서 고생을 좀 했다. 그러나 그 과정에서 배운 것도 많고 정신적으로도 많이 성장했다고 생각한다. 또 동부이기는 하지만 그래도 역시 미국의 개척정신이 느껴졌다. 당시 내 눈에는 미국인들이 검소하고 근면하고 순수하며 경제적인 면이나 인간관계에서 외국과 외국인들에 대해서 관대한(generous) 태도를 가진 것으로 보였다.

당시에는 고등학생 신분으로 미국에 간다는 것이 대단히 드문 일이었다. 그래서 내가 캠프에 다녀온 후에는 사람들이 나를 소개할 때면 하나같이 "미국 갔다 온 애"라고 했다. 어디서 무슨 일을 하든지 "아니 미국까지 갔다 온 애가 왜 그 모양이야?"라든가 "미국 갔다 왔으니까 뭐 이건 알겠지?" 하는 식이었다. 나는 집에서 늘 어머님으로부터 "나서지 말고 난 척하지 말아라."라는 훈시를 듣고 자라기도 했지만 미국에 다녀온 다음부터는 더욱더 자신을 과시하는 것에 대해 부정적

여름 교복에 교모를 쓰고 있는 유별난(?) 모습이지만
다들 잘 받아주었다. 1956년.

인 생각을 갖게 된 것 같다. 결국 나중에 미국 동부의 뉴햄프셔주립대학(University of New Hampshire)으로 석사과정 유학을 간 일이나 뉴욕시립대학과 컬럼비아대학에서 학생들을 가르친 것 등 뉴욕과의 많은 인연이 1956년 CRS에서 시작된 것이라고 할 수 있다. 평생 가져온 미국에 대한 관심도 그때 시작된 것이 아닌가 생각한다.

다시 한 번
생사의 고비를 넘다

| 대학 시절의 4·19혁명 |

나의 부친께서는 내가 고등학교 2학년 때인 1957년 사고로 갑자기 세상을 떠나셨다. 상중에도 정신을 차리고 입시를 준비하여 1958년에 서울대 정치학과에 입학했다.

왜 정치학과를 선택했는가? 당시는 이승만 독재가 기승을 부릴 때였다. 부정부패가 만연하고 정치도 문란하여 사회가 혼란스러웠다. 선거가 있을 때마다 부정 논란이 많았다. 1960년 3월 15일의 정·부통령 선거는 사상 유례 없는 대규모 부정행위와 폭력으로 얼룩졌다. 이 3·15 부정선거는 결국 4·19혁명의 도화선이 되었다. 나는 이러한 사회·정치 현상을 좀 더 잘 이해하고 싶었고, 국가 발전에 기여할 수 있는 방법을 찾고 싶었다. 그렇다면 사회학과와 정치학과 가운데 하나를 선택해야 할 텐데 사회학과는 당시로서는 학문의 한 분야로서 정의가 확실하게 된 것 같지 않았고, 정치학과라면 전통도 있고 공부할 내용도 좀 분명

동숭동 문리대 교정에서 교우들과.
앞줄 맨 왼쪽이 필자. 1962년.

한 것 같았다.

내가 입학한 다음 해에 정치학과가 정치학과와 외교학과로 나뉘게 되었다. 그 당시에 정치학과를 주도하시던 선생님과 국제정치 분야의 원로라고 할 수 있는 선생님이 서로 마음이 맞지 않아 '그렇다면 과를 둘로 나누자'는 결론을 내렸다는 것이다. 입학 당시에는 60명이었는데, 그중에 14명은 외교학과로 가고 그 나머지는 정치학과로 갔다. 최근(2010년)에 이르러서야 당시의 문리대 정치학과와 외교학과가 다시 합쳐서 정치외교학부가 되었다.

분과(分科)된 것이 내가 2학년에 올라가는 시점이었는데 나는 국제정치에 관심이 많아 외교학과를 택했다. 외교에 관심이 있고 영어도 어느 정도 익숙해졌을 뿐만 아니라 국제적 이슈와 외교관이라는 직업에 대한 매력도 느끼고 있었던 터라 외교학과 쪽으로 가게 되었던 듯하다.

서울대 미대 재학 시절 4·19혁명 시위에 참가한
아내 이성미(원 안).

그러던 중 1960년 4월 19일 학생 시위가 일어났다. 3·15 부정선거가 가장 직접적이고 중요한 원인이었으나 이승만 정권의 독재와 사회 전반에 만연한 부정부패에 대한 불만, '인의 장막'이라고 불리는 대통령 주변 인사들에 대한 반감도 적지 않게 작용했다.

3·15 부정선거 외에도 4·19의 도화선이 된 사건들이 더 있었다. 4월 11일에는 마산에서 당시 고등학교 1학년이었던 김주열 학생이 얼굴에 최루탄이 박힌 시신으로 발견되었고, 4월 18일에는 고려대학교 학생들이 시위 중에 정부가 동원한 폭력배에게 폭행당하는 사건이 벌어졌다. 물론 4·19 학생 시위 자체는 그 이전부터 준비되었던 것이나 이러한 일련의 사건들로 인해 분위기가 더 고조되었다고 할 수 있을 것이다. 당시 학교에는 요즘의 운동권 같은 조직은 없었고 나는 정치적으로 학생 운동에 열심히 참여하는 입장도 아니었다. 그때까지 조용히 공부만 하

4·19혁명 시위에 참가한 훗날의 장인
고려대 이홍직 교수(원 안).

다가 4·19에는 적극적으로 참여한 이유는 '이대로는 안 되겠다'는 생각이 들었기 때문이었다.

4월 19일 아침, 나는 보통 때와 마찬가지로 검은색으로 염색한 군대 작업복을 입고 등교했다(당시에는 그것이 젊은 사람들 사이에 흔한 복장이었다.). 도서관에 있던 학생들을 독려하여 문리대 정문을 나와 종로를 지나 국회의사당(현 서울시의회 건물)까지 행진했다. 그곳으로부터 효자동 길을 지나 경무대(현 청와대) 앞에 도착하니 이미 동국대학교 학생들이 와 있었고, 총을 든 경찰이 바리케이드를 치고 경무대로 들어가는 길을 가로막고 있었다. 내가 정치학과 교우인 정종문 군(후에 동아일보 주필 역임)과 함께 바리케이드 50미터 앞쯤까지 갔을 때 경찰이 시위대에 총을 쏘기 시작했다. 맨손의 시위대에게 공포탄도 아닌 실탄을 쏜 것이다. 현장은 순식간에 아수라장이 되었다. 사람들은 날아오는 총탄을 피하기 위해 바닥에 엎드려 다른 사람 밑으로 파고들기도 했다. 나도 얼른 엎드렸다. 죽느냐 사느냐 하는 긴박한 순간, 나의 스무 살 짧은 인생이 주마등처럼 눈앞을 스쳐갔다. 잠시 후 나는 낮은 포복 자세로 골목길로 들어가 진명여고 담장을 넘어 학생들이 수업 중인 교실로 몸을 피했다. 얼마나 지났을까. 총소리가 멎은 후 나는 '살아서' 집으로 돌아갈 수 있었다. 그날 경무대 앞에서 총에 맞아 사망한 사람만 무려 50여 명에 달하고 수십 명의 부상자가 발생했다.

나는 아무것도 모르던 열 살 철부지 시절에 미군의 포격을 당해 몸에 파편이 박히는 사고를 당했고, 미군의 로켓포 공격을 받기도 했지만, 스무 살 청년 시절에는 민주화를 외치다가 바로 코앞에서 경찰의 총격을 받았다. 시민의 생명을 보호해야 할 경찰의 총에 생명을 잃을 뻔한 것이다. 그때마다 다행히 살아남았으니 무척이나 운이 좋았다고 해야 할까?

4·19의 결과로 독재가 추방되고 단기간이지만 민주화가 이루어졌다. 4·19는 '불의는 영원하지 않다'는 교훈을 주었다고 볼 수 있다. 그러나 항의 군중의 힘을 결집시킬 만한 특별한 주체가 없었다. 또한 당시에 정치권, 특히 나중에 정권을 잡은 민주당이 신파와 구파로 나뉘어 다투느라 효과적으로 새 질서를 만들어내지 못한 탓에 결국은 5·16 군사쿠데타로 무너지게 되었다. 그러한 과정을 나는 훗날 나의 박사논문에 기초한 〈한국 민주주의의 실패 *The Failure of Democracy in South Korea*, University of California Press〉라는 책으로 출간했다. 내가 이 책에서 강조한 것은 70년대 초까지만 해도 우리나라에 이념적인 갈등

1974년 출간된 필자의 첫 저서
〈한국 민주주의의 실패〉

이나 간극이 안 보인다고 이야기들을 하는데, 사실은 그런 것이 물밑에 상당히 넓고 깊게 존재했다는 점이다. 이념적 갈등이 표면적으로 드러나지 않았던 이유는 6·25전쟁 이후에 좌익이 갈 곳이 없어졌고, 또 북한과의 대치 상태에서 좌우의 논쟁이라든가 대화가 있을 수 없는 상황이었기 때문이라고 본다. 이러한 내재된 갈등은 그 이후에 70년대부터 확대 재생산되기 시작했다.

대학을 졸업하고는 KBS 국제방송국에서 근무할 기회가 있었다. 영어 방송을 맡았는데 취재, 기사 작성, 뉴스와 해설까지 대부분의 과정을 직접 해야 했기 때문에 훗날 자료를 수집, 분석하고 짧은 시간 안에 이해하기 쉽게 논문을 작성하는 데 좋은 훈련이 되었다. 미국 유학 갈 때 풀브라이트(Fulbright) 장학생에 선발되는 데도 결정적인 도움이 되었다.

다양한 세상을 만나다

| 미국 유학 시절 |

내가 받은 풀브라이트 장학금(Fulbright Scholarship)은 유학 비용 전액이 아니라 여비와 보험료 등만 지원하는 장학금이었다. 당시에는 우리나라에서 1년에 한두 명을 선발했던 것으로 기억한다. 여하간 '풀브라이트 장학생(Fulbright Scholar)'이라고 하면 미국에서도 알아주기 때문에 대학 입학 허가를 받을 때도 크게 도움이 되었다.

처음 유학지를 뉴햄프셔주립대학으로 정한 이유는 주립대학으로서 일정 수준 이상이면서 과도하게 크지 않고 관리 가능한(manageable) 곳일 거라고 생각했기 때문이다.

미국에서 정치학 석사과정을 공부하려면 미국 정치를 기본적으로 잘 알아야 하는데, 미국에 처음 갔을 때 나는 그 방면에 상당히 취약한 상태였다. 미국에서는 당시 유행하던 정치 행태(political behavior)를 공부한다고 해도 결국은 투표 행태(voting behavior)라든가 모든 분석이 미국 정치를 중심으로 하는 경향이 있었기 때문에 미국 정치를 공부하는 데 시간을 많이 할애하지 않을 수 없었다.

박사과정으로 캘리포니아대학교 버클리캠퍼스(UC Berkeley)에 간 후에도 강의 조교(Teaching Assistant)를 여러 번 했는데, 그때도 미국 정치와 비교정치를 많이 가르쳤다. 뉴햄프셔에 있는 동안에는 〈이승만 정부의 대외정책〉이라는 제목으로 석사논문을 썼다.

뉴햄프셔에서는 교수님이 나를 잘 봐서인지 1년 후에 국제정치 과목을 하나 가르치게 했다. 학생들에게는 좀 미안한 생각도 들었지만 그래도 나름대로 잘 가르쳤다고 생각한다.

한번은 내가 어머님께 편지를 써서 "제가 조교가 됐습니다."라고 말씀드렸더니 어머님이 친구들에게 "우리 아들이 벌써 조교수가 되었어요."라고 자랑을 하고 다니셨다는 재미있는 일화도 있다.

〈이승만 정부의 대외정책〉이란 주로 한미관계를 둘러싼 것이었지만, 자연스레 한국의 국내 정치도 많이 다루었다. 지금 돌이켜보아도 괜찮게 썼던 것 같은데, 나중에 한미관계에 대한 글을 본격적으로 쓸 때 이 논문에서 많이 인용하기도 했다.

박사과정을 위해 선택했던 캘리포니아대학교 버클리캠퍼스는 종합대학으로는 미국에서 1, 2위를 다투는 매우 좋은 학교로 인정받는 곳이었다. 특히 정치학 분야에는 훌륭한 교수들도 많고 기후도 좋은 데다 장학금도 준다고 해서 나에게는 안성맞춤이었다. 비교적 작은 주립대학에서 석사를 마쳤으므로 '이제는 조금 큰 학교에 가서 미국 물을 좀 본격적으로 경험하겠다'는 생각도 있었다.

뉴햄프셔대학 정치학과 학과장
존 홀든(John T. Holden) 교수와의 면담. 1963년.

1964년 8월, 오래된 차(56년산 쉐보레)를 끌고 뉴햄프셔에서 일주일을 달려 캘리포니아에 도착했다. 뒷좌석 시트를 빼고 거기에 크립(crib)이라는 유아용 침대를 넣어 6개월이 채 안 된 아기를 눕혀 북미 대륙을 횡단한 것이었다. 우리가 떠날 준비를 하던 어느 날, 주임 교수가 집으로 찾아오셨다. 익명의 인사로부터 우리애게 1,000달러를 전달해달라는 부탁을 받으셨다고 기분 좋아하시며 가는 길에 스테이크도 좀 사 먹으라고 하시는 것이 아닌가! 당시 나의 조교 월급이 200달러 정도였으니 1,000달러는 상당한 금액이었다. 그분이 누구인지 짐작은 갔지만 확인은 하지 못했고, 또 하지도 않았다. 아마도 CRS의 창립자인 조너스씨였을 것이다.

미국의 학생운동을 현장에서 목도하다

'탈정치적'이기까지 했던 뉴햄프셔주립대학과는 달리 버클리는 상당히 정치적인 분위기였다. 당시 버클리캠퍼스에서는 마리오 사비오(Mario Savio)라는 뉴욕 출신의 사회학과 학생이 주축이 된 이른바 '자유언론운동(Free Speech Movement)'이 한창 큰 호응을 얻고 있었다. 매일 정오에는 대학의 정문인 새더 게이트(Sather Gate. 미국의 국가 사적지로 지정된 유명한 건조물) 바로 좌측으로 자리 잡고 있는 행정동 스프라울 홀(Sproul Hall) 앞에 학생들이 운집하여 '언론 자유', '베트남전쟁 반대'를 외쳤다. 이러한 학생운동은 후에 '캄보디아 개입 반대' 등의 구호를 내걸고 본격적인 반정부, 반전 시위로 발전했다(1960년대 말, 베트남전쟁 중에 북월남군과 베트콩은 캄보디아를 전쟁 수행을 위한 군수물자 보급과 전투 병력의 피난처로 활용하고 있었는데, 이를 소멸시키기 위해 미국의 닉슨 대통령은 캄보디아를 폭격하고 군대를 진입시킨 바 있다. 베트남 참전에 반대하는 미국 내의 반전 세력은 미국의 캄보디아 침략에 대해서도 맹렬한 반대 시위를 펼쳤다.). 미국이 베트남전쟁에서 철수를 선언하게 되기 몇 년 전의 일이다. 데모가 격렬해지자 훗날 대통령이 된 레이건(Ronald Reagan) 당시 캘리포니아 주지사가 학생운동을 진압하려고 헬리콥터에서 최루가스를 살포하기도 했다.

버클리에서 시작된 학생운동은 1960년대 후반 전국의 대학가로 전파되어 오하이오 주의 켄트주립대학에서는 수명의 사상자를 냈으며 컬럼비아와 코넬 등 주요 대학에서도 폭력 시위가 발생하는 등 전국의 대

오데가드 우수대학원생상 수상.
버클리대. 1969년.

학들에서 반전운동이 거세게 일어났다. 4·19에 적극 참여했던 나는 미국의 학생운동을 보며 남다른 감회를 느꼈다.

스칼라피노 교수와의 만남

박사과정 6년간 버클리에서는 많은 것을 배우고 경험했다. 그곳에서 만난 교수 중 한 분이 스칼라피노(Robert A. Scalapino 1919~2011) 박사다. 연구 조교로 일하면서 책 쓰시는 것도 많이 도와드리고 함께 여행도 했다. 1968년에 한국에 오셨을 때는 그분을 모시고 전국 일주를 하기도 했다. 학위를 마친 후에는 국제회의나 세미나에서도 자주 만나 뵙곤 했다. 스칼라피노 교수는 글도 잘 쓰시지만 회의가 끝날 때쯤 회의 내용을 종합하고 결론 내리는 데는 아주 명수로 알려진 분이다. 통이 크고 마음이 따뜻한 분이어서 내가 도움도 많이 받고 의지도 많이 했다.

그분이 버클리힐(Berkeley Hill)에 멋진 집을 가지고 계셨는데, 부에나 비스타 로드(Buena Vista는 스페인어로 '좋은 경치'라는 뜻)라는 이름이 의미하는 것처럼 샌프란시스코만이 내려다 보이는, 전망이 좋은 저택이었다.

나는 군에 있을 때 배운 담배를 계속 피우던 중이어서 별 생각 없이 그분 댁 거실에서 신나게 담배를 피웠다. 그 자리에서는 아무 말씀도 안 하셨지만 나중에 "너는 그래도 꽤 똑똑해 보이는데 왜 아직도 담배를 피우냐."라고 타이르셨다. 덕분에 일찌감치(?) 담배를 끊게 되었다.

버클리에서 자유언론운동이 한창이던 1965년, 나는 UNDP(유엔개발계획)의 하계 인턴(summer intern)으로 선발되어 2개월간 뉴욕의 UN 본부에서 일할 기회를 갖게 되었다. 막연한 동경은 있었으나 실제로 유엔에서 일하게 된 것은 상당히 귀중한 경험이었다. UNDP는 1965년에 설립되어 자금이나 기술 원조 제공, 소득 향상이나 건강 개선, 또는 민주적인 정치, 환경 문제와 에너지 등 개발도상국의 경제·사회적 발전을 위한 모든 개발에 관한 프로젝트를 다루는 기구다. 나는 터키의 지열과 온천수를 활용하는 프로젝트를 지원하는 업무를 담당했다. 우리나라는 아직 유엔 회원국은 아니었지만, 나는 처음으로 국제기구에서 활동하는 기회를 갖고 세계 여러 나라 출신의 직원들과 친교를 맺으며 국제기구의 운영에 대해 어느 정도의 경험과 이해를 갖게 되었다. 국제기구 일에 보람을 느낀 나머지 인턴십이 끝날 때쯤 되어서는 유엔에 정식으로 취직하고 싶은 유혹도 느꼈으나 한번 시작한 학위 과정을 마치는 것이 정도라고 생각하여 버클리로 돌아와 학업을 계속했다.

동과 서, 동시대의 다른 인생

젊은 시절을 회상하면 생각나는 이야기가 한 가지 있다. 수년 전 미국 가는 비행기 안에서 스포츠 일러스트레이티드(Sports Illustrated)라는 잡지를 보았는데, 유명한 골프선수 잭 니클라우스(Jack Nicklaus)에 관한 기사가 있었다. 그의 60년 일생에 한 살 때부터 매년 찍은 사진과 함께 그가 그해에 무엇을 하고 있었는지를 소개하는 글이었다. 마침 니클라우스는 나와 같은 1940년생이었으므로 나의 일생과 비교할 수 있었다. 나는 어릴 때부터 매년 찍은 사진은 없었지만 흥미 있게 그의 전력을 읽어보았다. 오하이오 주 출신으로, 골프를 시작한 것은 아홉 살 때였다. 그 무렵 나는 6·25전쟁으로 총탄과 폭탄을 피해가며 생사의 고비를 넘나들 때였다. 그가 처음으로 미국의 아마추어 챔피언 자리에 오른 것이 19세 때였는데, 그맘때 나는 4·19혁명으로 데모를 하고 역시 총탄을 피한 시절이었다. 그와 나는 같은 시대를 살았을 뿐 태어난 곳도, 활동한 분야도 다르지만 수십 년간 꾸준히 자신의 세계를 일구어 온 결과 둘 다 보람 있는 인생을 살았구나 하는 묘한 동질감을 느꼈다.

유대인과 한국인

| 뉴욕시립대 교수 시절의 견문 |

UC버클리에서 6년 만에 박사학위를 마친 나는 귀국할 것인가, 몇 년 간이라도 교편을 잡으며 미국 대학에서 경험을 쌓고 인적 관계를 형성할 기회를 가질 것인가를 두고 고민하게 되었다. 결국은 후자를 택하기로 하고 1970년 뉴욕시립대학교(City University of New York) 산하 브루클린대학(Brooklyn College)에 조교수로 부임했다. 버클리에서도 대리 강사(Acting Instructor)로 강의도 맡고 학생 지도도 했지만 정식으로 교수 직책을 받은 것은 처음이었다. 당시 브루클린대학이 소재한 브루클린의 플랫부시(Flatbush)는 유명 가수 바브라 스트라이샌드(Barbra Streisand)가 태어나 자라난 곳으로 뉴욕에서 유대인이 많이 사는 지역이었다. 브루클린대학 학생 가운데는 유대인이 많았고, 그래서인지 우수한 학생들도 많고 교수진도 막강했다.

브루클린대학에서 내가 가르친 학생들 중에는 부친이 랍비(Rabbi,

유대교의 율법학자)인 사람도 있고 이스라엘 국적을 가진 사람도 있었다. 나는 그곳에서 7년간 많은 유대계 미국인들을 가까이 접하면서 그들을 통해 나치의 말살 작전에도 살아남은 강인한 민족으로만 인식하고 있었던 유대민족과 유대교에 대해 좀 더 깊이 이해하게 되었다.

유대인과 한국인의 공통점과 차이점

내가 느낀 것 가운데 하나는 유대인과 한국인 사이에 다른 점도 많지만 비슷한 점도 많다는 것이다. 예컨대 부모, 특히 모친이 자녀 교육에 각별한 정성을 기울인다거나 음악과 여러 가지 학문 분야에서 세계적인 인재를 배출한 사실 등은 두 민족 간에 상당한 공통성이 있다는 점을 말해주고 있다. 반면에 유대인의 종교관은 우리와 많이 다르다. 유대인에게 유대교라는 종교는 정통파(orthodox)와 개혁파(reform)의 차이는 있을지라도 유대인의 정체성을 결정하는 포괄적인 믿음체계인데 비해 한국인은 종교와 민족, 문화를 관통하는 믿음체계를 갖고 있지 못하다.

유대인은 여러 나라에 흩어져 박해를 받으며 수천 년을 살아오면서도 자신들의 정체성과 유대감을 잃지 않고 지금의 이스라엘과 같은 강력한 나라를 건설했고, 미국과 영국 등 강대국의 시민으로서 학계, 예술계, 과학계, 재계 등 여러 분야에서 두각을 나타내고 있다. 우리 한민족은 중국, 일본 등 거대한 이웃에게 침략과 지배를 받으면서도 같은 언어를 사용하는 하나의 민족이라는 점에 기반한 소속감(sense of belonging)을 유지하면서 오늘날 세계적 경제 대국으로 성장했으며 많은 인재들이 국내외에서 크게 활약하고 있다.

우리 가족(부부와 아들)은 아내의 학업을 위해 주거지를 프린스턴으로 옮겼다. 아내는 버클리에서 미술사로 석사학위를 받았으나 내가 뉴욕의 대학에 부임하는 바람에 일단 학업을 중단할 수밖에 없었다. 이후 뉴욕시립대학 산하의 2년제 대학에서 강사로 일하다가 1975년부터는 프린스턴대학(Princeton University)의 미술사 박사과정에 들어가게 되었다. 따라서 나는 강의가 없는 날에는 프린스턴의 동아시아 도서관인 존스 라이브러리(Jones Library)나 중앙도서관(Firestone Library)의 최첨단 시설과 장서를 이용하여 연구에 매진했고, 그 덕분에 미국 유수의 학술지에 여러 편의 논문을 게재할 수 있었다. 또한 일본어 강의를 청강하여 연구에 필요한 독해력을 향상시킬 수 있었다. 브루클린대학까지는 자동차로 90분 이상 통근해야 했으나, 프린스턴대학의 학문적 인프라를 적절히 활용할 수 있었던 것은 행운이었다.

미국 대학에서의 경험은 학술적인 성과 이외에 대학의 관리와 운영, 대학과 교수 문화를 이해하는 데도 많은 도움을 주었다. 또한 미국에 있으면서 한국과 미국 두 나라 학자들 간의 학술회의를 주선하는 등의 활동을 통해 두 나라 대학들의 교류와 협력관계를 조성하는 데 기여하는 것도 보람 있는 일이었다. 다만 70년대는 한국이 유신통치시대였기 때문에 한미관계에 갈등과 긴장이 많이 발생했다. 당시 미국에는 한국의 인권 상황과 민주주의의 역행에 비판적인 시각을 가진 사람들이 많았고, 미국 정부는 인권과 민주화와 관련하여 한국 정부를 압박하는 분위기였다. 베트남에서 고배를 마신 후 주한미군을 감축하는 결정을 내리기도 했다. 내가 있던 브루클린대학 안에서도 진보파 교수들은 한국과의 교류를 반대하는 입장이었고, 비교적 보수 온건파 교수들만 한국 학자들과의 협력을 지원하고 교류에 참여해주었다.

내가 뉴욕시립대학에 재직하고 있는 동안 황당한 일이 생겼다. 뉴욕시가 방만한 재정 운영으로 파산 위기에 처하는 바람에 시립대학 교수들을 포함한 모든 뉴욕시 고용원들의 봉급을 지불하지 못하게 된 것이다. 당시에 나는 뉴욕시에서 일하면서 뉴저지 주(프린스턴)에 거주하고 있었기 때문에 4개의 정부(뉴욕시, 뉴욕주, 뉴저지주, 미연방정부)에 세금을 내고 있었다. 뉴욕시에서 봉급이 나오지 않자 나는 거주지인 뉴저지의 연방 실업 사무소에서 실업수당을 받기 위해 줄을 서는 불편을 겪어야 했다. 개인적으로는 불편한 일이었으나 미국의 제도나 시스템, 그리고 정책을 이해하는 데는 큰 도움이 되었다. 그 무렵 나는 부교수로 승진도 하고 종신교수직(tenure)을 보장받았으나 한국으로 돌아가 좀 더 보람 있는 일을 해야겠다고 결심하게 되었다.

전두환 대통령에게 한미관계 강의

|고려대 교수 시절|

그즈음에 나는 고려대학교에 와달라는 제의를 받았다. 내가 존경하는 김준엽(金俊燁) 선생께서 당시 고대 아세아문제연구소(아연) 소장을 맡고 계셨는데, 그분이 직접 연락을 주셨다. 김경원 박사가 고대 교수로 재직하다가 대통령 국제담당 보좌관으로 자리를 옮기게 됨에 따라 나를 후임으로 초빙하신 것이다.

나는 고대와 여러 가지 인연을 가지고 있다. 고모부 김순식(金洵植) 교수는 우리나라 회계학의 선구자로 알려진 분으로 고대에서 경영대학장, 대학원장을 거쳐 후일 숙명여대 총장을 지내셨다. 장인 이홍직(李弘稙) 교수는 국사학계의 태두로서 고려대학교에서 박물관장과 대학원장을 역임하셨다.

1978년 가을 학기에 고대에 부임하자마자 나는 강의 준비와 논문 집필에 매진하는 한편, 김준엽 선생이 이끄는 아연의 여러 가지 활동에 참여했다. 당시 대학 연구소를 포함한 민간 연구소들이 수적으로나 활동 면에서나 그다지 두각을 나타내지 못하는 상황에서 고대 아연은 예외적으로 연구와 학술 교류에 큰 성과를 이루어내고 있었다. 국내 기관들의 인문사회 분야 지원이 넉넉하지 못한 상황에서 미국의 포드재단(Ford Foundation), 아시아재단(Asia Foundation), 독일의 아데나워재단(Adenauer Foundation) 등 주로 외국계 재단의 지원을 받아 국제교류와 연구 활동을 활발하게 펼치고 있었다.

아연의 활동 중에서도 두드러진 것은 통일 문제, 한일·한미·한중·한소 관계의 연구와 교류 활동이었다. 1970년대는 물론 1980년대까지만 해도 공산권과 관련된 연구와 자료 이용이 엄격하게 통제되던 시기였다. 심지어 책의 내용과는 무관하게 단지 출판사 이름에 인민(人民)이라는 단어가 들어가 있다고 해서 수입된 중국 도서의 판매가 금지되는 황당한 경우가 있을 정도였다. 그런 상황에서 아연은 민간 연구소로서는 거의 유일하게 당국의 허가를 받아 북한, 중국, 소련 등에 대한 연구를 진행할 수 있었다. 일본과는 정치적으로 학술 교류가 쉽지 않은 상황에서 JCIE(일본국제교류센터)와 한일 지적교류(intellectual exchange) 사업을 진행하고 있었다. 독립운동가 김준엽 선생의 카리스마와 리더십 덕분이라고 할 수 있을 것이다.

나는 이러한 여러 가지 활동에 참여하면서 일도 배우고 사람도 만나고 문제의 내용도 더 잘 이해하게 되었다. 특히 일본국제교류센터와의 협조관계는 지금까지도 계속되고 있다. 나는 아연에서 특히 미국, 일본과의 학술 교류와 정책 협의에 많이 참여했다.

고려대 교수로 부임한 지 몇 달 안 되어 김상협(金相浹) 총장께서 나에게 중동 순방에 수행해달라고 제안하셨다. 그 당시 중동 각국에는 한국 회사들이 건설 붐에 참여하고 있을 때였는데, 중동도 방문하고 한국의 건설 현장도 체험할 수 있는 좋은 기회라고 생각하여 선뜻 따라나섰다. 주로 사우디아라비아와 쿠웨이트를 여러 날 방문했는데 그 규모나 조직에 우선 놀라고, 우리 근로자들이 엄격한 규율 아래 일사불란하고 효율적으로 일하고 있는 모습에 깊은 인상을 받았다. 또한 그들이 오랜 시간 가정과 고국을 떠나서 병영을 연상케 하는 생활환경에서 고생하는 모습을 보면서 감탄과 감사의 마음을 가질 수밖에 없었다. 우리의 방문 시기가 겨울철이어서 다행히 날씨는 과히 덥지 않았으나 여름철에는 기온이 보통 섭씨 40도에서 50도까지 올라간다는 이야기를 들으며 그들에게 송구스러운 마음도 들었다.

김상협 총장과 중동 순방. 1978년 11월.

내가 미국에서 귀국한 다음 해인 1979년 10월 26일 박정희 대통령이 피살당하고, 12월 12일에는 전두환 합동수사본부장이 이끄는 이른바 신군부가 권력을 사실상 장악하는 상황으로 접어들게 되었다. 전두환 장군은 1980년 9월 제11대 대통령에 취임하고 다음 해 3월에는 소위 '체육관 선거'로 제12대 대통령이 되었다.

전두환 대통령은 1980년 9월 취임 후 김재익 박사를 경제 수석으로 등용했다. 그는 나의 경기고, 서울대 외교학과 선배일 뿐만 아니라 손위 동서이기도 했다. 그는 간혹 군사 독재자를 보필한다는 비판을 받으면서도 자신의 봉사는 전 대통령을 위한 것이 아니라 나라와 국민을 위한 것이라며 뜻을 굽히지 않았다. 김 박사는 전 대통령의 경제 수석이 되기 전후로 그의 경제 가정교사 역할을 했다. 전 대통령은 그즈음에 경제 분야뿐만 아니라 외교, 통상 등 다른 분야에서도 '개인과외'를

동서 김재익 박사와 그의 아들 승회와 함께
거제도에서. 1982년.

받았다. 나도 당시 김경원 비서실장의 천거로 미국 정치와 한미관계에 대해 사흘간 이른 아침에 매일 2시간이 넘게 사적인 강의를 하는 임무를 맡았다. 일반적으로 그는 상대방의 말을 듣기보다는 자기 말을 많이 하는 것으로 알려져 있지만, 적어도 대통령 취임 초기에는 배우는 입장에서 교사의 말을 경청하는 착실하고 부지런한 학생의 모습을 보였다고 생각한다.

활동 무대를 넓히다

| 민간외교 참여 |

1982년 김준엽 선생이 고려대 총장에 취임하시면서 아연 소장의 직책을 나에게 맡겨주셨다. 연구 활동을 추진하는 것 이외에 국제적으로 학술 교류와 인적 관계를 구축하는 일도 연구소의 중요한 업무 중 하나였다. 나는 한국의 대표적 대학 연구소인 아연의 소장으로 또는 개인 자격으로 여러 개의 주요 회합과 프로젝트를 주관하거나 참여함으로써 해외 학계와의 관계를 강화하고 우리나라 외교에 보탬이 되고자 노력했다. 그중 하나가 일본과의 지적교류 사업이었다.

당시는 한일관계가 매끄럽지 못한 시절이어서 일본과 협력적 사업을 시도하는 것이 정치적으로 쉽지 않은 상황이었으나 대일관계에 흠집 없는 전력을 가진 김준엽 선생이 추진했기에 가능했던 사업이었다. 한일 지적교류 프로젝트는 경제, 무역, 청소년 교류 등의 문제뿐만 아니라 역사, 영토 문제 등 다루기 어려운 정치적 문제까지 논의의 의제로 삼았다. 그 노력의 결실로 1988년 8월 양국 정부 간 위원회인 한일21세기위원회가 발족하게 되었던 것이다. 한국 측 초대 위원장으로는 원로 동양사학자인 고병익(高柄翊) 서울대 교수가 추대되었고, 나는 이 위원회의 위원 겸 간사를 맡으면서 당시의 여건 속에서 일본과의 관계를 건설적이고 미래지향적으로 발전시키는 데 기여할 수 있었다고 생각한다. 이 위원회는 1990년 21세기의 한일관계를 위한 보고서를 양국 정부에 제출했다. 보고서에서는 한일 양국이 과거 문제를 깨끗이 청산하고 미래지향적으로 나아갈 것과, 양국의 교과서 작성에 협의, 협력할 것, 경제적 협력을 강화하고 문화교류기금을 창설할 것 등을 제안했다.

이 위원회에서의 역할과 그 후 한일관계 발전에 기여한 공로로 일본 정부는 후일(2016년) 나에게 욱일대수장(旭日大綬章)을 수여했다.

아시아태평양 지역에서 후에 APEC(아시아·태평양 경제협력체) 결성의 모태가 되었다고 생각할 수 있는 회합이 두 개 있었는데, 그 하나가 민간 회의였던 윌리엄스버그 회의(Williamsburg Conference)이고 또 하나가 반관반민 조직인 PECC(태평양경제협력협의회)였다. 윌리엄스버그 회의는 1973년 미국의 아시아협회(Asia Society)가 출범시킨 연례 회의로서 동남아, 동북아, 북미, 대양주 각국의 정부, 학계, 언론, 경제 및 문화계 인사들을 초청하여 여러 가지 정책에 대해 토의하고 서로의 인간적 친선을 도모하기 위하여 만든 것이었다. 나는 1980년대에 이 회의에 참여하면서 각국의 지도급 인사들, 특히 정부 인사들과 친교를 맺게 되었는데, 1993년 외무부 장관에 임명된 후 ASEAN Plus Three(ASEAN + China, Japan & Republic of Korea), APEC, ARF(아세안 지역포럼) 등에 참석해보니 마치 윌리엄스버그 회의의 OB(Old Boys)를 모아놓은 것이 아닌가 하는 착각이 들 정도로 모두들 낯익은 인사들이었다.

PECC는 1979년 호주의 이니셔티브로 캔버라(Canberra)에서 그 첫 회합을 가졌다. 세계경제의 무게가 대서양에서 태평양으로 옮겨지고 있고 아시아와 태평양 연안 국가들이 경제 협력과 교류를 강화, 확대해야 한다는 것이 그 명분이었다. 미국, 동남아, 일본, 한국, 호주, 뉴질랜드, 캐나다 등 각국에서 3명씩(정부, 학계, 경제계 각 1명) 참석하는 회의였는데, 한국에서는 내가 학계를 대표하여 참석하게 되었다. 태평양 연안의 미국, 캐나다, 멕시코, 호주, 동아시아 각국 등의 경제 협력과 지역의 경제 통합에 관해 논의했는데, 훗날 PECC는 APEC이라는 정부간 기구의 모태가 되었고, 그 자체는 민간 기구로 남게 되었다.

뉴스위크와의 인연

|영어 칼럼을 통한 나의 정치 활동|

이렇게 국제적으로 활동하는 과정에서 나는 외신 기자들을 많이 만나고 그들과 친교를 맺게 되었다. 당시 문화공보부 해외공보관의 박신일(朴信一) 관장은 주요 해외 언론인이 방한하면 으레 나를 만나게 해주었다. 그들이 한국을 찾아올 때는 국내 사정과 대외관계를 주제로 나에게 많은 질문을 던졌다. 그 덕분에 그들과 의미 있는 토론도 가질 수 있었다. 이 과정에서 나는 그들이 갖고 있는 정보뿐 아니라 그들이 제기하는 질문으로부터 나의 안목을 넓히고 생각을 정리하는 기회를 갖게 되었다.

그러던 중 1984년 어느 날 미국의 시사주간지 뉴스위크(Newsweek)의 동경지국장이던 트레이시 달비(Tracy Dahlby) 기자(후에 뉴스위크 편집장 역임)가 나에게 뉴스위크에 칼럼을 써줄 수 있겠느냐고 물어왔다. 나는 그때까지 뉴욕타임스, 아시안 월스트리트 저널, 인터내셔널

Two Kims Too Many

For the sake of opposition unity, both of the Kims should now consider stepping down

HAN SUNG-JOO

The Dilemma of the Two Kims

Both men have struggled too long to give up now. But at least their rivalry could be handled sensibly

HAN SUNG-JOO

Tokyo Tackles the Korea Issue

HAN SUNG-JOO

Before it can fully assume the role of a diplomatic power, Japan still has some convincing to do.

뉴스위크에 게재되었던 필자의 칼럼들.

헤럴드 트리뷴(지금은 인터내셔널 뉴욕타임스가 되었음) 등에 글을 쓴 일은 있으나 어느 신문이나 잡지에 고정 칼럼니스트로 활동한 적은 없었다. 일단 한번 써보겠다고 대답하고 한일관계에 대한 칼럼을 집필했다. 그 글이 1984년 4월 30일자 뉴스위크에 실린 '일본 정부의 한국 문제 대응(Tokyo Tackles the Korea Issue)'이라는 제목의 첫 번째 칼럼이었다. 이로써 나는 당시 독일의 테오 좀머(Theo Sommer), 미국의 조지 윌(George Will) 등 저명한 국제적 칼럼니스트들과 더불어 한국인으로는 처음으로 뉴스위크의 외부 국제 칼럼니스트가 되었다.

1993년 봄 내가 외무부 장관에 임명된 사실이 국내외 언론에 보도되자 뉴욕의 뉴스위크 본부는 나에게 편지를 보내왔다. 10년 가까운 기간 동안의 칼럼 집필에 감사하며, 이제는 정부에 들어간 이상 칼럼 집필을 그만두어 달라는 내용이었다. 나도 장관직과 칼럼니스트 일을 병행할 여유도, 의향도 없었으므로 칼럼을 쓰는 일은 자연히 정리되었다.

나의 마지막 칼럼은 1992년 12월 21일자 뉴스위크에 실린 '무관심은 성숙의 증거인가(The Benefits of Apathy)'였다. 1992년의 대통령 선거에서 김영삼, 김대중, 정주영 후보가 경합하고 있는데 국민의 관심과 열기가 과거에 비해 덜하다는 점을 지적하고 그것은 이 선거가 민주와 독재의 선택이 아니기 때문이며 오히려 우리나라 민주주의의 성숙을 의미하는 것일 수도 있다는 점을 지적한 것이었다.

아무튼 뉴스위크와의 10년간의 로맨스는 내가 외무부 장관이 됨으로써 끝이 났고, 뉴스위크도 그 후 얼마 안 되어 외부 고정 칼럼니스트 제도 자체를 없애버렸다.

내가 뉴스위크에 칼럼을 쓰면서 특히 신경을 쓴 것은 한국의 국내 정치와 관련된 것이었다. 당시는 전두환 대통령의 소위 '5공' 시절이었으므로 민주화를 주창하면서도 정부의 반응을 염두에 두지 않을 수 없는 상황이었다. 다행히 뉴스위크는 영문 잡지이고 그 자체로서도 영향력과 무게가 있는 만큼 표현의 방법이나 강도에 상당한 재량을 가질 수 있었다고 생각한다. 즉, 나는 칼럼들을 통하여 당시 정권과 정치권(특히 '양김'이 이끄는 야당들)에 훈수를 둘 수 있었으며 그것이 어느 정도의 임팩트(impact)는 있지 않았을까 싶다. 칼럼을 씀으로써 나의 생각을 정리하고 표현하는 데도 큰 도움이 되었다. 부수적으로 나 자신의 국제적 인지도를 높이는 데도 도움이 되었다고 생각한다.

학문과 현실 정치

|학계 대표로 현실 외교 참여|

1980년대에 나는 통일과 외교 문제와 관련하여 민간 쪽, 즉 학계의 대표로 여러 공식, 비공식 회의와 행사에 참석하고 정부 활동에 일조하는 역할을 하게 되었다. 1985년에는 남북한 정부가 이산가족 상봉과 재결합을 위한 적십자회담을 개최하고 몇 차례의 가족 상봉을 주선하는 데 성공했다. 이 과정에서 나는 대한적십자사의 자문위원으로 활동했고 북한을 방문하여 북한 적십자 대표들과 남북한 가족 상봉을 위한 협상을 통해 합의를 이끌어내는 일에 참여하기도 했다. 전쟁 후, 아니 생전 처음으로 북한을 방문한 나는 북한의 억압되고 어두운 사회와 정치의 실상을 실감할 수 있었다. 소규모나마 가족 상봉을 실현한 것은 보람된 일이었으나 북한이 협조하지 않는 상황에서 그 프로그램을 지속적으로 진행하지 못한 것은 참으로 안타까운 일이었다. 북한은 그 후에도 당연히 지속되어야 할 이산가족 상봉을 정치적인 필요가 있을

제8차 남북적십자회담 참석 시 북한 대표들과
평양 지하철 동승. 1985년 5월.

때 큰 인심이나 쓰는 것같이 생색을 내며 허용하고 남한으로부터 그에 대한 물질적, 정치적 보상을 받아내는 행태를 보였다.

1988년 서울에서 올림픽이 열리고 그해 취임한 노태우 대통령이 소련, 중국, 동유럽 국가들, 베트남, 북한 등에 대하여 이른바 '북방 정책'을 추진함에 따라 한국은 이들 국가들과 민간 차원의 교류와 협력, 그리고 학술회의 등에 많은 노력을 기울였다. 학교 연구소로서는 고려대 아시아문제연구소 이외에도 연세대 동서문제연구소, 한양대 중소문제연구소 등이 그때까지 한국의 국제교류에서 불모의 땅이었던 국가들과 학술회의, 인적 교류, 정책 토론, 상호 방문 등을 통하여 외교 관계 수립에 기여하는 활동을 벌였다. 이러한 기여와 공헌을 인정받아 1992년 말 나를 포함한 몇 명의 학자들이 노태우 정부로부터 수교훈장을 받은 바 있다. 연세대의 김달중 교수는 특히 동유럽 각국과의 외교관계

통독의 현장에서. 1991년 12월.

수립에 기여한 공로로, 한양대의 유세희 교수는 소련과 중국과의 관계 정상화에 기여한 공로로, 나는 미국과 유럽, 아시아 외교에 기여한 공로로 수교훈장 창의장(彰義章)을 받았다. 이러한 일련의 활동은 의도한 것은 아니지만 후일 내가 외무부 장관으로 발탁되는 데 유용한 발판이 되고 또 외무부 장관의 임무 수행에 필요한 귀중한 경험과 자산이 되었다고 생각한다.

장관이 되기 전 나는 뉴스위크 이외에도 국내외 언론에 한국 외교와 관련된 논평과 칼럼을 많이 게재했다. 1980년대 말과 1990년대 초 러시아에서는 글라스노스트(자유화)와 페레스트로이카(개혁)에 이어 소련이 와해되었고, 독일에서는 베를린 장벽이 붕괴되고 서독과 동독이 통일되는 등 국제 여건이 크게 변했는데, 나 같은 외교전문가에게는 학문적으로나 정책적으로 세계의 움직임을 파악하고 그것을 국민에게 이해시켜야 하는 엄청난 임무로 와닿았다.

나는 또 KBS, MBC 등의 요청을 받아 헨리 키신저, 즈비그뉴 브레진스키 등의 정책가들과 예일대의 폴 케네디 교수, MIT의 레스터 서로 교수 등 세계적 석학과 심층적 대담을 하는 특집 프로그램을 진행하기도 했다. 또 페레스트로이카 이후 소련의 변화를 분석한 러시아 특집 TV 프로그램, 독일의 통일을 설명하는 통독 프로그램 등을 현지 촬영하여 상당히 큰 반향을 얻었다.

구미에서는 교수들이 현실 외교와 정책 문제에 활발히 참여하고 학계는 그것을 긍정적으로 받아들이는 경향이 있다. 우리나라에서는 과거 군사정권의 영향 때문에 학자들이 정부에 협력하는 것을 부정적으로 보는 경향이 있었으나 민주화와 함께 그러한 분위기는 많이 바뀌었다고 할 수 있다.

2부

외교의 길

외무 장관을 맡아주시오

| 김영삼 대통령의 '깜짝 인사' |

1992년 말부터 1993년 초까지 한 달간은 '대통령의 달'이라고 할 수 있을 만큼 각국 대통령을 많이 만난 달이었다. 그달 중순에 나는 퇴임을 한 달여 앞둔 노태우 대통령, 김영삼 대통령 당선인, 그리고 피델 라모스 필리핀 대통령을 만났다.

노태우 대통령과는 수교훈장 수여식 자리에서 만나 오찬까지 같이했다. 라모스 대통령을 만나기까지는 약간의 사연이 있었다. 우리나라에서 대통령 선거가 끝난 지 한 달쯤 지난 1월 중순, 마닐라에서 열리는 아시아태평양 정책 원탁회의에 참석하기 위해 밤 비행기를 타러 공항에 나갔다. 밤 10시 비행기로 알고 8시 반쯤 공항에 도착했는데, 비행기는 이미 출발한 뒤였다. 항공권에 출발 시간이 20:00시로 표기되어 있는 것을 10시로 착각했던 것이다. 할 수 없이 다음 날 떠나기로 하고 집에 돌아왔는데, 늦은 시간에 당시 김영삼 대통령 당선인의 비서였던 김기섭 씨한테서 전화가 왔다. 당선인께서 저녁을 같이하고 싶어 하신다는 전언이었다. 1월 18일 저녁 6시 신라호텔 2209호라는 것도 확실히 전했다. 김기섭 씨는 대학 후배로 그가 신라호텔의 상무로 있을 때부터 알고 지내던 사이였다. 무슨 영문인지 몰랐으나 당선인이 외교 문제에 자문이 필요한 모양이라고 생각하고 알겠노라고 답했다. 하루 늦게 출발했지만 마닐라 학회에 참석하는 동안에는 라모스 대통령의 초대를 받아 만찬을 함께하는 기회를 가졌다.

필리핀에서 귀국한 1월 18일 저녁 신라호텔 2209호실에서 김영삼 당선인을 만났다. TV를 보면서 이런저런 이야기를 나누었는데, 처음에는 특별한 이야기는 없었다. 나는 김 당선인의 선거운동에 참여하거나 그의 당선에 이바지한 바가 전혀 없었기 때문에 어떤 직책을 제안받으리라고는 상상도 하지 못했다. 그런데 식사 도중에 김 당선인이 불쑥 "외무가 중요한데, 한 교수가 맡아주세요."라고 말씀하시는 것이 아닌가. 전혀 예상 밖의 갑작스러운 이야기여서 잘 알아듣지를 못했다. 청와대 외교보좌관을 맡아달라는 이야기로 듣고 고사할 생각이었다.

"구체적으로 무슨 말씀입니까?"

"외무 장관을 맡아주세요."

"공무를 맡아본 경험도 없고, 정치하는 사람도 아니고, 저는 자신이 없습니다."

"내가 다 알아서 부탁하는 것이니, 그러지 말고 맡아주세요. 단, 누구에게도 비밀로 해야 합니다. 부인에게도 말이지요."

나는 이렇다 저렇다 대답을 하지 못했다. 아내에게까지 숨길 수는 없을 것 같아서 장관 자리를 제안받았다고 이야기해주었다. 그런데 그 후 조각 발표가 날 때까지 한 달이 넘도록 당선인 쪽에서 전혀 연락이 없으니 괜히 머쓱해졌다.

당선인을 만나고 나서 한 달여 동안 고민이 많았다. 명확하게 "No"라고 하지 않았으니 수락한 셈이기는 한데, 국제 정세의 불확실성이 높은 상황에서 어떻게 외무부를 이끌어야 할지 자신이 없었다. 외무라는 것이 절대 쉽지 않다는 사실을 잘 알고 있었기 때문이다. 더구나 당시 외무부 직원의 정년이 특2급의 경우 63세, 특1급의 경우 65세로 대부분의 대사가 나보다 연상이고, 차관을 포함한 1급 실장들도 나보다 나이가 많다 보니 장관으로서 어떻게 그들을 지휘해야 할지도 걱정이었다. 청와대와 타 부처, 국회, 언론 등을 상대하는 일이 얼마나 어려울지는 실감도 못하고 있었다. 이런저런 걱정 때문에 밤에 잠이 안 올 정도였다. 고사할까 하는 생각도 했지만 누구에게 어떻게 연락해야 하는지도 알 수 없었고, 누구와 의논할 수도 없었다.

어쨌든 김영삼 당선인은 직업 외교관이 아닌 데다 관료 세계에 대한 경험이 전무한 나를 전례없이 외교 수장의 자리에 임명함으로써(그때까지 우리나라에서는 직업 외교관을 장관에 임명하는 것이 거의 예외 없는 관행이었다.) 임명권자로서 하나의 모험을 하는 셈이었다. 나에게는 30여 년 동안 외교를 배우고 가르쳐온 사람으로서 외무부 장관이라는 뜻밖의 자리는 사명감을 갖고 도전해볼 만한 직책이었지만 동시에 대단히 부담스러운 자리이기도 했다.

과연 내가 그 일을 해낼 수 있을까? 김영삼 당선인의 '엄명'으로 나는 동료들은 물론 스승과 선배 등 그 누구와도 이 문제를 상의할 기회조차 갖지 못했다. 고민을 거듭하다가 오래전부터 가깝게 지내온 김경원 박사에게 상의했더니 잘된 일이라고 격려해주셨다. 이홍구 전 총리에게 상의할 생각도 해보았지만 그분은 당시 주영 대사로 해외에 주재 중이었다.

장관 제의를 받고 취임하기까지는 한 달 이상의 시간이 있었으나 철저한 보안을 요구받았기에 업무 인수와 관련하여 아무런 준비도 할 수가 없었다. 당시 나는 주로 교수들로 구성되는 외무부 정책 자문위원회의 부위원장을 맡고 있었는데, 그 자격으로 외무부의 정책과 업무를 어느 정도는 파악하고 있었다. 그러나 그것은 실제로 장관직 인수와 관련하여 외무부 관계자들로부터 정책이나 직원들의 인적 사항 등에 대한 구체적이고 세부적인 내용을 브리핑받는 것과는 큰 차이가 있었다.

지금도 알 수 없는 김 대통령의 속내

당시 대학은 겨울방학 중이었다. 새 정부의 내각이 2월 26일 출범 예정이었으므로 봄학기의 시작과 겹치는 시점이었다. 장관직 제의에 대한 함구령에도 불구하고 나는 내가 몸담고 있던 고려대 총장께는 사전에 말씀드릴 의무가 있다고 생각했다. 그런데 문제는 대통령 취임식 날인 2월 25일까지도 당선인 측에서 더 이상 아무런 연락이 없는 것이었다. 언론에서도 전혀 감을 잡지 못하고 있었다. 총장께 말씀드리고 나서 아무런 연락이 없으면 나만 실없는 사람이 되는 것이 아닌가 하는 생각도 들었다.

아무튼 장관직을 제안받았으니 준비를 하기는 해야겠는데, 준비할 방법이 없었다. 당시 나는 외무부 자문위원회의 부위원장 이외에도 국방부와 통일부의 자문위원을 맡고 있었다. 한번은 위원장인 서강대 이상우 교수가 참석하지 못해서 내가 대리로 위원장 자격으로 참석한 적이 있었는데, 이때 외무부 현황에 대해 자세히 물어보았다. 물론 내색은 전혀 하지 않았다. 그 외에는 외무부에 있는 대학 후배들을 통해 윤곽을 파악하는 정도였다.

지금도 나는 김영삼 당선인이 누구의 추천으로, 무슨 이유로 나를 외무 장관에 임명하기로 결정했는지 알지를 못한다. 입각 제안을 받기 전까지 김영삼 당선인과 나와의 인연은 특별한 것이 없었다. 1967년 내가 미국 버클리대학(UC Berkeley)에서 박사과정을 밟고 있을 때 당시 스탠퍼드대학을 방문한 김 당선인의 강연 통역을 부탁받아 해드린 적이 있었다. 그 후 나의 은사인 스칼라피노 교수 방한 때 서로 잘 아는 사이였던 김 당선인과 만나는 자리에 동석한 것을 포함해서 공적인 자리에서 두세 번 만난 것이 전부였다. 한반도와 동아시아 지역 연구의 세계적 권위자인 스칼라피노 교수는 1959년 미 상원에 제출한 한국보고서에서 군사 쿠데타의 가능성을 정확하게 예측한 인물이기도 하다.

김영삼 대통령의 나에 대한 인상은 아마도 1987년 대선 운동 당시 각인된 것이 아닌가 생각한다. 당시 선거는 여당의 노태우 후보와 야당의 김영삼, 김대중 후보 세 사람의 각축전이었는데, 많은 국민은 야당의 후보단일화를 염원하고 있었다. 당시 나는 미국의 시사주간지 뉴스위크의 고정 칼럼니스트였는데, 뉴스위크의 경쟁지인 타임(TIME)이 한국 대선에 대해 나와 인터뷰한 것을 크게 기사화한 적이 있다. 그때 나는 양 김씨 가운데 후보가 단일화될 경우 김대중 후보보다는 김영삼 후보가 '당선될 가능성이 더 크다(more electable)'고 관측한 적이 있다. 김영삼 후보가 선거유세를 하면서 타임지 기사를 여러 번 소개한 것을 보면 이것이 김 후보 진영을 상당히 고무시켰던 듯하다.

대통령 취임은 2월 25일이었다. 취임 시에 외교안보 수석에 정종욱 서울대 교수 등 청와대 수석비서진 명단이 발표되었다. 같은 날 대통령은 황인성 씨를 총리로 임명했다(당시에는 국회 청문회가 따로 없었다.). 조각 명단은 취임식 다음 날인 2월 26일 9시에 발표될 예정이었다. 25일의 대통령 취임식에는 물론 나는 참석하지 않았다. 그날은 내가 몸담고 있던 고려대학교의 졸업식 날이기도 했다. 나는 그날 졸업식이 끝난 후 김희집 총장을 만나 확실한 것은 아니나 26일 내가 외무 장관에 임명되어 학교에 나오지 못할지도 모른다고 조심스럽게 말씀드렸다. 총장께서는 문민정부에서의 장관직 수락을 환영하시고 후에 교무위원회를 거쳐 장관 재직 기간을 휴직 처리해주셨다. 당시 고려대에서는 나 말고도 화학과의 김시중 교수가 과학기술부 장관으로 발탁되었는데, 그분도 나와 같은 기간(22개월) 장관으로 재직한 후 교수로 복직했다.

발표 당일까지 언론도 몰랐던 '철통 보안'

언론은 누가 어느 부처의 장관이 될 것인지를 알아맞히느라 열띤 경쟁을 벌였다. 다행히 25일까지도 나에 대해서는 추측 기사조차 나오지 않았다. 그런데 어떻게 감을 잡았는지 25일 밤이 되자 찾아오거나 전화를 걸어오는 기자들이 있었다. 주로 아내가 전화를 받아 아직 귀가하지 않았다고 대답했다. 그런데 추운 날씨에도 불구하고 몇 시간을 밖에서 기다리다가 기사 마감 시간인 26일 새벽 1시에 우리 집 초인종을 누른 기자가 있었다. 세계일보 국기연 기자였다. 우리는 그를 일단 들어오라고 하고 현관 오른쪽 방으로 안내했다. 나의 서재인 왼쪽 방의 컴퓨터 모니터에는 내가 준비 중이던 취임사가 떠 있는 상태였다. 사실 나도 확신을 갖지 못하고 있었지만 그래도 만약의 경우를 대비하여 취임사를 작성해둘 필요가 있을 것 같아 몇 가지 구상을 하고 있었다. 국 기자가 나에게 청와대로부터 전화를 받은 적이 있느냐고 묻기에 없다고 대답했더니 맹세할 수 있느냐고 다그쳤다. 나는 1월 18일 이후 전혀 전화를 받은 일이 없었으므로 얼마든지 맹세할 수 있었다. 얼굴에 짙은 실망감을 보인 채 그는 우리 집을 떠났다. 국 기자는 아마 후에 그날 새벽 일에 관해 두고두고 나를 원망했을 것이다.

26일 아침 9시에 내각 명단이 발표된다고 해서 TV를 지켜보았다. 청와대 측의 보안이 어찌나 철저했는지 발표 직전까지도 외무부 장관 예상 인물 후보에 내 이야기는 한마디도 나오지 않았다. 결국 언론사들은 내 사진을 미리 준비하지 못해 TV에서는 신임 외무 장관인 내 자리에는 이름만 있고 사진은 없이 빈칸으로 남겨둔 채 내각 명단이 발표되었다.

발표가 난 지 한 시간쯤 후에 이상옥 장관이 전화를 걸어왔다. 취임식에 관한 이야기를 하면서 절차 등을 설명해주었다. 그 이외에는 오전 내내 걸려오는 축하 전화를 받기만 했다. 오후 2시쯤 돼서야 외무부에서 차를 보내 나를 청사로 데려갔다.

취임사는 이미 윤병세(尹炳世) 보좌관(후에 외교부 장관)이 써둔 상태였다. 그러나 나는 내가 직접 작성한 취임사를 읽었다. 나는 첫째 북핵 문제, 둘째 대일관계, 셋째 UR(우루과이라운드), 이 세 가지의 중요성과 철저한 준비의 필요성을 강조했다.

장관도 대통령도 모르는 것은 배워야

|취임 후 아쉬웠던 점들|

장관 취임 후 전임 장관들을 먼저 만나다 보니 직전 장관인 이상옥 장관은 맨 나중에, 취임한 지 한 달도 더 지나서 만나게 되었다. 내 생각에 이것은 잘못된 관행이 아닌가 싶다. 전임 장관들, 특히 직전 장관과의 대화는 예우 차원이 아니라 업무상으로 매우 시급하고도 긴요한 것이 아닐 수 없다. 그런 관점에서 본다면 직전 장관을 제일 먼저 만나는 것이 합리적인 선택일 것이다.

외무부에는 비밀문서가 많다. 나는 대학 졸업 직후 당시 5급 공무원인 KBS 국제방송의 아나운서로 근무해본 적이 있기는 하지만 비밀문서 취급은 생소하게 느껴졌다. 적어도 1급, 2급, 3급 등의 비밀 등급은 그 의미라도 알고 있어야 문서를 어떻게 처리해야 하는지 알 수 있을 것이었다. 그런데 부내에서 비밀문서 취급에 관해 브리핑해주는 사람이나 제도가 없다는 것이 이해하기 어려웠다. 다른 분야에서 일하다가 공무원이 된 사람을 위해서는 꼭 필요한 브리핑이라고 하겠다.

장관으로 취임한 후 아쉬움을 느꼈던 점이 있다. 장관직 수행을 위한 매뉴얼이나 오리엔테이션이 전혀 없었고, 업무 인수인계도 사실상 거의 없는 것이나 마찬가지였다. 전달받은 서류 가운데 정책이나 인사에 대한 것은 찾아볼 수 없고, 비품 등에 관한 서류뿐이었다. 전자제품 하나를 사도 매뉴얼 한 권이 따라붙고, 기업에서는 초급 간부로 승진만 해도 따로 간부교육을 시키는 것이 보통인데, 국가 중대사를 책임질 장관직을 수행하는 데 필수적으로 있어야 할 매뉴얼이나 오리엔테이션이 없다는 사실은 지금 생각해봐도 이해가 되지 않는다. 특히 내부 승진이 아니고 나처럼 교수 출신이라든가 다른 분야에 종사하다가 장관이 되는 경우 업무 인계와 적절한 오리엔테이션은 필수적이라고 할 것이다.

장관은 그래도 일을 하는 과정에서 차관을 비롯한 부처 직원들의 조언과 브리핑 등 조직의 도움을 받게 되므로 크게 빗나갈 가능성이 적다. 그런데 청와대 수석비서관들은 그런 도움을 받을 기회가 상대적으로 적을 수 있다. 특히 민간 출신의 경우 공직에 대한 이해와 경험 부족 탓에 기대에 어긋난 처신으로 간혹 물의를 일으키기도 한다. 장관이나 청와대 비서관은 물론이고 대통령에 이르기까지 모든 고위 공직자에 대해서는 일정한 교육과정을 반드시 이수하게 함으로써 그들의 직책 수행에 도움을 주어야 하지 않을까 하는 생각을 갖게 된다.

"인사 청탁은 받지 않겠습니다"

|믿고 맡겼던 김영삼 대통령|

새 정부가 들어서기 전에는 대개 인사(人事)를 미루는 경우가 있다. 외무부는 재외 공관이 많다 보니 인사가 복잡한 부처인데, 역대 장관 가운데는 인사에 직접 관여한 분도 있고 장관보다는 차관이 상당한 인사권을 행사한 때도 있었다. 과거 외무부에는 인사와 관련한 병폐가 심각했다. 대사직 인사에 정치권과 청와대의 관여가 너무 많았다. 이른바 '힘 있는' 부서라고 할 수 있는 안기부 같은 타 부처 또는 군 출신이 대사직을 맡기도 했다. 이들은 대개 특임대사 자리를 맡았는데, 그 인원이 이삼십 명이나 되었으니 외무부에서는 자연 불만이 많았다. 나는 김영삼 대통령의 뜻에 따라 원칙적으로 이들을 교체하기로 방침을 정하고 개인적으로 가까운 사이인 당시 이홍구 주영국 대사와 한철수 주브라질 대사에게도 귀국을 요구하는 편지를 보냈다. 개인적으로는 미안한 마음이었지만 어쩔 수 없는 일이었다. 직업 외교관은 최소 2년

김영삼 대통령과.
1993년 2월.

반 이상의 임기를 마친 사람들을 다른 지역으로 보내거나 전보했다.

김영삼 대통령은 전임 대통령들과는 달리 인사 문제를 청와대 비서관 등에게 맡기지 않고 전적으로 장관인 나에게 일임했다. 청와대나 국회에서 부탁을 받아도 들어주지 않겠다고 하니 대통령은 "물론입니다."라고 이야기했다. 김 대통령이 나에게 지시했던 인사는 단 두 건이었다. 한승수 씨를 주미 대사로, 황병태 씨를 3대국(러·중·일) 중의 한 곳으로 보내달라는 말씀이었다. 한승수 씨는 나와 같은 한 씨인 데다 이름까지 비슷하여 사람들이 혼동하는 일이 많았다. 경사가 있을 때 화환이 바뀌어 전달되는 경우도 종종 있었다. 나는 주일 대사로는 경험이 풍부한 일본 전문가인 공로명 당시 외교안보연구원장이 적절하다고 판단했다. 후에 나의 후임으로 외무부 장관이 된 공 대사는 나의 고등학교 선배로 뉴욕 총영사, 브라질 대사로 재직 시 내가 국제회의 등으로 방문할 때 공관에서 재워주기도 하면서 내외분이 우리 내외에게 많은 도움을 주었다. 황병태 씨는 주중 대사를 맡아달라는 부탁을 흔쾌히 수락해주었다. 황 대사 역시 내가 다녔던 버클리대학에서 박사학위를 받은 활동적인 분으로 개인적으로도 가까운 사이였다.

외무부에는 나이 많은 터줏대감들이 많았다. 나는 외무부 출신이 아닌 데다가 나이도 젊다 보니 그들과의 관계에 대해 걱정이 많았으나 다행히 나를 잘 받아들여주고 협조해주었다. 지금도 고맙게 생각하는 부분이다. 내가 취임하고 반년쯤 지났을 때 조선일보 박두식 기자가 월간조선 기사에서 '외무부에 소프트 랜딩(soft landing)한 것 같다'고 쓰기도 했다.

외무부에는 서울대 외교학과 출신이 가장 많았지만, 장관은 내가 처음이었다. 출신 고등학교는 경기고가 가장 많았다. 고려대 제자들도 여러 명 있었다. 나는 학연으로 차별 대우할 생각도 물론 없었고 오히려 차별한다는 이야기를 듣지 않으려고 신경을 많이 썼다. 그러나 어쩐 일인지 내가 장관으로 취임했을 당시 많은 경기고 출신 대사들(대부분이 나보다도 나이가 많은 분들이었다.)이 보직을 갖지 못하고 대기 대사로 서울에 남아 있었다. 정부가 바뀌며 대대적인 인사이동을 단행해야 했는데, 유럽의 여러 자리를 경기고 출신이 차지하게 되어 마치 내가 그들에게 특혜를 준 것 같은 모습을 보이게 되었다. 공교롭게도 초기 인사에 많은 도움을 준 노창희 차관이 고등학교 1년 선배였으므로 그러한 오해를 받게 된 것도 불가피한 일이었다. 그러나 그들이 나와 같은 고등학교를 나왔다고 해서 역차별을 할 수도 없는 일이었다. 당시 차관도 경질하게 되어 있었으므로 나는 심고 끝에 홍순영 러시아 대사를 차관으로 천거했다. 그는 말레이시아와 러시아 대사를 지낸 베테랑 외교관이었다. 국제회의 참석차 쿠알라룸푸르나 모스크바 등지를 방문하여 그를 만났을 때 외교에 대한 철학이 있고 의협심이 강한 데 대해 깊은 인상을 받은 적이 있었다. 그는 외무부 차관을 거쳐 훗날 외교부 장관, 통일부 장관을 역임했다.

미국의 폭격을 막아라

| 북한의 NPT 탈퇴 선언 |

장관으로 취임한 지 2주 만인 1993년 3월 12일, 나의 22개월 장관 재임 기간 중 가장 중대한 사태가 벌어졌다. 그날 아침 10시 반경 정태익 미주 국장이 급히 장관실을 찾았다. 북한이 NPT(핵확산금지조약)에서 탈퇴하겠다고 공식 선언했다는 것이다. 외무부 장관직을 맡은 지 2주일 만에 일어난 일이었다. 그날 나는 아침 8시경 출근하여 밀려 있던 인사 문제, 특히 대사들의 인사를 점검하고 있던 차였다.

청와대에 연락하여 정종욱 외교안보 수석을 통해 김영삼 대통령에게 보고드리려 했으나 대통령이 진해에 있는 해군사관학교 졸업식에 참석 중이라 연결이 되지 않았다. 대통령을 수행 중이던 박관용 비서실장과 간신히 통화가 되어 대통령이 귀경한 후에 보고하기로 약속한 후 외무부 간부들과 대책을 논의했다.

나는 먼저 북한이 핵무기를 개발하고 보유할 경우 어떠한 심각한 문제가 일어날 것인가를 생각했다. 첫째, 그것을 방지하는 과정에서 무력행사와 충돌이 일어날 수 있고, 그것은 한반도에서 또 한 번의 전쟁이 일어날 가능성을 의미하는 것이었다. 둘째, 북한이 핵보유국이 되는 경우 한반도에서의 군사적 균형이 깨지는 것은 물론 북한의 도발과 공격적 행태로 이어질 수 있었다. 셋째, 북한이 핵무기를 보유하는 경우 일본과 한국을 포함한 주변국들이 핵무장을 할 동기를 제공하며, 이는 동북아에서의 핵확산을 의미했다. 넷째, 북한이 핵물질과 무기를 보유하는 경우 다른 나라나 위험 집단에 이전되어 핵 공격이나 테러에 악용될 소지가 있었다. 끝으로, 규제나 투명성 없는 북한의 핵개발은 핵으로 인한 사고의 가능성을 크게 증가시킬 위험이 있었다. 결론적으로, 우리는 북핵 문제를 해결하기 위해서는 미국과 공조해야 하며, 문제 해결 과정에서 중국, 러시아 등의 동참과 협조를 확보하고, IAEA(국제원자력기구), 유엔 등 국제기구를 통해 북한을 압박하고 설득할 필요가 있다고 판단했다.

경악스러웠던 미국의 강경 분위기

외무부 장관 재임 기간 내내 가장 시간과 신경을 많이 썼던 문제는 북한핵 문제였다. 그러나 외무부 장관에 취임하기 전에도 나는 북핵 문제에 깊은 관심을 두고 있었다. 1992년 11월 미국 의회의 아·태 소위원회(위원장 스티븐 솔라즈 Stephen J. Solarz 의원)는 북핵 문제에 대해

청문회를 개최했다. 나는 참고인으로 초청을 받았는데, 그때 나와 같은 자리에서 발언한 전문가들(나를 빼고는 모두 미국인들이었다) 중에 약 3분의 1은 당장 북한을 공격해야 된다는 입장이고, 다른 3분의 1쯤은 그래도 외교적으로 해결해야 된다는 입장이었다. 나머지 3분의 1쯤은 중간 입장이었는데, 당시 미국의 강경 분위기에 나는 상당히 경악했다.

북한은 당시 IAEA로부터 플루토늄 추출에 관한 특별사찰을 요구받고 있었는데, 이에 대한 반발로 NPT 탈퇴를 선언했던 것이다. 북한이 NPT 탈퇴를 선언하자 일반 국민은 물론 대통령에 이르기까지 제일 걱정하는 것이 미국이 북한을 폭격하는 사태였다. 국회에서는 외무부 장관이 빨리 미국에 가서 미국이 북한을 폭격하지 못하게 막으라고 주문했다.

김영삼 대통령은 임기 초반에 대북관계를 획기적으로 개선하려는 의지를 갖고 있었던 것으로 보인다. 취임사에서 "피는 물보다 진하다."라는 표현을 사용하고 비전향 장기수 이인모를 송환한 데서 그러한 의지를 읽을 수 있다. 북한의 NPT 탈퇴 선언은 그러한 김영삼 대통령의 의지에 찬물을 끼얹는 결과를 가져왔다. 공교롭게도 북한의 NPT 탈퇴 선언이 이인모를 송환하기로 최종 결정한 직후에 이루어졌기 때문에 실망과 배신감은 그만큼 더 컸다고 하겠다. 그러나 핵 문제를 해결하는 데 있어서 그러한 실망감이 정부 정책에 직접적인 영향을 주었다고는 볼 수 없다. 정부 안에는 대통령을 포함해 미국이 북한에 대해 너무 유화적인 것이 아니냐고 생각하는 사람들이 상당히 있었지만, 적어도 초기에 가장 걱정스러웠던 점은 오히려 미국의 과잉반응 가능성이었다.

최소한 우리 쪽에서는 당장 무력을 동원해야 한다는 생각은 하지 않았다고 본다.

북핵 문제를 협상을 통해서 해결할 것이냐 압력을 통해서 해결할 것이냐를 두고 국내외에 의견 차이가 있었다. 또한 협상을 하는 경우 한국이 직접 참여하지 않는 협상을 우리가 허용하느냐 마느냐가 또 하나의 중요한 이슈였다. 아직 경수로 얘기는 나오지 않았지만, 협상을 할 경우 일방적으로 북한에 항복문서를 강요하는 것이 아니라 무언가를 주고받아야 하는 것이므로 무엇을 주고 무엇을 받느냐 하는 문제가 남아 있었다. 부처 간에 뚜렷한 의견 차이는 없는 편이었으나 다만 통일부에서는 남북 간의 대화와 협상을 선호하는 입장이었고, 안기부와 청와대는 외무부보다는 북한에 대해 다소 강경한 입장이었다. 대통령은 특히 협상 과정에서 한국이 배제되고 미국과 북한이 직접 협상하게 될 가능성을 우려했다.

3월 하순에는 방콕에서 ESCAP(아시아태평양 경제사회위원회) 회의가 있었는데 그 회의에 중국의 첸치천(錢其琛) 외교부장(부장은 우리의 장관에 해당)이 참석해서 나와 최초의 회합을 가졌다. 제일 큰 쟁점은 북핵 문제를 어떻게 IAEA로부터 유엔 안보리에 회부하느냐 하는 것이었다. 이를 위해서는 유엔 안보리 상임이사국인 중국의 동의가 필요했는데, 아주 간단한 문제 같으면서도 중국의 태도가 큰 걸림돌이 될 수 있었다. 당시 중국은 한국과 수교(1992년 8월)한 지 얼마 안 된 시점이므로 북한에 대해 심리적 부담감을 느끼고 있던 때였다. 따라서 중국은 미국이 북한과의 협상에 응해주기를 원하고 있었다.

나는 방콕으로 가기 전에 미리 미주국의 장재룡 국장을 워싱턴에 파견, 미국에 대하여 북한이 미국과 협상하는 것에 우리가 동의하는 대신 중국이 북핵 문제를 유엔에 회부하는 것을 허용하도록 협상하겠다는 우리 쪽의 방침을 통고한 상태였다. 미국은 이러한 협상을 긍정적으로 받아들였고 결과적으로 북핵 문제를 유엔 안보리에 회부한다는 중국과의 딜(deal)이 성립되었다.

결국 북핵 문제는 유엔 안보리에 회부되고 미국과 북한 간에 협상이 시작되었으나 북한의 핵무기 프로그램 동결을 약속한 1994년 10월의 제네바 합의에 이르기까지는 많은 우여곡절과 위기, 그리고 19개월이라는 긴 시간이 요구되었다. 북한은 미국과 협상하면서 핵 활동을 동결하고 궁극적으로 핵시설을 폐기하는 조건으로 북한에 대한 미국의 핵안보 보장, 핵발전을 위한 경수로 제공, 북한과의 국교 수립 등을 요구했다.

북한 특유의 세가지 전술

이 과정에서 북한은 세 가지 특유의 전술을 구사했다. 그 첫 번째는 '벼랑끝 전술'이라고 부를 수 있는 극단적인 모험주의적 전술이다. 한 예로 북한은 1994년 1월 500메가와트 경수로에서 사용후 핵연료를 인출하여 플루토늄 추출을 위한 준비 작업에 들어감으로써 미국 등 서방세계와의 대결을 첨예화하는 정책을 취했다. 두 번째 전술은 '살라미 전술'이라고 부를 수 있는 것이다. 북한은 겉으로는 일괄 타결이나 포괄적 타결을 선호하는 것처럼 보이지만, 실제로는 이러한 살라미 전술을 사용함으로써 언제나 합의에서 합의 이전의 원상으로 복귀할 가능성을 보유하려는 행태를 보이곤 한다. 세 번째는 작은 양보나 합의는 초기에 실행하고 중요한 상호 조치는 뒤로 미루어두는 전술이라고 할 수 있다. 중요한 양보는 뒤로(back-loading), 덜 중요한 양보는 앞에 먼저(front-loading) 처리하는 것으로 합의함으로써 초기에 돌이킬 수 없는 사항을 양보하는 부담을 배제하겠다는 의도가 담겨 있다. 북한은 모든 협상에 있어 이 세 가지 전술을 마치 전가의 보도인 양 단 한 번의 예외도 없이 일관성 있게 적용하는 모습을 보인다.

북핵을 둘러싼 각국의 입장

북핵 협상과 관련된 각국의 입장을 살펴보면 다음과 같다.

일본은 북핵과 관련하여 한국 다음으로 피해 가능성이 큰 당사국이었으나 협상에 있어서 발언권은 별로 없는 상태였다. 일본의 발언권이 무게를 갖게 된 것은 경수로 제공 등에 있어서 비용을 분담하기 시작하면서부터였다. 미국과 한국은 북핵 문제 처리와 협상 과정에서 일본과 상당히 밀접하게 협의를 했고, 일본도 북한핵에 대해서 지대한 관심이 있었기 때문에 일본과 회합이 있을 때마다 핵 문제가 첫 번째 의제가 되었다. 결과적으로 나중에 협상이 이루어졌을 때 거기에 들어가

일본 총리실에서 호소카와 모리히로 총리와.
1993년 9월.

는 비용 가운데 일본이 어느 정도 부담한다는 양해(understanding)가 있었고, 일단 협상 자체는 미국이 전면에 나섰지만 한국과 미국이 긴밀히 협의하고 일본도 공조한다는 대체적인 양해가 있었다.

러시아는 옐친(Boris Yeltsin)이 대통령이 된 후였기 때문에 한국에 대해서 대체로 협조적이고 우호적인 입장을 가지고 있었다. 그래서 내가 러시아를 방문할 때마다 옐친 대통령과 직접 만나서 이 문제를 논의할 수 있었다. 1990년대에는 6자회담 같은 것은 없었으나 러시아는 유엔 안보리의 상임이사국으로서, 또 그 당시까지만 해도 북한과 상호방위협정을 맺고 있었기 때문에 상당한 역할을 할 것으로 기대되었다. 1993년 8월 내가 모스크바를 방문했을 때 옐친 대통령은 나에게 북핵과 관련된 자신들의 정보력에 대해 상당히 자세히 설명해주었다. 그중에는 북한의 플루토늄 보유 상황도 포함되어 있었다. 이렇듯 러시아는

크렘린궁에서 옐친 대통령과. 1993년 6월.

자신들이 상당히 협조적임을 보여주려고 노력했다고 생각한다.

1994년 5월 말 북핵 위기가 고조되는 상황에서 김영삼 대통령이 러시아를 방문했다. 이때 중요한 성과 중의 하나는 러시아가 북한에 무기를 제공하거나 판매하지 않겠다는 약속을 받아낸 것이라고 할 수 있다.

중국은 지리적으로 북한이 핵무기를 개발하고 보유할 경우 큰 위협을 받을 수 있는 위치에 있기 때문에 북핵을 반대해야 하나 동시에 북한 정권의 약화나 한반도에서의 무력 충돌도 방지해야 한다는 딜레마를 안고 있는 나라였다. 결국 중국은 북한에 대해 과대한 압력 행사는 피하면서도 결정적인 시점에는 북한에 강력한 메시지를 보냄으로써 문제 해결에 기여하는 모습을 보여주었다.

미국은 북한의 핵무기 개발이 한반도 안보는 물론 세계 핵의 비확산에도 직접적인 위협이 되는 행동이었으므로 북핵 저지에 앞장서는 데

앨 고어 부통령과 패트리어트 미사일 토의 후.
백악관. 1993년 3월.

주저하지 않았다. 그러나 클린턴(Bill Clinton) 행정부는 무력에 의한 해결보다는 대화와 협상에 의한 해결을 선호하는 입장이었다.

북미 협상은 해를 넘겨서 1994년 6월의 위기로 치달았다. 가장 중요한 계기는 북한이 1994년 4월에 5메가와트 원자로에 가동 중이던 8,000개의 폐연료봉을 추출하여 재처리를 준비한 사건이다. 6월 13일 북한은 IAEA 탈퇴를 선언했다. 이에 IAEA는 "과거 핵 규명과 계측 가능성이 없어졌다."라고 IAEA 차원에서 선언, 결의를 하고 또 유엔 안보리에 그렇게 보고하면서 북핵 문제는 안보리 제재 국면으로 들어가게 되었다.

1994년 6월

|북핵 위기와 한국·미국·중국의 대응|

북한은 왜 이렇게 행동했는가? 북한이 폐연료봉을 인출한 의도는 무엇이고, 북한이 폐연료봉을 인출하기 시작했을 때 우리 정부는 어떤 대응 전략을 세웠는가?

북한이 사용한 연료봉을 인출한 것은 1994년 4월 19일이었다. 그런데 거기에는 기술적인 이유(일정 기간 사용 후 연료봉을 인출해야 한다는)도 있었을 것이고, 협상 전략의 일환이었을 수도 있다. 실제로는 아마도 그 두 가지가 다 고려된 것이라고 보아야 할 것이다. 당시 협상이 중단되고 위기가 고조되고 있는 상황에서 북한 입장에서는 이것이 협상의 전략으로 상당히 효과 있는 '벼랑끝 전술'이라고 여겼을 가능성이 있다. 자기네들의 결의와 무모함 등을 과시할 하나의 기회라고 보았을 수 있다. 또 북한의 입장에서는 폐연료봉을 인출하더라도 당장 상대방, 즉 미국이나 한국이 북한에 대해서 무력을 행사하지는 않으리라고 여기고, 그렇기 때문에 '인출한 다음에 협상을 해도 늦지 않다.'고 판단했을 수 있다. 뿐만 아니라 북한으로서는 '인출을 한 다음에는 사용 연료봉을 재처리하느냐 안 하느냐, 또 어떻게 보관하느냐 하는 문제를 또 하나의 협상카드로 이용할 수 있을 것'이라고 계산했을 가능성이 크다. 이때는 UN에서 제재결의안을 논의만 하는 단계였으므로, 북한으로서는 '밑지지 않는 장사다, 필요한 조치다.'라고 판단한 것으로 볼 수 있다.

북한의 이러한 도전적 행동에 대하여 한미 양국은 유엔 안보리에서 대북제재결의안을 추진하기 시작했다. 동시에 미국은 한반도에서의 유사시에 대비하여 주한미군의 군사력을 강화하고 동해에 항공모함을 파견하는 등 무력시위로 군사적인 압박을 가하기도 했다.

6월 10일에는 IAEA에서 대북제재결의안을 채택했다. 북한은 이에 대응하여 6월 13일에 IAEA 탈퇴를 선언했다. 그리고 6월 15일에는 카터(Jimmy Carter) 전 미국 대통령이 북한을 방문하게 된다. 시간적으로 보아 6월 13일 북한이 IAEA 탈퇴를 선언한 시점에는 카터 전 대통령의 방북이 이미 결정된 후였을 가능성이 높다. 따라서 북한이 IAEA 탈퇴 선언을 하기는 했으나 카터 전 대통령을 평양으로 오라고 했을 때는 어느 정도 후퇴한다는 각오를 한 상태였을 것으로 보아야 한다. 그렇기 때문에 북한의 의도를 크게 두 가지로 추정해볼 수 있다. 하나는 자기네들이 '후퇴하기 전에 공세적인 모습을 보인다.'라는 생각이 있었다는 것이다. 후퇴하기 전에 한 번 공격을 하고 조금 후퇴를 하는, 펜싱 표현으로는 페인(feign: 상대 반응을 이용하기 위한 속임수)하기 전에 런지(lunge: 찌르기)를 하는, 그러한 공세적인 것이라고도 볼 수 있다. 또 하나는 '후퇴를 하기 전에 IAEA 탈퇴를 기정사실로 만들어놓겠다. 그리고 약한 모습을 보이지 않겠다.' 하는 의도도 있었을 것이다. 나중에 알게 된 일이지만 6월 10일에는 이미 중국이 북한에 "이 문제가 안보리에서 토의될 때 거부권 행사를 안 하겠다."라고 통고해놓은 상태였기 때문에 이에 대해서 북한이 '대처하고 반응할 필요가 있겠다.'는 생각을 가졌을 것이라고 볼 수도 있다.

나는 6월 초에 베이징에 가서 첸치천 외교부장과 아시아 지역을 담당하던 탕자쉬안 부부장(부부장은 우리의 차관에 해당)을 만나서 상당히 긴 시간 동안 심층적인 협의를 나누었다. 그때 내가 강조했던 것은 "중국이 유엔 안보리에서 거부권을 행사할 상황까지 가지 않게 하기 위해서는 북한에 중국의 거부권 행사를 기대하지 않게 만드는 것이 중요하다."는 점이었다. 귀국을 위해 공항으로 가는 길에 차에 동승한 탕 부부장은 나에게 첸지천 외교부장과의 회담 때 내가 강조했던 내용에 대해서 좀 더 설명을 해달라고 요청했다. 탕 부부장의 그런 질문을 통해서 나는 중국이 나의 논리와 설득에 대해서 어느 정도 반응이 있다는 인상을 받았다.

베이징 방문을 마치고 귀국한 지 며칠 후인 6월 12일, 장팅옌(張庭延) 당시 주한 중국 대사가 "급히 통고할 내용이 있다."면서 나를 찾아왔다. 그는 베이징에서 받아온 '주한 중국 대사 본국 훈령 통보'를 우리에게 알려주었다. 탕자쉬안 부부장이, 6월 10일 주중 북한 대사에게 북한핵 문제에 관해 중국 정부의 입장을 통보한 내용이었다. 그 요지는 "첫째, 중국은 북한의 핵연료봉 인출에 대해 불만족스럽게 생각한다. 둘째, 국제사회가 북한을 규탄하고, 북한이 신뢰할 수 없는 나라라는 것에 대해 중국은 더 이상 북한을 변호하기 곤란하다. 따라서 중국은 북한이 핵 문제에 대해 더욱 신축성을 보여주기 바라며, 그렇지 않을 경우 중국은 안보리 제재결의안 통과를 막을 수 없다. 중국은 북한의 태도 변화를 강력하게 촉구한다."는 것이었다. 이러한 중국의 대북 통고는 북한에 상당히 충격적인 것이었고 큰 임팩트를 주었다고 본다. 우리는 곧 이 내용을 미국에 통보했고, 다음으로 일본에도 알려주었다. 중국이 며칠 후 미국에도 같은 내용을 통고한 것이 확인되었다.

이러한 중국 정부의 입장을 보면, '중국이 1차 북핵 위기(1993-1994) 때는 대단히 소극적인 역할을 했고, 2차(2002)와 3차(2006) 위기 때는 보다 적극적인 역할을 했다.'라는 일반적인 인식은 사실과는 다르다고 볼 수 있다. 사실 1차 북핵 위기 때도 중국은 상당히 적극적인 역할을 했다고 해석할 만한 근거가 있다. 중국의 입장, 즉 '공개적으로 반대는 못하지만 실제적으로는 대북결의안이 통과될 테니 알아서 해라.'라는 북한에 대한 실제적인 압력, 이것이 북한이 카터 전 미국 대통령의 방북 제의를 수락한 결정적인 계기라고 할 수 있기 때문이다. 북한은 안보리와 관련된 중국의 입장을 6월 10일에 통보받았고 카터 전 대통령의 방북은 15일에 이루어졌으므로 그전부터 이미 카터의 방북을 고려하고 있었던 것이라고 짐작할 수 있다.

카터 전 대통령의 방북 배경에는 레이니(James Laney) 주한 미국 대사의 역할이 있었다. 그는 한국에 부임하기 전 조지아 주 애틀랜타에 있는 에모리(Emory)대학의 총장이었다. 그 대학에 카터센터가 자리 잡고 있다는 사실 등을 감안하면 그가 카터 전 대통령과 상당히 가까운 관계였다는 사실을 미루어 짐작할 수 있다. 레이니는 클린턴 행정부와도 가까웠지만 개인적으로는 조지아(Georgia) 주 출신인 샘 넌(Sam Nunn) 상원의원이나 카터 전 대통령과 인맥이 통하는 사이였기 때문에 그들 중 한 사람이 북한을 방문하는 것이 핵 문제의 물꼬를 트는 방법이 될 수 있을 것이라고 생각했고, 나와도 의논을 여러 번 했다. 따라서 카터 전 대통령은 자신이 북한을 방문할 의사가 있다는 것을 이미 북한과 미국 정부에 알려놓은 상태였다. 그랬기 때문에 시간적으로 봤을 때 6월 10일과 6월 15일 사이에 북한이 카터 방북과 관련된 최종 결정을 내릴 수 있었고, 북한은 이것을 어려운 사태 수습에 활용하려 했던 것이다.

중국이 북한에 6월 10일 통보한 내용, 즉 '유엔의 대북제재결의안이 통과될 수 있다. 우리가 공개적으로는 반대 입장을 밝히지만 실제 표결에 들어가면 기권하거나 찬성하거나 할 테니, 아무튼 각오를 해라.'라는 메시지가 김일성(金日成) 당시 주석이 카터 전 대통령의 방북 시 보여준 일종의 '통 큰 결단'을 하게 된 결정적인 요인이었다고 볼 수 있다. 북한이 유엔의 제재를 상당히 두렵게 생각하고 있을 때였기 때문에 구체적으로 경제 제재 또는 수출입 제재 같은 것이 아니더라도 북한으로서는 결의안을 피해야 한다고 생각하고 있었다. 그런 제재결의안이 통과된다는 사실 자체가 중국의 보호라든가 방패막이가 무너지는 것을 의미하는 것이기 때문에 북한은 아직은 그런 상황에서 '할 테면 해봐라.'

하는 입장을 취할 수 있는 처지가 아니었다.

당시 유엔에서 추진되고 있던 결의안은 소위 '불일치(discrepancy)' 문제를 해소하는 것, 즉 '북한이 신고했던 플루토늄(plutonium)의 양과 IAEA가 추정하는 플루토늄의 양과의 불일치를 어떻게 해명하느냐.' 하는 문제에 결정적인 비중을 두고 있었다. 그것을 위해서는 과거 핵 활동에 대한 특별사찰 허용이 필수적인 것으로 지목되었다.

북한은 'IAEA가 미국의 지시에 의해서 하는 것이다.'라고 주장하면서 협상도 미국하고만 하고, 안전 보장도 미국으로부터만 받겠다는 입장을 취했다. 그러나 당시 IAEA의 사무총장은 스웨덴의 유명한 법률가 한스 블릭스(Hans Blix) 씨였는데, 그는 나중에 이라크와 관련한 문제에 대해서도 그랬지만, 무조건 미국이 하라는 대로 하는 사람이 아니고 상당히 독자적으로 판단하는 사람이었다. IAEA와 미국이 협조는 잘 됐지만, 그렇다고 해서 IAEA가 '미국의 말대로 움직이는' 기구는 결코 아니었다.

카터 방북을 둘러싼 논란

한국에서는 카터 방북에 부정적인 반응을 보인 사람들도 있고, 긍정적인 사람들도 있었다. 나는 '이것이 문제 해결에 도움이 된다면, 북한의 체면을 살려주면서 우리에게는 제일 중요하고 위험한 문제를 해결하는 과정으로서 필요하지 않느냐.'라고 생각했다. 남북관계를 '제로

섬 게임(zero-sum game: 참가자 각각의 이득과 손실의 합이 제로가 되는 게임)의 시각으로 보는 강경파 인사들은 북한과 미국과의 접촉의 레벨(level: 수준)을 높여준다는 점에서 우리에게 손해라고 보고 카터의 방북을 반대했다. 그러나 나는 그러한 사고에 동의하지 않았다. 결과적으로 카터 전 대통령이 북한에 갈 때 서울에 들렀다 갔고, 또 김일성 주석을 만난 다음에 다시 서울로 와서 우리에게 결과를 다 알려주었다. 이런 과정에서 우리가 상당한 인풋(input)을 넣을 수 있었기 때문에 나는 카터의 방북을 긍정적으로 보았던 것이다.

미국 정부 안에서도 카터의 방북에 찬반양론이 많았다. 적어도 미국 행정부, 즉 클린턴 행정부 주변 사람들은 '카터가 방북을 기정사실로 만들었기 때문에 클린턴 대통령이 말릴 여지가 없었다.'라고 했는데, 실제로 '클린턴 대통령이 말릴 여지가 있었으면 말렸겠느냐.' 하는 것은 또 별개의 문제라고 하겠다. '클린턴 행정부의 입장에서도 결과적으로는 카터의 방북이 핵 문제 해결의 물꼬를 트는 데 도움이 되었다.'라고 생각하는 쪽이 더 우세했다고 본다.

1994년 6월 카터의 방북 효과는 두 가지라고 할 수 있다. 하나는 당시에 고조되고 있었던 군사적 긴장이 완화된 것이고, 또 하나는 유엔 안보리의 제재로까지 가지 않고 미국과 북한 간에 근 1년 동안 진전이 없었던 고위급 회담이 재개되었다는 점이다.

미국의 북한 공격을 한국이 막았다?

|한반도를 둘러싼 군사적 긴장의 진상|

1994년 6월 당시 군사적인 긴장이 어느 정도였느냐의 문제가 상당 기간 동안 논란의 대상이 되었다. 1991년 걸프전에서 전쟁 준비를 맡았던 게리 럭(Gary Luck) 장군이 주한미군 사령관을 맡아 미국의 군사력을 강화하는 임무를 수행하는 한편, 동해에서 미 해군이 항공모함 등을 배치하며 북한에 무력시위를 벌이는 가운데 CNN 등 세계 언론은 한반도에서의 전쟁 가능성을 심각하게 다루고 있었다. 한국에서는 한쪽에서 '미국이 한국과 충분한 협의 없이 한반도를 전쟁 위기로 몰아갔다.'라는 비판이 있었고, 그러한 비판은 그 후 10여 년에 걸쳐 수그러들지 않았다. 그러나 다른 한편에서는 '그렇게 전쟁 직전까지 가는 위기는 아니었다. 이미 북핵 문제 해결에 일정한 로드맵(Road Map)을 갖고 있었고, 한미 양국이 제재와 협상의 두 국면을 동시에 추진하는 것이었기 때문에 미국의 군사훈련이나 민간인 소개(疏開)훈련 등을 너무 확

대 해석해서는 안 된다.'는 의견도 만만치 않았다.

나는 장관직을 떠난 후에나 미국에 대사로 가 있는 동안에도 그 당시 클린턴 행정부에 있던 사람들과 이 문제와 관련해서 많은 논의를 한 바 있다. 국방부 장관이었던 윌리엄 페리(William Perry)는 장관이 되기 전 스탠퍼드대학의 교수로 있을 때부터 잘 알고 지내는 사이였고 그 후에도 상당히 친근하게 지내고 있는 사람이었다. 외교안보 보좌관 샌디 버거(Sandy Burger)와도 워싱턴에 있는 동안에 여러 차례 만나 이야기를 나누었고, 당시 정종욱 청와대 외교안보 수석과도 바로 이 문제에 대해서 자주 의견을 교환했다.

나의 결론은 다음과 같은 것이다. 그 당시에 '컨틴전시 플랜(contingency plan: 긴급사태 대책)'이라는 것이 있었는데, 그것은 페리의 말에 따르면 "내 책상 서랍에는 있었지만, 대통령에게 보고한 것도 아니

윌리엄 페리 미 국방장관과의 북핵관계 정책협의.
미 국방부 회의실(펜타곤). 1994년 4월.

고 그것을 책상 위에 꺼내놓은 것도 아니다."라고 표현할 수 있는 것이었다. 미국의 외교안보 당사자들도 하나같이 미국 정부가 북한을 공격하기로 방침을 정하는 단계까지는 간 일이 없고, 실제로 클린턴 대통령에게는 보고도 되지 않은 상태였다고 강조한다. 무엇보다도 그러한 계획을 한국의 동의 없이 강행하는 것은 있을 수 없는 일이라는 것이다. 그러한 위기감은 우리나라의 김영삼 대통령을 포함해서 다른 사람들도 느낄 수 있었고, 또 미국을 만류하려는 노력을 했을 수는 있다. 하지만 현실 자체를 놓고 볼 때 '미국이 북한을 공격하려고 했는데 한국이 막았다.'라고 이야기하는 것은 과장된 것이라고 볼 수밖에 없다.

다만, 북한의 입장에서는 그것이 사실이건 아니건 '그럴 가능성이 있다.'라는 것 자체가 하나의 압력 요인은 됐으리라고 생각한다. 미국은 정책적으로 또 의도적으로 그러한 가능성을 암시하는 것은 필요한 조치라고 판단했을 가능성도 있다. 여하간 북한이 군사적으로 (미국의) 압력을 받고 외교적으로 (중국의) 회유를 받아 카터의 북한 방문을 시작으로 핵 문제 해결을 향한 발걸음을 내딛기 시작한 것은 사실이라고 보겠다.

그 당시 레이니 대사가 한국을 방문 중이던 노모(老母)를 귀국하도록 한 일을 두고 전쟁 가능성 때문에 가족을 귀국시켰다고 인식된 것도 미국의 전쟁 계획에 대한 억측을 자아낸 사건이라고 하겠다. 미국이 유사시 민간인 소개 계획을 가지고 있는 것은 사실이고, 만약의 사태에 대비하여 한국에 있는 자국 국민들에게 소개 계획을 주지시킨 것도 사실이다. 그런데 레이니 대사의 경우에는 여든이 넘은 어머니가 일시 방문으로 서울에 와 계셨는데 아들 된 도리에서 어머니를 한국에 계속 머물게 하기가 당연히 안쓰러웠을 것이다. 그래서 "어머니는 미국에 가셨으면 좋겠습니다."라고 말씀드렸다고 한다. 그런 이유로 민간인 철수 중에 제1호라면 1호로, 그렇지만 유일하게 그분만이 귀국했던 것이다. 레이니 대사가 그때의 한반도 상황에 대해서 상당히 우려를 했던 것은 사실이다. 그렇지만 그것이 곧 북한을 공격하기 전에 취한 조치였다고는 볼 수 없다. 그러한 조치들은 미국 국민의 안전을 위해서 취하는 것이기도 하지만, 다른 한편으로는 미국의 결의를 북한에 과시하는 효과가 있다고 볼 수 있다.

역사에는 가정이 없다지만…

|불발로 끝난 남북 정상회담|

카터의 방북으로 협상 국면이 급전환을 맞게 되었다. 가장 큰 성과 중의 하나는 남북 정상회담 합의였다. 동시에 북미 3단계 회담도 진전되었다. 결국은 이 회담의 진전이 '제네바 합의(Geneva Agreed Framework)'라는 성과를 낳게 된다.

카터 전 대통령은 북한에 가기 전에도 한국을 들러서 가고, 북한에 가서 김일성 주석과 회담을 한 후 바로 한국으로 왔다가 미국으로 귀환했다. 그가 우리에게 어떤 통보를 해주었고, 그 통보에 대해서 외무부와 청와대 차원에서는 어떠한 후속 조치를 취했는가?

카터 전 대통령은 미국에서 평양에 갈 때와 미국으로 돌아갈 때 모두 한국에 들러서 우리 대통령과 오찬을 했다. 그런데 카터 전 대통령이 북한에 갈 때 클린턴 행정부는 그의 방북에 대해 미온적인 입장을 취하고 있었던 것 같다. 물론 사태에 대하여 브리핑은 해주었지만(당시 협상을 맡았던 로버트 갈루치(Robert Gallucci) 대사가 조지아의 플레인스로 카터를 찾아갔다.) 카터 전 대통령이 정부로부터 어느 정도의 정책적인 가이드라인(guideline: 지침)을 받았는지 확실치 않은 점이 있다. 갈루치의 책 〈북핵 위기의 전망 *Going Critical*〉에도 나오는 바와 같이 미국 정부 관계자들과 카터 사이에 구체적인 논의는 그다지 없었던 것으로 보인다. 더군다나 클린턴-카터 차원에서의 구체적 이야기는 더더욱 없었을 것으로 생각한다. 카터 전 대통령이 북한에 가는 길에 한국에 들렀을 때 우리 외무부는 물론 대통령도 한국의 우려 사항, 즉 북한하고 협상하는 데 있어서는 검증이 매우 중요하며 또 북한의 제안에는 여러 가지 함정이 있을 수 있다는 점을 카터에게 주지시켰다. 그러나 가장 중요한 사항은 김 대통령이 "김일성 주석과 만날 용의가 있다. 필요하면 평양에 가서 만나도 좋다."는 말씀을 하고 "그것을 김일성 주석에게 전해달라."고 부탁한 것이다. 카터의 방북에 대해 우리 내부적으로도 찬반 의견이 있었다. 그러나 '일단 가게 된 것인데, 그렇다면 그것을 최대한 활용하고, 또 거기에서 발생할 수 있는 위험 요소를 예방할 대책이 필요하다.'는 생각에서 기회를 활용하려고 노력했다고 본다.

카터 전 대통령이 6월 17일 오전 평양에서 돌아왔을 때는 외무부 장관으로서 내가 먼저 그를 미국 대사관저에서 만나 방북 결과에 대해 일차적으로 이야기를 들었다. 우리의 최대 관심사는 정상회담에 관한 것이었다. 그는 나를 만난 자리에서 처음으로 "김일성 주석이 정상회담을 수락했다."는 이야기를 전해주었다. 나는 카터 전 대통령에게 "그 내용은 우리 정부가 발표할 터이니 귀하께서 먼저 공개하지 않는 것이 좋

© 연합뉴스

카터 전 대통령과의 오찬.
1994년 6월 14일.

겠다."라는 뜻을 확실하게 전달했다. 나는 그 길로 청와대에 가서 대통령께 보고드렸고, 오찬 장소에서 카터 전 대통령이 직접 우리 대통령께 말씀드렸다. 그날 오후 4시에 카터 전 대통령이 기자회견을 하게 돼 있었는데, 우리가 2시경 남북 정상회담 합의 사실을 발표했다. 그 다음은 보통 이야기하는 것처럼 '나머지는 역사 속의 사실이 되다(The rest is history.)'가 되었다.

그 후 남북이 협의를 거쳐 7월 25일경에 정상회담을 갖기로 합의하고 그 절차와 형식을 협상하는 부총리급 회담이 열렸다. 우리 쪽에서는 이홍구(李洪九) 당시 통일 부총리가 나가고, 북측에서는 김용순(金容淳) 조선로동당 통일전선부장이 나왔다. 두 사람은 양측의 지휘부가 CCTV로 실시간 모니터하는 가운데 판문점에서 남북 정상회담에 관한 협의를 가졌다.

정상회담 준비와 관련해서는 통일원과 청와대가 주도적인 역할을 맡고, 남북회담사무국에서 외무부, 국방부, 안기부를 포함하는 장관급 회의를 갖고 세부 사항을 협의했다. 그때 외무부와 관련된 토론 이슈의 하나는 '대통령이 평양 가실 때 외무부 장관이 같이 가느냐, 가지 않느냐'라는 것이었다. 엄격하게 말해서 남북한 관계는 국제관계라고 할 수 없으나 핵 문제 등과 관련하여 남북 정상회담이 국제관계에 미칠 영향이 결코 작지 않을 터이니 장관의 수행이 불가결하다고 외무부는 판단했다. 그러나 김일성의 사망이 발표된 7월 9일까지 이 문제에 대한 명확한 결론이 나오지 않은 상태였다. 외교안보 장관들은 삼청동 남북대화사무국에서 남북 정상회담의 준비 상황을 점검하는 회의를 갖던 중 이날 12시 정각에 북측 방송을 통하여 김일성의 사망 소식을 듣게 되었다. 그 길로 그 자리에 있던 장관들이 멀지 않은 거리에 있는 청와대로 가서 언론사 편집국장들과 오찬을 시작한 대통령께 보고드렸다.

역사에는 가정이 없다고 하지만, 만약 김일성 주석이 그렇게 갑작스럽게 사망하지 않아서 김영삼-김일성의 역사적인 남북 정상회담이 이루어졌다면, 두 정상 간에 핵 문제와 한반도 통일에 관한 무엇인가 통 큰 결단과 합의가 이루어졌을 수도 있지 않을까 하는 아쉬움이 아직도 남아 있다.

우리 정부는 핵 문제와 관련해 크게 세 가지의 목표를 갖고 있었다. '첫째, 북한이 핵을 개발하면 안 된다. 둘째, 한반도의 평화를 지켜야 한다. 셋째, 핵뿐만 아니라 모든 대량살상무기와 관련해서 북한이 국제적인 규범과 규제에 따라야 한다.'라는 목표였다. 김영삼 대통령도 '김일성 주석과 담판을 해서 그런 것을 받아내겠다'라는 생각을 했던 것은 틀림없다. 김영삼 대통령은 정치권에서 본인의 정치적 라이벌은 물론 이려니와 야권의 지도자로 있을 때 최고 권력자에 대해서도 뚝심 있게 자기 의지를 관철해온 경력이 있기 때문에 상당히 자신감을 가지고 다가올 정상회담에 임했다. 대통령은 '김일성은 자기가 북한에서 수령이고 어버이라고 하지만, 내가 그 친구는 문제없이 상대할 수 있다.'라는 자신감을 내비치곤 했다.

정상회담에 대해 기대할 수 있는 것도 있고, 할 수 없는 것도 있다. 그런데 그 당시는 사안 자체가 엄중했고, 또 관련 인사들이 볼 때 이쪽에서는 김영삼 대통령, 저쪽에서는 김일성 주석이었으니까, 당사자들 각자의 위치나 위상으로 보아 '무엇인가 이뤄낼 수 있지 않겠느냐.'라는 생각을 했고, 또 기대를 했던 것도 사실이다.

그런데 7월 8일 김일성 주석이 급사하고, 북한은 7월 9일 정오에 이를 발표한 것이다.

미국이 북한에 너무 끌려다닌다?

|제네바 합의를 둘러싼 갈등|

카터의 방북이 가져온 가장 큰 효과는 미국과 북한 간 회담의 부활이었는데, 김일성의 사망으로 그 재개가 불가피하게 지연되었다. 그러나 역설적으로 김일성의 사거(死去)는 북한과 승계자 김정일로 하여금 시간을 필요로 하게끔 만들었고, 그 결과는 제네바 북미 협상의 재개와 10월의 '제네바 합의'였다.

제네바 합의는 미국과 북한이 서로 양보를 주고받은 형식으로 이루어진 것으로서, 미국이 한국과 밀접하게 협의하며 협상에 임한 만큼 3자 간의 윈윈 게임이었다고 말할 수 있다. 북한은 모든 핵 프로그램과 시설을 동결하고, 경수로의 핵심 부품이 전달되는 시점에 모든 핵시설과 핵물질을 폐기할 것, 북한이 탈퇴를 선언했던 핵비확산금지조약과 핵안전협정에 회원국으로 잔류할 것, 그리고 핵시설에 대한 IAEA의 감시(monitoring)를 수용할 것, 남북한 간의 대화를 재개할 것 등이 그

핵심 합의 사항이었다. 이 반대 급부로 미국과 한국은 북한에 2기의 2000메가와트 경수로를 건설해줄 것(비용은 북한에 제공하는 장기차관으로 충당하는 조건), 북한을 무력으로 공격하지 않을 것, 북한에 매달 50만 톤의 중유를 공급할 것, 미국과 북한 간의 외교적 관계를 수립할 것 등을 약속했다.

6월의 위기에서 10월의 제네바 합의로 가는 과정에서는 국내적으로 상당한 반발이 있었는데, 그 내용은 크게 두 가지였다. 하나는 '북한의 과거 핵에 대한 규명이 제대로 안 된 것 아니냐.'는 문제 제기였다. 이러한 반발로 제네바 합의 전에는 물론 그 이후에도 과거 규명 문제가 큰 쟁점이 되었다. 또 하나는 북한의 과거, 현재, 미래의 핵 투명성을 완전히 밝혀내지 못한 상태에서 경수로 지원을 하게 되므로, 비판하는 측의 입장에서는 '우리는 북한과 직접 협상도 제대로 못해보고 미국과 북한이 협상하는 데 들러리만 서고 돈만 냈다.'는 주장이었다.

첫 번째 문제, 즉 북한의 과거 핵 활동의 규명과 관련한 사항은 상당히 역설적인 문제를 제기하고 있었다. 만약 미국과 한국이 특별사찰의 즉각적인 이행을 고집하여 제네바 합의가 이루어질 수 없었다면, 그 결과 북한이 NPT에서 탈퇴하고 플루토늄과 핵무기를 생산하여 더 큰 위협을 초래했을 가능성이 크다. 즉, 과거 규명을 위하여 현재의 규제를 잃는 결과를 가져왔을 것이라는 이야기다. 협상이라는 것은 한쪽이 전쟁에 이겨서 상대방에게 항복 조건을 강요하는 상황이 아니므로, 상호 주고받는 것이 있어야 한다. 일방적으로 한쪽이 원하는 사항만 관철시킬 수는 없는 것이다. 그러한 의미에서 합의가 이루어지고 지켜지게 하기 위해서는 상대방(북한)에도 그 합의를 지킴으로써 얻을 수 있는 이득이 있어야 앞으로도 계속해서 그 합의를 지키게 될 것이라는 점을 염두에 두어야 한다. 만약 그 결과가 무슨 이유에서든지 한쪽에 너무 가혹하게 되면 그것이 이행되지 않을 가능성도 커지는 것이다.

북한이 왜 경수로를 원했는지는 아직도 확실치 않다. 경수로를 핵무기 개발의 한 가지 방법으로 생각했을 수도 있다. 또는 실무 협상자들이 하나의 정치적 상패로서 위에 바치는 상징적 '전리품'이었을 수도 있다. 또 한참(10여 년) 후에 전개된 것처럼 농축 우라늄 개발을 합리화하는 방법일 수도 있었다. 그래서 경수로와 관련해서는 그것이 실제로 북한의 전력 수요를 충족시키느냐, 혹시 핵무기 만드는 데 이용하는 것은 아니냐, 그것을 방지할 수 있느냐, 비용이 얼마나 소요되느냐에 대한 논란이 있을 수는 있다.

그러나 북핵 문제 해결을 위해 거래를 주고받은 것 자체를 비판할 수는 없다고 본다. 과거 규명 문제도 우리로서는 지금 당장 했으면 좋겠지만, 그것을 추구하는 과정에서 현재의 핵 활동을 허용하게 된다면 결국은 비생산적인 결과가 될 것이었다. 합의에 따르면 '경수로의 핵심부품이 이전될 때 북한의 모든 과거 활동을 규명한다.'라고 되어 있고, 그것은 무언가 주고받는 것에 연동이 돼야 협상이 가능할 뿐만 아니라 합의를 이행할 수 있는 여건이 조성되는 것이었다. 우리가 원하는 대로만 한다면 처음부터 항복을 받듯이 북한이 모든 것을 포기하고, 우리는 최소한으로 양보한다든지, 아무것도 제공하지 않는 편이 더 좋았을 것이다. 경우에 따라서는 무언가를 제공하는 것도, 하나의 고리를 만들어두는 의미에서는, 그것이 우리에게 부담만 되는 것은 아닌 측면이 있다. 우리는 '그만하면 100%는 아니지만, 일단 북한의 핵시설을 동결시키고, 사찰을 재개하고, 또 앞으로 핵시설을 폐기하고 과거를 규명하는 규정을 만들어놓았다는 점에서 매우 가치가 있는 합의다.'라고 판단했다.

김영삼 대통령의 강경론에 놀란 미국

그러나 북미 협상과 제네바 합의에 불만을 가진 대통령 주변의 인사들은 몇 가지 이유로 반대 의견을 제시했다. 그들은 이 협상에서 우리의 역할이 소외된 모습을 보이는 점, 북한에 경수로를 건설해주는 것은 지나치게 큰 양보라는 점, 북한핵 활동의 과거가 충분히 규명되지 않았다는 점, 경수로 건설에 우리의 부담이 너무나 과도하다는 점 등을 강조했다.

김영삼 대통령은 북핵 협상과 관련하여 가끔 있는 브리핑에서 말씀드리면 납득하는 모습이었다. 하지만 사안의 복잡성과 보수 여론의 일방성에 비추어 대통령이 북미 합의에 의구심을 갖는 것은 당연한 일이었다고 할 수 있다. 제네바에서 협상이 진행되고 있는 과정에서 미국과 한국에서의 북한에 대한 불신은 최고조에 달하고, 북한은 협상 입장을 극단(벼랑끝)으로 몰아갈 각오를 과시하고 있는 중에 한국의 김영삼 대통령은 미국이 대북 협상에서 북한에 너무 끌려다닌다는 뉘앙스를 풍기는 표현을 할 때가 있었다.

그러던 중 김영삼 대통령의 10월 8일자 뉴욕타임스 기자회견 내용이 발표되었다. 대통령은 거기서 비슷한 강경론을 밝혔다. 대통령은 그 전에도 BBC와 회견하는 과정에서 "미북 협상에서 미국이 너무 북한에 끌려간다."는 발언을 한 적이 있다. 이런 발언에 대하여 크리스토퍼(Warren Christopher) 미 국무 장관이 나에게 직접 전화를 해서 "어떻게 된 일이냐?"라고 항의를 한 적도 있었다.

뉴욕타임스 인터뷰와 관련해서는 먼저 대통령께서 뉴욕타임스에 그러한 제목의 기사가 나왔다는 것을 보고받고 나에게 연락을 했다. 나는 그 전날 용평에서 열린 외교단 행사에 참석했다가 귀경하던 중 차안에서 연락을 받았다. 보안을 위해 원주 근처의 파출소에 들어가 유선전화를 사용했다. 대통령 말씀인즉, "사실 내 의도는 북한과 협상할 때는 조심해야 한다는 사실을 강조한 것이다."라는 내용이었다. 그런데 뉴욕타임스에서 기사 제목에 "김영삼 대통령이 미국을 질타했다.", 영어로는 '래쉬 아웃(lash out: 비난하다)했다.'는 표현을 썼다. 대통령은 나에게 "그것은 내 의도와 다르다."고 말씀하셨다. 그래서 크리스토퍼 장관이나 갈루치 대표가 이 문제와 관련해서 나에게 우려를 표명했을 때, 내가 김 대통령의 그러한 뜻을 전달하고 잘 설명해서 어느 정도 납득이 되었던 것으로 생각한다.

한국 정부는 북미 간의 협상 진행 상황을 당시 협상에 임하고 있던 갈루치 대표나 제네바에 나가 있던 장재룡 미주 국장을 통하여 파악하고 있었다. 따라서 미국이 협상의 최종 단계에 근접하고 있다는 것은 잘 알고 있었다. 그때 이미 경수로 문제라든지 북핵 폐기 문제에 대해서는 대개 양해가 이루어졌다고 볼 수 있다. 제네바 합의가 체결된 것이 1994년 10월 21일인데, 남북대화와 남북관계에 대한 이견 때문에 최종 합의가 열흘에서 2주일 정도 지연되었다. 미국은 우리의 뜻에 따라 북한이 남북대화를 갖겠다는 조항을 수락하지 않으면 합의할 수 없다는 입장인 데 반해, 북한은 그 조항을 포함시키기를 거부했던 것이다. 북한의 후퇴로 이 문제는 우리의 뜻대로 타결되었으나 그만큼 합의에는 시간이 걸리게 되었다. 결국 남북관계 관련 조항이 합의문에 들어가고, 미북 간에 합의가 이루어질 수 있었다. 그다음은 전체 합의에 대한 우리 측의 동의를 얻는 절차가 남아 있었다.

나는 남북대화에 관한 조항이 물론 중요하기는 하지만 설혹 조항이 들어가더라도 북한이 이행하지 않을 수 있으므로 결국 정치적 체면이나 기싸움의 문제라고 보았다. 남북관계나 남북대화에 관한 내용을 합의 조항에 넣는다고 해서 북한이 꼭 이행하리라는 보장도 없고, 또 우리로서는 북한이 대화를 한다는 형식만 취하고 내용은 아무것도 없으면 실질적으로는 실속이 없는 것이었지만, 정치나 외교에서는 상징과 모양이 중요할 때가 많기 때문에 나로서도 미국에 대해 북한과 협상할 때 그것이 필수 조건이라는 입장을 견지해달라고 강조했고, 결국 그것을 관철시키는 데 성공했다. 결과적으로 그것이 어떤 효과를 가져왔느냐는 별개의 문제이지만, 우리는 작은 외교적 성취감을 느낄 수 있었다.

김영삼 대통령의 승인을 얻어낸 데는 다소의 우여곡절이 있었다.

10월 21일 제네바 합의에 최종적으로 서명하기 전에 우리의 동의와 승낙이 필요했는데, 제네바 시간이 한국보다 8시간 뒤이기 때문에 우리가 그날 아침까지 입장을 결정해야 하는 상황이었다. 또 그런 일이 있으면 우리가 자체적으로 결정을 발표할 필요가 있다고 봤기 때문에 이른 아침에 대통령의 재가를 받아야 했다. 그 문제와 관련해서 대통령과 몇 번의 긴 통화가 있었다. 나는 이 합의안을 수락하는 것이 필요하고 또 우리에게도 유리한 일이라는 점을 강조했고, 대통령께서는 본인의 생각도 있지만, 주변 사람과(구체적으로 누구라고는 이야기하지 않았지만) 논의할 필요도 있으니까 시간을 좀 달라고 하셨다. 그리고 2, 30분쯤 후 다시 전화를 주셨다. 그런 과정에서 1시간여의 시간이 지난 후 대통령께서 승인하는 결단을 내렸고, 우리는 그 사실을 미국 측에 통보해주었다.

시간상으로 서울과 워싱턴은 13시간의 시차가 있기 때문에 그쪽 시간으로는 저녁때가 되었다. 그러니까 미국은 저녁때 우리 측 통고를 받은 것인데, 그 시각 제네바는 아직도 새벽이었고 제네바에 있던 협상대표단에 대한 통고는 미국에서 하게 되어 있었다. 우리에게는 국내에서 이것을 누가 국민에게, 국회에, 언론에 발표를 하느냐는 문제가 남아 있었다. 이미 외무부 장관이 책임을 떠맡기로 한 상태에서 '외무부 장관이 적임이다.' 이렇게 생각들을 했고, 나도 당연히 내가 짊어져야 할 의무라고 생각했다. 그래서 내가 직접 제네바 합의와 우리 정부의 동의를 공표(公表)했다.

결국, 마지막 순간까지 김영삼 대통령은 흔쾌히 예스(Yes)를 한 건 아니었다. 하지만 어떤 의미에서는 우리가 미북 협상을 그렇게 흡족하게 여기고 있지만은 않다는 사실을 보여주는 것도 그 나름대로 의미나 가치가 있다고 나는 생각했다. 무슨 일이든 겉모습보다는 내용이 중요하지만 외교에서는 형식이나 모양새가 중요할 때도 있다. 마지못해 억지로 떠밀려 하는 것 같은 모습을 보이는 것은 바람직하지 않지만, 때로는 '우리가 이것을 아주 감지덕지 받아들이는 것은 아니다.'라는 태도를 보여줄 필요도 있는 것이다.

미국 정부를 대표하여 협상을 맡았던 군축 담당 갈루치 차관보는 후일 제네바 합의에 관한 책을 저술하여 나에게 증정하면서 다음과 같은 감사의 말을 책 첫 면에 써서 보내주었다.

"If it were not for you, your hard work, integrity and commitment to resolve the crisis, there would not have been an Agreed Framework. You have the thanks and admiration of all the members of this book, and my special appreciation for your friendship. Bob Gallucci, April. 2004"

(위기를 해결하는 데 귀하와 귀하의 노고와 성실성, 그리고 헌신이 아니었다면 제네바 합의는 이룰 수 없었을 것입니다. 우리는 귀하에게 이 책 저자들의 감사와 경의를 표하며 귀하의 우의에 대해 본인의 특별한 감사를 전합니다. 2004년 4월, 밥 갈루치)

UN과 IAEA의 역할

한편, UN은 제네바 합의가 이루어지기 전의 과정에서 주로 안보리의 제재결의안 또는 북핵과 관련된 안보리 의장 성명 등을 통해서 북한에 압력을 가하는 역할을 했다. 이는 6월에 보여준 것처럼 실제로 결의안을 통과시키지는 않더라도 통과될 가능성이 있다는 사실만으로도 북한에는 상당한 압력이 됐다고 생각한다. 그러므로 UN도 그런 의미에서는 상당히 중요한 역할을 했다. UN 사무총장 부트로스 갈리(Boutrous Boutros-Ghali)는 "이 문제에 개입해서 북한도 방문하고, 타협점과 해결책을 모색해보겠다."라는 의사를 여러 번 표명했는데, 북한의 일관된 입장은 이 문제는 미국과의 협상을 통해서만 해결하겠다는 것이었다. 특히 UN의 개입에 상당히 거부감을 느끼고 반대했다. UN 안보리는 북한이 어떻게 할 수 없는 것이지만, UN 사무총장이 참여하는 것을 완강하게 거부하는 입장이었다. 그렇기 때문에 사실상 UN 사무총장이 이 문제에 개입할 여지가 별로 없었다.

러시아에 대해 말하자면, 그때는 소련이 와해되고 러시아가 막 출범하는 때였다. 이러한 자체적인 문제도 있었지만, 러시아는 될 수 있으면 북한핵 문제를 UN의 틀 안에서 다루고 싶어 했다. UN에 가져가면 러시아는 상임이사국 다섯 나라(P-5) 중의 하나이기 때문에 자신들의 입지가 상당히 커지는 것이었다. 그래서 UN과 IAEA를 포함한 이른바 '8자회담' 같은 것을 제안하기도 했고, 그러한 국제기구를 통한 해결을 지지하는 것이 러시아의 입장이기도 했다.

북한이 UN을 협상 창구로 인정하지 않았기 때문에 부트로스 갈리 UN 사무총장이 93년 말 한국을 방문하는 길에 평양도 방문했으나 별 다른 결과나 성과가 거의 없었다고 봐도 무리는 아닐 것이다. IAEA와 관련해서는 한스 블릭스 IAEA 사무총장이 개인적으로는 존경받는 사람이었지만, 그럼에도 불구하고 IAEA라는 조직에 문제가 있었다고 보아야 할 것이다. 특히 93년 6월과 7월에 걸쳐 북미 간 1차, 2차 협의 과정에서 IAEA의 공정성에 대한 북한 측의 비판이 있었다. 또한 미국을 포함한 서방 국가 간에는 IAEA가 충분한 역할을 하지 못했다는, 특히 1차 걸프전쟁(Gulf War) 때 사담 후세인(Saddam Hussein)의 무기 개발 프로그램을 IAEA가 제대로 탐지하거나 사찰하지 못했다는 비판이 있었다. 따라서 당시까지는 한 번도 선례가 없었던 특별사찰을 통해서 IAEA의 위상을 회복하려는 기도가 있었던 것이 아닌가 하는 의문이 제기되었다.

그 당시에 IAEA에 대한 비판이나 문제점이라면, 북한의 핵 활동에 대한 정보, 그중에서도 특히 위성사진을 통한 정보는 미국이 제공한 것을 기반으로 했다는 점이었다. 그 정보의 출처가 미국이라는 것 때문에 IAEA의 신빙성이 훼손됐다고 보는 시각이 있었다. 이러한 의혹에 대응하기 위해서라도 특별사찰이라는 이름의 현지 조사를 통해 실제로 소위 불일치(discrepancy)에 대한 규명을 할 필요가 있다는 주장이 제기되었다. 하지만 그 이름을 '특별사찰(special inspection)'이라고 붙인 데에는 문제가 좀 있었던 것도 사실이다. 나중에 특별사찰이라고 꼭 불러야 하느냐, 실제로 그러한 활동만 하면 되는 것 아니냐, 그 이름을 달리해도 되지 않느냐는 논란이 있었던 것도 사실이다. 그래도 IAEA와 국제사회에서는 이런 특별사찰이라는 과정은 필요한 것으로 보았다. 그래야 북한이 그 문제와 관련해서 IAEA가 불공정했다거나 진실성이 없다는 얘기를 하지 못할 것이 아니냐는 견해가 우세했기 때문이다.

나는 그것이 IAEA라는 기구를 살리기 위해서 그랬다는 것은 지나친 비판이라고 생각했고, 특별사찰은 필요한 행동이라고 보았다. 사실상 북한의 그러한 핵 활동이 있었기 때문에 오늘의 북한핵 프로그램과 무기가 존재하는 것이다. 북한의 핵무기 제조 경력을 관찰할 때 북한의 의무 불이행은 이미 북한 자신이 인정했다고 볼 수 있다. 따라서 IAEA에 대해서 북한이 공격하고 불신하는 것은 이해할 수 있지만, 다른 나라들이 북한에 동조하여 덩달아 IAEA를 비판하는 것은 그렇게 공정하지 못하다고 생각했다. 다만 과거 규명을 위하여 현재의 사찰과 규제를 어느 정도 희생해야 하느냐 하는 문제는 별도의 판단을 필요로 하는 거였다. IAEA는 어쨌거나 북한의 협조가 필요했기 때문에 북한에 '소프트(soft)'했을지언정 지나치게 강경한 태도를 보이지는 않았다고 본다.

성공했기 때문에 실패했다?

| 제네바 회담의 득과 실 |

가장 중요한 행위자였던 미국과 클린턴 행정부의 북핵협상 능력, 협상 정책은 어떻게 판단해야 할까? 대북협상에서 미국은 이 문제를 상당히 실용적으로, 또 한편으로는 갈루치의 성향대로 지적으로(intellectually) 처리했다고 본다. '북한과 협상을 하면서 어떻게 지적으로 할 수 있느냐?' 하고 반문할 수도 있겠지만, 내 생각에는 그럴수록 북한의 행태와 동기에 분석적인 태도가 필요하다고 본다. 따라서 나의 개인적 입장에서 말하자면, 갈루치와 나는 마음이 꽤 맞았다. 그 점을 비판하는 사람들도 많았지만, 무작정 강경하게 나가거나 또는 무작정 유화적으로 나가는 것만이 능사가 아니므로 일단은 강온 양면을 모두 활용할 필요가 있었다고 생각한다. 실제로 94년 6월에 미국이 한반도에서 군사력을 증강하고 또 무력시위도 해가면서 협상은 협상대로 추진하고, UN에서는 제재를 추진한 양면적인 모습을 보인 것이 하나의 좋은 사

례라고 할 수 있을 것이다.

미국 입장에서 볼 때는 대통령이 신경 써야 할 사안이 많은데, 한국 문제 또는 북핵 문제가 중요하기는 하지만 여기에 그렇게 큰 비중을 두고 많은 시간을 할애하기는 현실적으로 어렵다고 봐야 할 것이다. 그러나 클린턴은 상당히 총명한 사람이어서 그와 대화를 나누거나 그가 이 문제에 대해서 연설할 때 보면 문제의 핵심을 잘 파악하고 있다는 느낌이 들었다. 그래서 그와는 논의하기가 매우 편했으며, 우리의 요지를 잘 이해하고 적절한 질문을 던질 뿐 아니라, 대화의 목적과 의지도 확실해 보였다. 대통령을 위시하여 협상가나 국무부, 국방부, 백악관 인사들도 대부분 실용적이고 합리적인 접근을 하고 있었다. 예컨대 당시 대통령 안보보좌관이었던 앤서니 레이크(Anthony Lake)도 몹시 지적이고 실력 있는 사람이었다. 우리나라에서 볼 때는 미국이 조금 유약하게 보였을지 모르지만, 아마 미국 스스로나 또는 중국이 볼 때는 절대로 유약하다고 여기지 않았으리라고 생각한다.

장관 재직 기간 동안 핵 문제와 관련해서 미국 국방부와도 긴밀하게 협의했다. 페리(William J. Perry) 장관은 전임 레슬리 애스핀(Leslie Aspin) 장관을 승계한 사람으로서 처음부터 1순위 지명자는 아니었지만, 국방 장관으로 물망에 올라 있던 사람들이 몇 가지 이유로 들어오지 못하게 되어 차관인 그가 장관으로 임명되었다. 그는 교수 출신으로, 국방 장관 퇴임 후 1990년대 후반에는 대북정책 조정관으로 활동하기도 했는데, 북한에 대한 포용을 기조로 하는 이른바 '페리 프로세스(Perry Process)'에서 알 수 있듯이 무작정 강경책을 주장하는 사람

윌리엄 클린턴 내외 한국 방문 시.
김포공항. 1993년 7월.

은 결코 아니었다.

좌우간 페리가 북핵을 다루는 데 국무부나 백악관보다 더 강경한 태도를 보였다고는 생각하지 않는다. 그는 팀플레이(team play: 협력)를 하면서도 합리적인 생각을 하는 사람이었다. 사실 페리 프로세스는 북한의 입장을 너무 고려하는 측면이 있다고 할 수 있을 정도였다. 따라서 전반적으로 클린턴 행정부는 꽤 균형 있는 입장을 취했다고 평가할 수 있다. 다만 너무 합리성을 추구하다 보니 '북한 같은 나라를 상대할 때 조금 약해 보이는 점이 있지 않았나?' 하는 인상을 주기도 했을 것이다.

제네바 합의 결과에 대해서는 한미 양국에서 비판적인 시각도 있었다. 클린턴 행정부가 외교적 성과를 얻기 위해서 '무조건 협상해라. 타결을 지어야 한다.' 하고 압력을 넣었기 때문에 타결의 조건이 북한에 좀 더 유리하게 간 것 아니냐는 비판이 있었던 것도 사실이다. 그러나 그 당시에도 그렇고 그 이후에도 북핵 문제는 미국의 국내 정치, 특히 선거에 별로 큰 영향을 주지 않는다고 보는 것이 합리적일 것이다. 그래서 클린턴 행정부가 '이 문제가 더 나빠지게 되면 정치적으로 부정적인 영향이 있을 수 있겠다'는 생각을 했는지는 모르겠지만, 반대로 합의가 이루어졌다고 해서 선거에 크게 도움이 되리라고 계산하지는 않았을 것이라고 나는 생각한다. 클린턴 자신이 속으로 '이것이 타결되면 선거에 도움이 된다.'라고 생각했을 수는 있지만, 그렇기 때문에 '내용이 어떻든 간에 타결만 해놓고 봐라.' 이런 입장은 아니었으리라는 것이다.

또한 제네바 합의 후 미국이 북한 정권이 조기에 붕괴할 것을 예상하여 적당히 협상했다는 평가도 있었다. 북한의 조기 붕괴를 예상했을 수는 있으나 그것을 전제로 협상했다는 것은 있을 수 없는 일이고, 협상 당사자들도 그것은 인정하지 않고 있다.

미국 측 협상 대표였던 갈루치의 경우에는 나의 역할에 대해서 아주 호의적으로 평가했고, 국무부의 케네스 퀴노네스(Kenneth Quinones) 북한 담당관도 자신의 회고록에서 한승주 장관이 "대단히 치밀하고, 현실감각과 결단력을 고루 갖춘 외무 장관이다."라고 회고했다. 반면에 국내에서는 1차 북핵 위기 때 제네바 합의가 불충분했다는 비판이 있었던 것도 사실이다. 내가 당시 협상을 지지했던 이유, 또 국내 정치적으로 강조했던 포인트는 어떠한 것이었는가?

전쟁은 막아야 한다

나는 외무부 장관을 맡기 이전에 장관을 해야겠다는 생각을 해본 적이 없었고, 따라서 미리 어떤 계획을 가지고 있었던 것도 아니었다. 그런데 장관에 취임한 지 불과 2주일 만에 북핵 문제가 제일의 급선무로 등장했다. 장관이 임기가 있는 것도 아니고, 비록 북한의 핵무기 프로그램은 상당히 오래전부터 진행된 것이었지만 내가 장관으로 있는 동안에 이 문제가 터졌으므로 이것이 극한 상황, 다시 말해서 전쟁으로 가지 않게 하는 것이 주요 과제였다.

나는 첫째로 '이 문제 때문에 한반도에서 전쟁이 일어나는 것을 막아야겠다.'는 생각과, 두 번째는 '어떻게든지 이 문제를 해결하고, 최소한 일단락이라도 시키는 것이 정해지지 않은 나의 임기 중에 해야 할 일이다.'라는 생각을 단단히 했다. 그런 과정에서 고민하고 논의한 끝에 나온 결론은 어떠한 로드맵을 만들어놓고 그에 따라 최종적인 해결책을 마련하는 것이었다.

결과적으로 이 문제가 대두된 것이 1993년 3월이고, 1994년 10월에 제네바 합의가 이루어짐으로써 일단락되었는데, 그 과정에서 나는 최선을 다했다. 합의에 이르기까지 미국과의 협의 그리고 국민과 정치권, 그리고 대통령의 이해를 구하는 것이 중요한 과제였다. 정부 내의 의견 조정도 중요한 부분이었다. 그러나 '한승주는 실무에 약하다.'거나 경우에 따라서는 '한승주는 대가 약하다.'라는 말을 들었던 것도 사실이다. 실무 경험이 부족하다는 것은 객관적인 사실이었다. 그러나 대가 약하냐, 강하냐 하는 것은 내가 판단할 일도 아니고 사항에 따라서 다르게 해석될 수 있는 문제이기도 하며, 겉으로 드러난 모습과 실제가 다를 수도 있을 것이다. 아무튼 결과적으로 북핵 문제가 큰 변란으로 확대되지 않았고, 또 북한의 비핵화를 궁극적으로 이룰 수 있는 단서와 기초를 마련했다는 점에서 나는 제네바 합의 자체에 후회나 유감은 없다고 생각한다.

다만 그 후에 왜 이 문제가 완전히 해결되지 않고 다시 제2, 제3의 위기가 왔느냐 하는 것은 별개의 문제라고 본다. 북한은 90년대 후반에 가서 실제로 핵을 폐기해야 할 단계가 가까워짐에 따라 농축 우라늄을 통한 핵무기 개발의 기회를 노리기 시작했다. 북한은 제네바 합의를 끝까지 이행하지 않고 비밀리에 또 다른 핵 활동을 시작했으나, 그것이 제네바 합의가 잘못되었기 때문이라고 생각하지는 않는다. 왜냐하면, 만약에 어떤 합의를 한쪽이 위반하고 또 비밀리에 그것을 피해나가려고 한다면, 그것은 '합의 자체가 그것을 방지하기 어렵게 만들었기 때문이라기보다는 도리어 합의가 그만큼 잘됐기 때문에 저쪽에서 그 합의를 안 지키려고 그런 것이 아니냐.'라고 생각할 수도 있지 않을까? 합의서에 경수로라든지 중유라든지 이런 것을 제공해주는 조항이 있다는 것은 북한이 그 합의를 지키게 할 동기(incentive)를 부여하는 것으로 볼 수 있다. 그것이 북한의 항복문서가 아니고 '기브 앤드 테이크(give and take: 주고받기)' 협상이었기 때문에 우리 쪽의 '기브' 사항이 있다는 것을 이유로 합의가 잘못된 것이라고 볼 수는 없다고 생각한다.

북한이 농축 우라늄 쪽으로 비밀리에 핵무기를 추구하게 된 것은 우리가 경수로를 주기로 했기 때문도 아니고, 중유를 주었기 때문도 아니고, 도리어 흑연감속로 쪽을 완전히 차단했기 때문에 북한 측에서 다른 방법을 강구하게 된 것이라고 볼 수 있다. 그래서 전체적으로 '어느 부분에서 좀 더 잘할 수 있지 않았나?' 그렇게 지적할 수는 있지만, 합의 전체를 놓고 볼 때, 또 그 당시 핵 문제의 해결 방법과 과정 전체를 놓고 볼 때, 나는 전반적으로 긍정적으로 평가하는 것이 오히려 타당하다고 본다. 사실상 90년대 후반에 가서 한국에서도 분위기가 상당히 달라졌다. 제네바 합의라든지 또는 협상 과정에 비판적이고 반대도 했던 사람들 가운데 나에게 개인적으로 "그 당시에 내가 잘못 생각한 것 같다."고 이야기한 사람들도 있었다. 2000년대에 와서 북핵 문제가 자꾸 좋지 않은 방향으로 진행되었지만, 1993~1994년의 협상 과정과 제네바 합의 그 자체는 크게 탓하거나 후회할 일은 아니라고 본다.

어떤 관점에서 제네바 합의는 '성공했기 때문에 실패한' 사례라고 볼 수도 있다. 제네바 합의에서 북한이 핵개발을 중지하는 대신 우리가 중유나 경수로 등을 북한에 지원해야 하는 상황에서 북한이 완전히 핵을 포기하는 단계까지 몰렸기 때문에 오히려 제네바 합의를 깨고 2차 북핵 위기로 간 것으로 본다면 제네바 합의 자체가 상당히 효과적이었기 때문에 오히려 북한이 그것을 위반하는 쪽으로 간 것이 아니겠는가.

가깝고도 먼 사이

| 한일관계의 과거와 미래 |

앞에서 이야기했듯이 내가 우리나라 외교의 가장 시급한 현안으로 꼽은 것은 북핵 문제, 한일관계, 쌀시장 개방을 포함한 UR(우루과이라운드) 문제였다. 취임한 지 얼마 안 된 시점에서 북핵 문제가 긴박하게 대두되어 임기 내내 그 문제에 몰두할 수밖에 없는 상황이었으나 한편으로는 한일관계와 UR 문제에도 많은 시간과 정력을 기울이지 않을 수 없었다.

한일 두 나라는 1965년 국교정상화를 이룬 이후에도 몇 가지 이슈를 둘러싸고 껄끄러운 관계에서 벗어나지 못했다. 그 가운데 하나는 독도 영유권과 관련된 것으로서 일본은 자국이 1905년 한국과 연고가 없는 무인도를 자기네 영토로 편입한 것인데 한국이 2차대전 후 불법으로 점거하고 있다는 주장이었고, 한국은 독도는 역사적으로 한국의 영토였음에도 불구하고 일본이 한국의 주권을 합병하는 과정에서 강탈한 땅이라는 입장이었다. 또 하나의 쟁점은 일본의 군국주의와 식민정책과 관련된 것으로서 한국은 일본이 침략을 포함한 역사적 과오를 충분히 인정하지 않을 뿐만 아니라 주변국, 특히 한국에 대하여 반성과 사죄의 뜻을 확실히 전달하지 않는다는 것이었다. 이는 또 일본의 역사교과서 왜곡과 연결되어 있었다. 1964~65년에 협상된 재수교 과정에서도 일본은 금전적 보상을 배상으로 표현하는 것을 거부하고 '청구권'이라는 표현으로 대체했다. 한일 간의 무역 불균형 문제(1980년대에 우리나라 전체 무역적자의 약 90%를 일본이 차지하고 있었다.)도 두 나라의 우호관계에 지장을 주는 문제였다. 1980년대에 와서는 전두환 대통령이 일본에 추가 배상을 요구하여 또 한 번의 논란이 일어난 적도 있었다.

1980년대 후반에 와서 한일관계가 다소 희망적으로 보인 적도 있었다. 서울올림픽이 개최된 1988년, 한국인들은 기쁨과 자신감에 차 있었고 일본은 서울올림픽의 성공적 개최를 진정으로 축하해주는 모습을 보였다. 일본 경제는 승승장구하여 하버드대학의 에즈라 보겔(Ezra Vogel) 교수는 1979년 이미 〈1등으로서의 일본 *Japan as No.1*〉이라는 책을 쓰기도 했다. 한국은 일본의 우경화를 걱정하지도 않았고, 일본은 한국을 부상하는 경쟁국으로 간주하지도 않았다. 양국의 지도층은 아직도 전전(戰前)시대를 실제로 경험하고 기억하는 세대였고, 따라서 양 지도자 간에는 인간적 소통이 이루어지고 있었으며, 일본 지도층은 과거에 대해 어느 정도 심적 부담감을 느끼고 있을 때였다.

그러나 1990년대에 와서 위안부 문제가 본격적으로 수면 위로 부상했다. 1965년 수교 협정 이후 표면에 나서기를 꺼리던 한국인 피해자들은 김학순 씨를 필두로 공개 증언을 시작했고, 이들의 명예와 권익을 수호하기 위하여 1990년에는 37개의 여성단체가 모여 '한국정신대문제대책협의회(약칭 정대협)'가 창립되었다. 정대협은 1992년 '일본군 위안부 문제 해결 아시아연대회의(약칭 아시아연대회의)'를 발족하여 일본군 위안부 문제를 '민족' 문제를 넘어 '전쟁과 여성인권' 문제로 그 의미를 확장해나갔다.

아시아연대회의는 일본군 위안부 문제 해결을 위한 남북 간 연대활동 및 국제적 연대활동을 이끌어내기 위해 노력했다. 실제로 아시아연대회의는 남북이 처음으로 '일본군 위안부 공동성명'을 발표하는 성과를 이끌어냈다. 이러한 연대활동의 결과로 유엔인권위원회, 여성차별철폐위원회, 전문가위원회 등 국제기구들이 연달아 일본 정부에 공식 사죄, 법적 배상, 책임자 처벌 등을 요구하는 결의문과 보고서를 채택했다. 미국, EU, 캐나다, 네덜란드 등 세계 각국 의회에서도 일본 정부에 일본군 위안부 문제 해결을 요구하는 결의안 채택이 이어졌다. 일본군 위안부 문제와 관련해 역사적 사실을 증언하던 할머니들이 연로하여 연이어서 세상을 떠나는 가운데 문제 해결의 시급성은 나날이 커지고 있었다.

1990년대 들어서 위안부 문제와 관련한 한국과 일본의 견해 차이를 보면 일본 측은 위안부 문제는 한일 청구권 협정에 따라 이미 해결되었다는 입장이고, 한국 측은 이 문제는 반인도적 불법행위에 해당하는 사안으로, 청구권 협정으로 해결된 것이라고는 볼 수 없다는 입장이었다. 그러다가 위안부 문제에 구 일본군의 관여가 있었는지, 있었다면 강제성이 있었는지 등으로 쟁점이 옮겨가고 있었다. 일본은 애초에는 민간업자의 소행이므로 정부와는 무관하다는 태도로 일관했으나 1991년 10월 일본 방위성 도서관에서 종군위안부를 일본군이 관장하고 통제했다는 자료가 발견되자 정부 대변인인 가토 코이치 관방 장관이 "일본군이 관여했다는 것은 부인할 수 없다."며 일본 정부의 책임을 처음으로 시인했다.

1992년에는 당시 일본의 미야자와 기이치 총리가 한국 방문 시 "정신대 문제는 관계자들이 겪은 쓰라린 고통에 마음이 미어지는 심정"이라고 사죄하고 진상 규명과 적절한 조치를 약속했다. 1993년에는 미야자와 정부가 종군위안부 문제를 조사하고 그 결과를 미야자와 정부 퇴진 하루 전인 8월 4일 '고노 내각 관방 장관 담화'의 형식으로 발표했던 것이다.

여기에 이르는 과정은 어떠한 것이었나? 나의 장관 재임 시기는 물론 그 이전부터 우리 측은 한일 외무부 장관 회담이 있을 때마다 우리 국민이 납득할 수 있는 조사 결과 발표를 촉구했다. 특히 우리 측은 1992년 1월 미야자와 수상 방한 시 이 문제가 국민적 관심사로 부각된 경위 등을 감안하여 미야자와 수상 임기 중 해결되기를 강력히 희망한다는 뜻을 전했다. 결국 일본 측은 다음 해(1993년) 7월 29일 조사 결과 발표문 초안을 우리 측에 제시하고 이에 관한 우리의 의견을 문의해왔다. 우리 측은 일본의 임박한 정권교체와 관련한 발표 시기상의 문제점 지적과 함께 강제성을 인정하는 명확한 표현의 필요성 등 문안

코노 일본 외상과 회담.
서울 외무부 회의실. 1994년 7월.

에 관한 의견을 제시했다. 일본 측은 8월 3일 우리 측 의견을 고려하여 발표 문안을 일부 수정 보완하고, 이를 8월 4일 '고노 요헤이 관방 장관 담화(河野洋平官房長官談話)'라는 형식으로 발표했다.

일본 정부는 발표문에서 소위 위안소는 군당국의 요청 때문에 설치, 경영되었으며, 군이 직간접적으로 관여했다는 것과 위안부 출신자 중 한반도 출신이 큰 비중을 차지하며, 위안부 모집, 이송, 관리 등도 감언이나 강압에 의한 것이었으며 총체적으로 본인들의 의사에 반하여 시행되었다는 점을 명시했다. 또한 피해자에 대한 사과와 반성의 뜻을 표명했으며, 이를 역사의 교훈으로 직시하겠다는 점을 확약했다. 후에(2014년) 아베 정부는 고노담화를 검증한다고 하면서 이것이 한일 간 협상의 결과라고 규정지었으나, 고노담화는 어디까지나 일본 정부가 자체적인 조사와 판단을 기초로 일본 정부의 입장을 담아 발표한 일본 정부 자체의 문서임에 틀림없다.

우리 정부는 고노담화에 대하여 일본 정부가 담화를 통해 위안부의 모집, 이송, 관리 등에 전체적인 강제성을 인정하고 군 위안부 피해자에 대한 사과와 반성의 뜻과 함께 이를 역사적 교훈으로 직시하겠다는 결의를 표명한 점 등을 평가했다. 또한 이번 조사 결과에서 밝혀지지 않은 부분에 대해서는 관방 장관의 담화에서 명시한 바와 같이 일본 정부가 계속적인 관심을 기울임으로써 앞으로도 계속 밝혀질 수 있기를 기대한다는 뜻을 표명했다.

피해자들에 대한 금전적 보상 문제와 관련해서 한국 정부는 일본 정부로부터 정부 대 정부의 배상은 요구하지 않았으나, 이는 도덕적 우위에서 일본 측에 위안부 문제 해결을 촉구하기 위한 당시 우리 정부의 입장에 따른 것이었다. 피해자들이 일본 정부의 사죄와 보상이라는 공적 성격의 조치를 강력히 희망하고 있는 만큼, 일본 정부가 이러한 점도 고려하여 해결 방안을 모색할 필요가 있음을 강조했다. 또한 일본 정부를 상대로 한 피해자들의 소송 및 민간 차원의 조사와 연구활동은 계속 관심을 기울여줄 것을 강조했다.

그러나 일본은 금전적 보상 문제와 관련하여 공적 성격의 조치를 취하는 대신 '아시아여성기금'이라는 민간 성격의 모금운동에 정부가 참여하는 간접적 조치로 대신하려 했다. 피해 당사자와 정대협 등 관련 단체들은 명예회복 조치가 없는 위로금 지급은 받아들일 수 없으며 일본 정부의 사죄를 포함한 공적 성격의 조치를 희망하는 입장이었기에 아시아여성기금 구상은 문제의 해결을 더욱 어렵게 만들었다. 문제가

해결되지 않고 있는 가운데, 2007년 3월에는 '피해 여성을 위한 아시아 평화국민기금(女性のためのアジア平和国民基金)'을 해산하기에 이른다. 2011년 8월에는 한국의 헌법재판소가 한국 정부가 위안부 피해자 청구권에 대한 분쟁을 해결하기 위해 더 강력히 노력하지 않는 것은 위헌이라고 결정함에 따라 문제 해결을 위한 행정부 차원의 재량이 더욱 크게 제한을 받게 되었다.

그 후 5년간의 줄다리기 끝에 2015년 12월 말, 일본 정부가 위안부 문제는 당시 군의 관여하에 다수 여성의 명예와 존엄에 깊은 상처를 입힌 문제로서, 이에 대해 일본 정부는 책임을 통감한다는 것을 명백히 하고 모든 위안부들의 지원을 목적으로 하는 재단에 일본 정부 예산으로 자금을 일괄 거출하여, 그들의 명예와 존엄의 회복 및 마음의 상처 치유를 위한 사업을 수행할 것을 약속함으로써 일단락지었다. 이러한 합의는 북핵 위협 등 엄중한 국제 상황에 비추어 악화 일로를 걷던 한일관계를 우려하던 많은 국민들에게 안도감을 준 반면 정대협 등 시민단체와 일부 위안부들 그리고 야당은 일본의 사과와 배상이 미흡하다며 강한 반대 의사를 표시하기도 했다.

더 어려워진 일본의 과거 청산

돌이켜보면, 21세기에 들어와서 일본 지도층이 완전히 전후 세대로 교체되고 과거에 대한 죄의식을 느끼지 못할 뿐 아니라 전후 대처에 대해 불만을 갖는 세력과 인사들이 집권하게 되었다. 그 결과 과거 청산 문제가 더 어려워졌을 뿐 아니라 우경화와 민족주의가 확대되는 현상이 나타나게 되었다. 이는 위안부 문제를 포함한 과거사 문제는 물론 영토 분쟁, 교과서 문제, 야스쿠니신사 참배 문제 등 2차대전 이후 마무리되지 못했던 문제들이 다시 일본과 주변국 간의 관계를 어렵게 만드는 원인이 되었다.

흔히들 한국과 일본은 '가깝고도 먼 나라'라고 한다. 지리적으로 가까워 협력할 일도 많은데 양 국민이 정치적으로, 또 정서적으로 아직도 거리가 있다는 뜻이기도 하고, 미래지향적이어야 할 양국관계가 아직도 과거를 극복하지 못하고 있다는 뜻이기도 하다.

그렇다면 오늘날의 한일관계는 어떻게 관리해야 할 것인가? 오늘날의 한일관계에는 악순환이 작용하고 있는 것처럼 보인다. 정부 간의 관계 악화는 국민 간의 감정 악화로 발전하고, 후자는 또 정치 지도자들로 하여금 강경한 자세를 견지하도록 만든다. 이러한 양국 관계의 악화는 두 나라를 위해서는 물론, 아시아 지역과 세계 전체를 위해서도 이롭지 않은 일이다. 무엇보다 심각한 것은 좋으나 싫으나 앞으로 계속 이웃으로 살아가야 할 두 나라의 젊은 세대들이 상대방에 대하여 혐오와 반감을 가진다는 사실이다. 일본에서는 부분적이나마 '혐한' 운동까지 일어나고 있다. 그나마 한국에 아직은 '혐일' 운동이 눈에 띄지 않는 것이 다행스러운 일이다.

상황이 이대로 계속될 수는 없다. 그렇게 만들어서도 안 될 것이다. 양국 지도층은 문제의 본질을 인식해야 할 것이다. 그들은 비전과 용기가 부족한 탓에 대중의 정서를 올바른 방향으로 이끌지 못하고 있다.

한일관계, 악순환에서 벗어나는 길

악순환의 늪에서 어떻게 벗어날 수 있을 것인가? 한일관계 개선은 두 나라 국민 모두에게 이익이 되는 것이며, 이를 위해서는 모든 사람 특히 지도층의 역할이 중요하다. 이와 관련하여 '무엇을 하지 않느냐' 하는 것이 '무엇을 어떻게 하느냐' 하는 것과 마찬가지로 중요하다고 생각한다.

첫째, 양국 지도자들은 상대방이 도발이라고 생각하는 행동과 언사를 자제해야 할 것이다. 그 행동의 정당성 유무(有無)에 상관없이 야스쿠니신사 참배와 같이 상대 국가에 도발적으로 보일 수밖에 없는 행동은 상대국 강경 세력의 입장은 강화시키는 반면, 한일관계의 증진을 위해 노력하는 사람들의 입장은 오히려 약화시키는 결과를 가져올 것이다.

둘째, 양국 지도자들은 양국의 얼어붙은 관계를 해빙하기 위해 상대방이 선행 조건을 충족시켜주기를 기다리는 대신 먼저 화해의 제스처를 취해야 할 것이다. 그들은 상대방의 정치적 한계와 요구 사항을 인식하고 배려해야 할 것이다. 상대방의 행동과 언사에 대한 도덕적 또는 선(善)과 악(惡)의 평가를 하기보다는 의견이 다를 수 있다는 점을 수용해야 할 것이다. 영어에는 'Agree to disagree(의견을 달리한다는 점에 의견을 같이한다.)'라는 표현이 있다. 설득할 것은 설득하고, 협상할 것은 협상하고, 합의하지 못할 것은 이견(異見)으로 남겨둔다는 뜻이다.

셋째, 한국이 일본을, 일본이 한국을 생각할 때 '일본은 이렇다.', '한국은 이렇다.' 하고 일반론화(generalize)하기 전에 상대국은 '복수(複數)'라는 사실을 의식해달라는 것이다. 이 표현은 내가 만든 것이 아니고 일본을 잘 아는 한국의 원로 언론인 권오기(權五琦) 선생이 아사히(朝日)신문의 와카미야 요시부미(若宮啓文) 씨와 대담한 내용을 담은 〈한국과 일본국〉이라는 책에 나오는 말이다. 일본에서는 소위 '혐한'의 표현과 운동이 나타남과 동시에, 그에 반대하고 그것을 비판하는 표현도 많이 볼 수 있다. 한국에서도 한일관계의 후퇴를 우려해서 한국 정부의 좀 더 전진적인 자세를 주문하는 사람들이 많이 있다. 양국은 서로 양국관계에 긍정적인 인사들의 입지와 입장을 부양(浮揚)시키기 위해 노력할 필요가 있다.

넷째, 위와 같은 맥락에서 양국의 언론과 지식인들은 상대방의 편협한 국수주의적 입장이나 행동에만 관심을 집중시킬 것이 아니라, 합리적이고 양심적이고 건설적인 생각을 하는 인사들에 대해서도 관심을 기울여 그들의 입지를 어렵게 하기보다 도와주는 노력을 기울일 필요가 있다. 상대방의 국수주의에 초점을 맞출 때 한일 양국 간의 정서가 첨예하게 대립하고, 이는 오히려 국수주의자들의 입장을 도와주는 결과를 가져올 수도 있다.

다섯째, 한국은 일본과 상충하는 이해관계도 갖고 있으나 공유하는 이익의 범위가 경제, 외교, 안보, 사회 등의 분야에서 매우 넓고 깊다. 일본은 아직도 한국의 제3위 무역 상대국이며 일본의 투자, 기술 협력, 하이테크 부품 조달 등은 한국의 산업활동에 불가결한 요소다. 안보 면에서는 북한의 전반적인 위협, 특히 북핵 문제와 관련해서 한일 간의 긴밀한 공조가 절실하게 요구되고 있다. 한일관계의 재정상화로 서로 존중하고 받아들이며 협력하는 이웃 나라가 되어야 하겠다.

여섯 번째, 일본이 국제적으로 책임 있는 나라로 인정받고 보통국가가 되는 목적을 달성하기 위해서는 전후 유럽에서와 같이 가장 가까운 이웃 간에 과거사를 완전히 청산하고 화해와 협력 관계를 수립하는 것이 필수적이다. 한국과 화해를 못하면서 어떻게 일본이 보통국가를 바라볼 수 있겠는가? 주변국이 받아들이지 못하는 상황에서 어떻게 유엔 안보리 상임이사국이 되기를 기대할 수 있겠느냐는 의문이 제기될 수밖에 없다. 미국의 경제학자 조지프 슘페터(Joseph Schumpeter)는 역사적인 격세유전(Atavism) 현상을 경계했다. 과거의 잘못을 세대를 걸러서 저지를 수 있다는 것이다. 일본의 정치이론가 마루야마 마사오(丸山眞男) 교수는 과도한 민족주의의 위험을 경계했다.

끝으로, 한국과 일본은 공히 젊은 세대에 대해서 더 많은 기대를 하고 더 많은 관심을 가져야 할 것이다. 그들은 세계화된 세계에서 기성세대보다 월등히 재능 있고, 개방적이고, 자신감이 넘치며 활력 있는 세대다. 그들은 오늘의 한일관계에도 커다란 영향을 줄 뿐만 아니라, 앞으로의 한일관계를 만들고 짊어지고 나갈 사람들이다. 일본의 동북부 지역에 대지진과 쓰나미 재해가 있었을 때 지원에 앞장섰던 것도 한국의 젊은이들이었다. 일본 젊은이들은 좀 더 개방적이고 세계화된 사람들일 것으로 기대한다. 양국의 젊은이들이 서로 긍정적이고 우호적인 태도를 갖게 될 때 앞으로의 한일관계는 밝아질 것이다.

북한은 어려운 경제 사정 속에서도 핵무기와 미사일 개발에 박차를 가하고 있다. 이미 농축 우라늄 프로그램을 공개했고 핵실험을 지속적으로 감행하고 있으며 HEU(고농축 우라늄)에 의한 핵무기 프로그램도 선언했다. 이는 일본과 한국뿐 아니라 동아시아 지역 안보에 커다란 위협이 되고 있다. 동시에 북한에 급변사태(contingency)가 발생할 가능성도 배제할 수 없다. 이러한 위협과 급변사태에 대응하고 대비하기 위해, 더 나아가서는 예기할 수 없는 한반도의 통일에 대비하기 위해서라도 한일 간의 긴밀한 협조와 공조는 필수적이라고 하겠다. 양국은 또한 재해 관리, 핵 안전, 환경 문제, 문화 및 인적 교류, 경제 활성화, 에너지 문제 등에 있어 협력하기를 약속했고, 이러한 약속 이행에 주력해야 할 것이다. 동북아시아 공동체 구축 문제에서도 한일 양국은 양자 차원에서, 또 다자 차원에서 서로 긴밀히 협의하고 협조할 필요가 있다. 한일 양국은 경제, 안보, 정치적으로 다대한 가치와 이해관계를 공유하고 있다. 여기에 양국의 지도층 인사들이 중요한 역할을 해야 한다. 그들이 한일관계의 밝고 생산적인 현재와 미래를 위해 앞장서야 할 것이다.

내가 한국의 외무부 장관으로 있는 동안 종군 위안부와 관련된 고노 담화가 있었다. 나는 당시 물러나는 미야자와 키이치(宮沢喜一) 내각의 용기와 현명한 판단을 긍정적으로 받아들였다. 이제 양국 정부는 대승적인 시각에서 한일관계를 바라보고 관계의 악화가 양국에 어떠한 불이익을 주느냐의 공리적인 계산을 초월하여, 그것이 앞으로도 계속 이웃으로 살아가야 할 두 나라의 구성원들에게 어떠한 의미가 있을 것이냐 하는 역사적인 판단이 있어야 할 것이다. 선택은 자명하다. 한일 두 나라는 편협한 민족주의와 비생산적인 갈등과 경쟁에서 벗어나 서로를 포용하고 협력과 상호의존, 그리고 교류와 통합의 관계를 발전시켜야 할 것이다.

정치냐 경제냐

|UR과 쌀시장 개방|

장관 재직 시 또 하나의 주요 이슈는 우루과이라운드(UR)와 그에 따른 쌀시장 개방 문제였다. 우루과이라운드는 1986년 우루과이 남부의 세계적 휴양지인 푼타델에스테에서 교역국 간의 연쇄 협상으로 시작되었다. 그 목적은 1948년에 발족한 '관세 및 무역에 관한 일반협정(GATT)' 규범을 개정하여 시장 개방과 관세 인하를 유도하기 위한 것이었다. 협상에는 농산물 시장도 포함되었는데, 우리나라의 경우 UR 협상이 타결되면 제조업 분야에서는 이득을 보는 반면 쌀을 포함한 농산물의 경우 국제 경쟁력이 약한 탓에 막심한 피해가 예상되었다. UR 협상이 막바지에 들어선 1993년, 한국에서는 쌀시장 개방은 저지해야 한다는 분위기가 팽배해 있었다. 김영삼 대통령 후보는 대선 유세 중에 "쌀 개방만은 대통령직을 걸고 절대 막아 내겠다."고 약속했다.

그러나 협상 과정에서 정부는 UR에 참여하여 그 체제의 일원이 되기 위해서는 어떤 형식으로든 쌀시장 개방이 불가피하다는 사실을 깨닫고 세계 무역 체제에 참여하는 데 필요한 조건을 충족시키는 일과 국내의 정치적 압력에 대한 대응 사이에서 고민하지 않을 수 없었다. 쌀시장 개방의 최종 협상은 농림수산부 소관이었는데 당시 허신행 장관은 최종 협상을 위하여 제네바로 향하기 전 김포공항에서 "목을 걸고 쌀 개방만은 막아내겠다."는 비장한 인터뷰를 했다.

'5적'이 된 외무 장관

그러나 결국 우리 정부는 MMA(Minimum Market Access, 최소 시장 접근)로 쌀시장을 부분 개방만 하고 관세화 개방은 10년 유예를 받는 대신 나머지 모든 농산물의 예외 없는 관세화를 받아들였다. 이에 따라 한국은 1995년부터 2004년까지 10년간 쌀시장 개방을 유예하는 대신 매년 일정량을 수입하는 데 합의한 것이다. 협의 과정에서 배신감과 실망을 느낀 전국농민회총연맹 등 쌀시장 개방 반대에 앞장서온 단체들은 농산물 수입 개방에 앞장섰다는 이유로 정부 관계인사 5인에게 '계유 5적'이라는 딱지를 붙였다. 민자당 대표 김종필, 국무총리 황인성, 부총리 이경식, 농림수산부 장관 허신행, 외무부 장관 한승주가 표적이 된 그 다섯 사람이다. 외무 장관이 왜 '5적'에 포함되었는지는 확실치 않으나 아마도 제네바에서 교섭을 담당한 외교관이 외무부 직원이었기 때문이었을 것이다.

공교롭게도 내가 미국에 대사로 있던 2004년이 관세화 유예 10년이 끝나는 해여서 나는 또 한 번 쌀시장 개방과 관련된 협상에 관여하게 되었다. 2004년의 선택은 우리가 이제는 관세화로 가느냐 아니면 최소 시장 접근으로 수입하는 쌀의 양적 증가를 감수하느냐였다. 일본은 1999년 수입 쌀에 관세를 많이 매기면서 관세화로 전환하고 수입 물량도 제한할 수 있었으나 노무현 정부는 여전히 개방을 반대하는 목소리가 큰 것을 고려하여 후자를 선택했다. 쌀시장 개방을 10년 더 미루는 대신 의무 수입 물량을 늘리기로 한 것이다. 미국과는 2004년 연말까지 합의를 해야 하므로 주미 대사관은 이미 휴일 분위기에 들어간 미국 농무부 장·차관을 접촉하여 그해의 마지막 날인 12월 31일에 비로소 합의를 이루었다.

이렇듯 관세화의 20년 연기로 의무 수입량이 증가하여 그동안 한국은 1년에 약 2만톤씩 의무 수입량을 늘려왔고 2014년 기준으로 40만 9,000톤, 국내 쌀 생산량의 9% 정도를 수입하게 되었다. 2014년 또 한 번 결정의 해를 맞아 정부는 두 가지 이유에서 관세화가 유리하다는 판단을 했다. 첫째, 수입을 자유화하되 300% 이상의 관세율을 적용시킬 경우 수입 쌀의 가격이 국내 생산 쌀과 경쟁이 되지 않아 수입 수요가 거의 없을 것이라는 얘기다. 반면 시장 개방(관세화)을 늦추면 의무 수입 물량은 다시 현재의 두 배 이상으로 늘어나게 되어 결과적으로 수입량이 훨씬 증가하고 정부의 재정 부담도 그만큼 늘어날 수밖에 없다는 것이다. 따라서 아직도 관세화에 따른 쌀개방 반대 운동에도 불구하고 정부는 수입 쌀에 관세를 붙이는 조건으로 쌀시장을 개방하겠다는 양허안을 WTO에 제출했다.

쌀의 관세화를 포함하는 시장 개방을 반대하는 사람들은 대체로 다음 세 가지의 이유나 논리를 제시한다. 첫째는 경제적인 이유다. 국내산 가격이 비싼 편이라 시장을 개방하면 쌀산업이 결정적인 피해를 받고 생산자인 농민들의 생존권이 위협을 받는다는 것이다. 둘째, 쌀을 주식으로 하는 우리나라의 식량안보가 위협을 받는다는 것이다. 일단 쌀시장을 개방하고 나면 쌀 공급을 외국 시장에 의존하게 되고, 그렇게 되면 물량과 가격의 안정을 기할 수 없다는 것이다. 셋째, 쌀시장 개방은 정부가 대외적으로는 초국적 자본과 강대국(특히 미국)의 이익과 국내적으로는 재벌 대기업의 이익과 압력에 굴복하여 추진되는 정책이라는 것이다. 그들은 쌀시장 개방이 막을 수 있는 사항인데도 불구하고 정부가 충분하고 효과적인 노력을 기울이지 않고 있다고 주장한다.

반면, 쌀과 농산물 시장의 개방, 그리고 무역의 자유화를 지지하는 사람들은 다음과 같은 이유를 제시한다. 첫째, 무역의존도가 높은 우리나라는 국가적 이익을 위하여 세계 무역 자유화 체제에 참여해야 하며, 그러자면 농산물을 포함한 무역 자유화 체제에 동참하는 것이 필수적이라는 것이다. 둘째, 관세화 등을 통한 쌀시장의 개방을 늦추면 의무 수입량이 많아져 수입 부담이 더 커지고 다른 무역 제재를 받게 될 뿐만 아니라(실제로 일본과 대만은 쌀의 수입 관세화 이후 수입량이 감소한 바 있다.) 우리나라의 전반적인 수출 활동에 제약을 받으리라는 것이다. 셋째, 관세화를 하더라도 우리의 경쟁력을 높이면 승산이 있을 뿐 아니라 시장 개방 이후 피해 농민들을 보호하는 제도를 구축할 수 있다는 것이다.

이렇듯 정치적으로 민감한 문제이기에 쌀 개방과 관련된 합리적 논의나 건설적 타협은 기대하기 어려운 상황이었다. 문제는 1994년 UR 협상 때에도 그랬고 20여 년 후인 최근에 와서도 이 문제와 관련해서 사실 선택의 여지가 별로 없다는 현실이다. 쌀시장 개방은 물론 미국, 중국 등과의 FTA(자유무역협정), TPP(환태평양경제동반자협정), EAFTA(동아시아자유무역지대) 지역 무역 자유화 체제와 관련해서도 우리나라 전체는 물론 제조업, 농수산업, 서비스업 등에 어떠한 이해득실이 있고 어떠한 보호 대책이 필요한지를 이념과 정서를 초월한 합리적인 논의를 통해 따져보고 이해하는 노력이 필요할 것이다.

신외교의 다섯 가지 목표

| 퇴임에 얽힌 이야기들 |

나는 1994년 12월 외무부 장관 자리에서 물러났는데, 이와 관련해서 '미리 통보를 못 받았다.'라는 기록이 하나 있고, 또 '김영삼 대통령께서 주미 대사직을 제안하셨는데 사양했다.'라는 기록도 있다. 두 가지가 다 사실이다. 원래 우리나라에서 퇴임과 관련해서는 사전에 연락하지 않는 것이 관행으로 돼 있었다. 또 늘 그런 것은 각오하고 있어야 하는 일이기도 했다. 어떤 면에서는 그 당시에 생각지도 않게 장관직을 2년 가까이 하는 동안에 하고 싶은 일, 해야 할 일, 이런 것도 많이 했기 때문에 사실은 학교에 돌아가고 싶다는 생각을 하고 있었다. 나는 경질 사실을 라디오를 듣고 알았는데, 이미 마음의 준비는 돼 있었다. 환영하고 안도하는 심정이었다고 할 수 있다.

그런데 대통령께서 그다음 날 만나자고 해서 청와대에 갔더니 "지금 한미관계도 중요하고, 그리고 대사를 하던 한승수 씨가 비서실장으로 들어왔으니 주미 대사를 맡아주시오." 이렇게 말씀하셨다. 그런데 나는 '그야말로 뜻하지 않게 정부에서 2년 동안이나 일을 했는데, 경험으로 보나 서비스(service)로 보나 그 정도면 충분하다.'고 생각하고 있었기 때문에 대통령께 "제게 여든이 넘은 어머님이 계십니다. 제가 외아들이고 어머님이 혼자 계시는데, 모시고 갈 수도 없고 한국에 혼자 계시게 할 수도 없습니다."라고 양해를 구하며 사양의 말씀을 드렸다. 김영삼 대통령은 이해하시고, "그러면 누가 좋겠소?" 하고 물었다. 나는 대통령께서 나의 입장을 이해해주신 데 대해 감사하면서, 그대로 따르지 못해서 죄송하다는 말씀을 드렸다. 그리고 차관 역할을 잘 수행해주었던 박건우 대사를 천거했다. 박 대사는 대통령의 임명을 받았으며, 주미 대사의 역할을 훌륭히 수행했다.

장관직을 수행한 것과 관련해서 '신외교'에 대한 구상을 설명할 필요가 있겠다. 신외교는 내가 장관에 취임한 후 우리나라 외교의 전반적인 방향과 기조를 구상할 필요가 있다고 느껴 만들어낸 결과였다. 93년 5월 27일 동아일보에 신외교에 관한 기고문을 실으면서 나는 '신외교는 국민의 지지를 받아 통일이 이루어지기까지, 그리고 상당 부분 통일 이후까지 우리 외교의 기조를 형성할 것으로 믿는다.'라고 쓴 일이 있다.

신외교는 다섯 개의 기조를 강조하는 정책 선언으로서, 그것은 세계 보편적인 가치를 강조하는 세계화, 대미 일변도 외교를 지양하는 다변화, 안보만을 강조하는 정책을 넘어서는 다원화, '통일을 위한 외교, 통일 후를 준비하는 미래 지향적 외교', 지역 협력과 통합을 강조하는 지역외교의 다섯 가지 목표를 우리 외교의 기조로 삼았다. 이 중에서 미래란 것에 물론 통일만 있는 것은 아니지만 통일 문제가 중요한 부분으로 들어가 있었다. 어떤 정책적인 천명이나 마찬가지겠지만, 대개 후임 장관이나 후속 정부가 전임의 정책 노선을 계속 강조하는 것은 그렇게 자주 있는 일이 아니고 사실 매우 드문 일이다. 그러나 세계 상황이 세계화라든지 또는 다변화, 다원화, 그러니까 안보 위주의 정책보다 외교, 경제라든지 문화, 환경, 자원 이런 부문의 외교들이 중요해지고 통일외교와 세계 보편적인 가치와 같은 문제들의 중요성이 커지는 것은 불가피한 현상이었다. 그것은 세계 자체가 다 같이 세계화되고, 서로 상호의존적이 되어가고, 세계 전체에서 인권이라든지 환경이라든지 여러 가지 문제들에 대한 인식이 더 커지고 있기 때문에 우리의 외교 역시 그런 변화에 부응하지 않을 수 없다고 생각했던 것이다.

특히 1991년에 우리가 유엔에 가입하고 나서 그 후에 안보리 비상임이사국으로 진출하기도 하고, 나중에는 한국인 유엔 사무총장도 배출하는 상황에서 우리가 그러한 신외교가 지향하고 있는 목표와 노선들을 따르지 않을 수 없는 상황이기 때문에 신외교의 가치가 이어질 수 있었다고 본다. 구태여 이것이 내가 장관으로 있던 1993년 외무부가, 또는 대통령이 신외교를 천명했기 때문이라기보다는, 객관적인 국제환경과 한국의 상황이 요구하기 때문에 그러한 신외교의 내용이 계속 적실성을 갖고, 또 중요성이 있는 것이 아닌가 생각한다.

장관 시절 만난 사람들

|부트로스-갈리 · 페레스 · 첸치천|

외무부 장관직을 수행하는 동안 세계 외교 분야의 지도자들을 많이 접할 수 있었다. 그중에서도 특히 인상적이고 비교적 가까이 지냈던 사람으로는 유엔 사무총장을 지낸 부트로스 부트로스-갈리, 이스라엘의 시몬 페레스 외상, 중국의 첸치천 부총리 겸 외교부장을 들 수 있겠다.

부트로스 부트로스-갈리는 유엔 사무총장이 되기 전에 이집트의 외무 장관을 지낸, 독특한 배경과 화려한 경력을 가진 사람이었다. 그는 이집트인으로서는 드물게 이슬람이 아닌 콥틱교(이집트를 중심으로 하는 기독교의 한 분파) 집안에서 태어났으며, 그의 할아버지는 1908년 암살당할 때까지 이집트 총리를 맡고 있었다. 그는 이집트와 프랑스에서 교육을 받았고 1949년 파리대학에서 국제정치학으로 박사 학위를 받은 후 카이로대학에서 국제법 및 국제관계 교수를 역임했다. 그 후 안와르 사다트 대통령 정부에서 외교부 장관까지 맡았던 그는

1992년 유엔 사무총장이 되었고, 5년의 1차 임기를 마친 다음 미국의 거부로 총장직에서 하차함으로써 연임하지 못한 유일한 유엔 사무총장이 되었다.

그는 사무총장직을 맡을 때부터 이집트 외무 장관 재임 시절 르완다에서 투치족 학살을 준비하고 있던 후투 정권에 수천만 달러어치의 무기 판매를 승인한 일로 논란을 빚기도 했다. 그러나 그가 연임하지 못한 것은 미국과의 불화 때문이었다. 미국과는 그의 임기 중에 일어난 보스니아전쟁, 르완다 인종학살, 미국의 분담금 미납 문제 등을 둘러싸고 분쟁을 겪다가 클린턴 대통령이 1996년 재선을 위한 선거를 앞두고 그의 재임을 저지할 필요가 있다고 판단하여 그를 밀어내기로 결정했던 것이다. 직접적인 이유는 그가 보스니아전쟁에서 NATO(북대서양조약기구)의 보스니아 폭격을 반대한 것으로 알려지고 있다(당시 보스니아에 파병했던 영국과 프랑스는 자국 군대의 피해를 우려하여 미국이 주장하던 보스니아 폭격에 반대했는데, 친프랑스 성향이던 부트로스-갈리도 이에 반대했던 것이다. 반면 그의 후임자가 된 코피 아난은 미국 편을 들어 폭격을 지지했다.). 미국은 안보리의 상임이사국 중 유일한 부트로스-갈리 거부국이었다. 당시 비상임 이사국이었던 우리나라를 포함한 미국 외의 모든 안보리 국가들이 그의 연임에 찬성했음에도 불구하고 그는 미국의 거부권 행사로 총장직에서 물러나야 했다. 당시 미국의 대국주의 행세를 적나라하게 보여준 사례였다. 부트로스-갈리는 후에 〈정복되지 않은 자: 미국과 유엔의 대결 *Unvanquished: A US-U.N. Saga*〉라는 자서전을 쓰고 나서 나에게 책 제목에 묻혀 있는 숨은 뜻은 "UN Vanquished(유엔이 [미국에] 정복되다)"라고 귀띔해주었다.

내가 부트로스-갈리 내외를 처음으로 만난 것은 그가 1993년 유엔 사무총장으로 한국을 처음 방문했을 때였다. 그는 한반도 분단 문제와 당시 현안이었던 북핵 문제에 커다란 관심을 갖고 문제 해결에 도움이 되는 길을 모색하는 중이었다. 또한 유엔 내에서 미국을 위시한 P5로 불리는 상임이사국들과 한국 같은 중소 국가의 영향력이 너무나 차이가 큰 것을 문제시하여 유엔과 기타 국가들의 위상과 입지를 제고하기 위해 많은 노력을 하고 있었다. 당시 한국은 유엔 회원국이 된(1991년)지 2년밖에 안 되었으나 안보리의 비상임이사국이 되기 위해 나름대로 운동을 하고 있을 때였다.

따라서 나는 외무부 장관으로서 부트로스-갈리 총장과 많은 시간을

부트로스-갈리 총장과 함께.
뉴욕 유엔 사무총장 공관 정원. 1995년 6월.

같이 보내며 대화를 나누었는데, 그는 매우 박식하고 영어와 불어에 능통할 뿐만 아니라 예의 바르고 총명한 사람으로 느껴졌다. 무엇보다도 한국에 대한 애정과 한반도 문제에 대한 깊은 관심에 나는 크게 감명을 받고 호의를 느꼈으며 그도 나에게 상당한 호감을 표시했다. 그의 부인도 외교 문제에 관심과 이해가 많고 나의 처인 이성미 교수와도 대화가 잘 되어 가족끼리 친분도 깊어지게 되었다.

부트로스-갈리의 열성에도 불구하고 북한은 유엔 사무총장이 한반도 문제에 개입하는 것에 거부감을 느끼고 그의 북한 방문을 허용하지 않았다. 결과적으로 그는 남북한 관계 개선에 이바지할 수 있는 기회를 얻지 못했다. 그러나 우리나라는 결국 아시아 지역을 대표해서 안보리의 비상임 이사국으로 선임되어 1995년부터 2년간 그 임무를 맡게 되었다. 부트로스-갈리 총장은 내가 외무부 장관을 그만둔 이듬해인 1995년 또 하나의 분단국인 키프로스의 SRSG(사무총장 특별대표)를 맡아달라고 요청하여 내가 그 임무를 담당했던 일도 있다(키프로스 문제에 대해서는 뒤에 기술). 그는 유엔 사무총장을 그만둔 후에 이집트 국가인권위원회 위원장으로 UNESCO의 후원을 받아 '중동에서의 민주주의와 인권 문제' 국제회의를 주도했다. 나도 이집트의 카이로, 레바논의 비블로스 등지에서 열린 회의에 초청되어 '중동의 봄'이 오기 전에 이미 그 지역의 민주주의와 인권 문제에서 이해의 폭을 넓힐 수 있었다.

이스라엘의 시몬 페레스 전 대통령은 내가 외무부 장관 시절에 이스라엘의 외무 장관으로 나의 카운터파트(상대)였다. 그때 그는 이미 총리직을 한 번 맡은 다음 다시 이츠하크 라빈 총리 정부에 들어와 장관직을 수행하고 있었다. 그는 오슬로 합의를 이끈 공로로 라빈 총리, 야세르 아라파트 PLO 대표와 함께 노벨평화상을 받기도 한 사람이다. 말년(2007-2014년)에는 이스라엘의 대통령(2007-2014년)까지 역임했으나 재임 중 강경파인 베냐민 네타냐후 총리와 어려운 공생을 했다. 2016년 9월 세계인들의 애도 속에 작고했다.

내가 알고 있는 페레스 씨는 신중한 전략가이고 재치 있는 웅변가이며 강경파가 득세하는 이스라엘에서 현실주의적인 온건파에 속하는 사람이다. 1970년부터 2014년에 이르기까지 그는 대통령직 외에도 두 번의 총리직, 국방과 외교를 포함하여 12번의 장관직을 맡은 바 있다.

내가 외무 장관으로 페레스 씨를 처음 만난 것은 1994년 12월 그가 라빈 총리와 함께 한국을 방문했을 때다. 내가 장관에 취임한 때는 우리가 이스라엘과 국교를 회복하기 전이었다. 1970년대 우리가 중동 산유국과의 관계를 이유로 이스라엘과의 국교를 단절시켰기 때문이다. 그러나 내가 장관이 된 직후 이스라엘과의 국교 정상화를 추진하여 1993년 가을 수교가 복구되었고, 그러한 연유로 이스라엘은 우리나라와 외무부 장관인 나에게 상당한 호감을 갖고 있었다.

나는 초면에 17년이나 연상인 페레스 장관의 폭넓은 지식과 깊이 있는 철학, 현실적인 전략적 사고, 그리고 균형 잡힌 시각에 매료되었다. 그 후 기회가 닿는 대로 유엔, 이스라엘 등지에서 만나 많은 이야기를 나누고 두 사람이 당면한 각자의 문제들에 유용한 논의를 하는 기회를 가졌다. 그는 강경 대응이 테러 공격이나 무력 공격과 같은 파괴

시몬 페레스 이스라엘 외무 장관과.
뉴욕 유엔 플라자.

적 행동에는 적절한 정책이기는 하지만, 감정이나 정치적 필요에 따른 강경 정책은 역효과가 날 수 있음을 지적하고 문제 해결을 위하여 분쟁 당사자 간에 윈윈 정책을 추구할 필요가 있음을 역설했다. 실제로 그는 정부에 있을 때는 물론 민간 차원에서도 페레스평화센터(Peres Center for Peace)를 통하여 팔레스타인의 경제 복구와 인권 신장을 위한 국내·국제적 지원을 확보하려고 많이 노력했다. 그는 나를 페레스평화센터의 국제적 멤버로 초빙했고, 그 자격으로 나는 이스라엘 등의 지역을 방문하여 분쟁과 평화 복구의 문제에 이해의 폭을 넓힐 수 있었다. 그는 2007년부터 2014년까지 7년간 대통령으로 재직한 후 70여 년의 공직 생활을 끝내고 2016년 9월 세계인의 애도 속에 파란도 많고 업적도 많은 93년의 인생을 마감했다.

내가 존경심을 갖는 세 번째 외국 지도자는 중국의 첸치천 외교부장이었다. 내가 외무 장관을 맡은 것은 우리가 중국과 국교를 회복한 1992년 8월로부터 반년밖에 안 지난 시점이었다. 그사이에 한국에서는 새 대통령과 정부가 들어섰고, 3월 초에는 북한이 NPT를 탈퇴하겠다고 선언한 1차 북핵 위기가 일어났다. 중국과의 협조가 북핵 문제 해결에 필수적이라고 판단하던 중 중국의 첸치천 외교부장과 회담할 기회가 왔다. 3월 하순에 태국 방콕에서 유엔 산하 ESCAP가 열리게 되어 있었기 때문이다. 그곳에서 처음으로 첸치천 중국 부총리 겸 외교부장을 만나게 되었다. 나는 외무 장관으로도 초임자인 데다가 나이로도 그에 비해 12년이나 연했기 때문에 긴장하지 않을 수 없었다.

첸치천 부장은 문제의 핵심을 잘 이해할 뿐만 아니라 온화하고 편하며 친근감이 가는 사람이었다. 전형적인 외유내강형이었다. 결과적으

첸치천 중국 외교부장과.
베이징 조어대. 1993년 10월.

로 우리는 북핵 문제를 당시에 계류된 IAEA로부터 유엔 안보리로 이관하고 동시에 미국과 북한 양자 협의의 길을 여는 데 합의했다(전술 참조). 그 이후에도 서로 상대 국가를 방문할 때는 물론 유엔이나 동남아 등지에서 열리는 다자회의를 활용하여 10여 차례 첸치천 부장과 공식 양자회담을 가졌다.

이 시기에 가장 중요한 이슈는 북한핵 문제를 어떻게 해결하느냐 하는 것이었는데, 첸 부장은 고비 때마다 중국 나름의 효과적인 조치를 취함으로써 위기를 극복하고 해결의 길로 들어서게 하는 데 이바지했다. 그중에서도 두드러진 사례가 1994년 6월의 위기였다. 그해 봄, 북한이 원자로에서 6,000개의 핵연료봉을 인출하고 재처리를 시작하여 한반도에서 군사 위기 상황이 예고되고 한미가 유엔 안보리에서 제재결의안을 추진하고 있을 때였다. 나는 베이징을 방문하여 첸치천 부장과 회담하고 북한을 후퇴시키는 유일한 방법은 중국이 안보리에서 북한 제재결의안에 거부권 행사를 하지 않을 수 있다는 것을 북한에 주지시키는 것이라는 점을 강조했다.

결과적으로 전술한 바와 같이 중국은 북한에 그러한 의도를 통고했고 6월의 위기는 중국의 협조로 극복할 수 있게 되었다. 첸치천 부장과의 친밀한 관계는 우리가 1993년 대만과 준외교관계를 회복하고 상호간에 공식적으로 대표부(Mission) 차원의 공관을 갖기로 합의하는 데도 큰 도움이 되었다. 1992년 여름 국교를 단절함으로써 우리 정부는 대만에 상당히 서운한 마음을 갖게 했기 때문에 대만 대표부에 주어진 '미션(mission)'이라는 공식 영어 명칭은 대만 정부의 섭섭함을 해소

시키는 데 어느 정도 도움이 되었다고 생각한다.

첸치천 부장의 부인은 외교관 출신이었는데 프린스턴대학에서 중국 미술사를 전공하여 중국 문화와 언어를 잘 아는 나의 처 이성미 교수와도 친분을 맺어 우리는 가족끼리도 친근한 사이가 되었고, 내가 정부 일을 그만둔 후에 중국 외교부는 우리 부부를 초청하여 중국의 돈황, 서안, 난주 등 문화 일주를 주선해주기도 했다.

어떻게 소통할 것인가

| 언론과의 관계 |

장관 시절을 기술하면서 언론, 특히 외무부 출입기자단을 언급하지 않을 수 없다. 후에 워싱턴에 대사로 나가 있을 때도 마찬가지였지만 본부에 있을 때나 대사관에 있을 때나 수십 명(본부에는 약 30명, 대사관에는 약 20명)의 기자단은 장관이나 대사의 동료이며 업무 수행의 조언자이자 감시원의 역할을 해준다. 그렇다고 몇몇 다른 나라들처럼 기자들이 정부 기관의 지원자 노릇을 한다는 뜻은 물론 아니다. 나는 이들로부터 많은 도움을 받았으며 인간적으로도 친밀해져 사반세기가 지난 오늘날까지도 정기적으로 모임을 갖곤 한다. 외무부를 출입하던 기자들은 93년도에 만났다고 해서 9·3회라는 이름을 가지고 있다.

나는 일선 기자로 일한 적은 없으나 외무부 일을 하기 전에 언론인(특히 외국 언론인)을 많이 접촉했으며, 따라서 언론에 대하여 어느 정도 이해를 하고 있다고 생각했다. 학교에 있는 동안 많은 국내외 기자들을 만나 보았으며 방송국에서 보도와 관련된 일도 해보았고 뉴스위크 고정 칼럼니스트 역할도 해보았다. 또 미국의 키신저가 대통령 안보담당 보좌관과 국무 장관을 역임하는 동안 어떻게 기자들에게 배후 설명(background briefing)을 해주면서 그들을 통하여 국민과 소통했는지도 유심히 주의하여 보았다. 만약 장관 같은 직책을 맡으면 나도 그러한 방식으로 기자단과 소통하는 것도 좋겠다고 생각했다.

그러나 장관 업무를 시작하자마자 터진 북핵 문제는 그 성격상 자세한 배후 설명 방식이 오히려 문제를 어렵게 만들 때가 종종 있었다. '특종'을 원하는 기자들에게는 그것이 특종에 대한 유혹이 되었고, 초기에는 장관의 '비공개 전제(off the record)' 발언이 표제 뉴스(headline news)가 되는 경우도 있었다. 모두 아마추어 장관의 경험 부족 때문이었다고 생각한다.

외무부를 출입하는 기자들은 전반적으로 학구적이며 진지하고 성품에 호감이 가는 사람들이었다. 장관으로 있는 동안에는 특히 북핵 문제와 관련된 해외 방문이 많았는데, 그때마다 여러 명의 기자들이 동행하여 현안 문제에 대해 논의하고 의견을 교환할 기회를 많이 가졌다. 정부에 들어오기 전에는 주로 외신 기자들을 많이 만나 그들의 질문에 대답하는 과정에서 생각을 정리하게 되고 그들의 정보와 분석의 덕도 많이 보았다. 외무부에 출입하는 국내 기자들도 취재에 바쁜 중에도 현안 문제에 대하여 열심히 공부하고 사고하여 외신 기자들 못지않은 놀라운 견식과 의견을 가지고 있었다.

외무부에 출입하던 기자들 가운데 상당수는 나중에 워싱턴 특파원이 되어 그중 몇 사람은 내가 주미 대사로 있을 때 그곳에서 다시 만나게 되었다. 훗날 그들은 신문사이건 방송사이건 자신이 속한 기관의 간부가 되어 편집국장, 사장 등 책임 있는 직책까지 가는 경우가 많았다. 그들의 발전이나 승진이 나는 내 제자들의 그것이나 다름없이 자랑스럽고 뿌듯하게 느껴지곤 했다.

3부

다시 외교의 길로

반미 대통령, 친미 대사

|내가 주미 대사가 된 속사정|

2003년 4월 초 어느 날, 청와대에서 노무현 대통령이 오찬을 함께하기를 원한다는 연락을 받았다. 노 대통령은 이런저런 얘기 끝에 뜻밖에도 나에게 주미 대사를 맡아달라고 말했다.

노 대통령은 개인적으로 잘 알지는 못했지만 그가 당선인 신분이었을 때 한 번 따로 만난 일이 있었다. 이홍구 전 총리와 함께 그의 당선인 사무실에서 주로 대미관계와 대북관계에 대해 얘기를 나누었다. 노 대통령은 그 이전에도 역시 당선인 시절에 내가 회장으로 있던 서울포럼(Seoul Forum)의 초대를 받아 자신의 외교에 대한 구상을 이야기하고, 회원들의 이야기를 듣는 기회를 가진 적이 있었다.

노무현 정부의 초대 외교부 장관은 윤영관 서울대 교수였다. 윤 교수는 서울대 외교학과 후배로서 내가 매우 높이 평가하는 사람이었다. 확인할 수는 없었지만 노무현 대통령에게 주미 대사로 나를 처음에 천거한 사람이 윤영관 장관이 아니었을까 생각한다. 대통령이 나에게 대사직을 제의했을 때, 내가 알기로 그 청와대 오찬을 주선한 사람이 윤 장관이었고, 그 오찬에 윤 장관도 참석했다. 그는 장관이 되는 과정이나 상황도 나의 경우와 비슷하게 교수로 있다가 바로 장관으로 취임했던 것이다.

당시 노무현 후보가 당선된 이후 여러 면에서 한미관계에 대한 우려가 상당히 높았던 것이 사실이다. 노무현 대통령이 반미주의자 아니냐고 의심하는 사람들도 있었고, 노무현 대통령이 반미 바람을 타고 당선되었다는 사람들도 있었다. 그래서 '누군가가 이러한 '슬리퍼리 슬로프(slippery slope: 미끄러운 비탈길)'에서 한미관계가 미끄러져 내려가는 것을 막을 필요가 있지 않느냐.' 하고 생각하던 때였다. 사정이 그럼에도 노무현 후보에게 투표도 하지 않은 사람이 그를 대표해서 주미대사가 된다는 사실에 선뜻 마음이 내키지 않아서 그 자리에서는 즉답을 피했다. 그런데 그날 오후에 내가 주미 대사로 내정되었다고 언론에 보도되었다.

외무부 장관을 지내기는 했지만 대사로 일해본 적은 없었던 터라 과연 주미 대사직을 잘 수행할 수 있을지 확신이 서지 않았다. 다만 이전에 이홍구 전 총리가 총리까지 지냈는데도 불구하고 노선이나 이념 면에서 본인과는 다른 김대중 정부 때 주미 대사직을 맡은 적은 있었다. 우리가 흔히 'IMF(국제통화기금) 사태'라고 부르는 아시아 금융위기를 당하여 국가를 위해 봉사하겠다는 사명감에서 대사직을 맡은 것이다. 고심 끝에 결국 나는 한미관계를 바로 세워야 되겠다는 사명감으로 주미 대사직을 맡기로 작정했다.

외무부 장관직을 맡았던 사람이 주미 대사로 나간 것은 김용식 장관과 김동조 장관의 선례가 있었다. 주미 대사는 외교관이면 누구나 탐내는 자리다. 워싱턴은 미국뿐 아니라 세계의 정치, 외교의 중심지라고 말할 수 있는 곳이다. 지구촌에 큰 영향을 미칠 중요한 일들이 결정되는 곳이기 때문이다.

결코 만만치 않았던 워싱턴 시절

주미 대사로서 나의 워싱턴 시절 2년은 영어로 표현하자면 'picnic(소풍)'은 아니었다. 워싱턴에 있던 기간 동안 나는 특히 북한에 대하여 강경책이 필요하다고 생각하는 부시 행정부와 온건책을 고집하는 한국 정부의 틈새에서 고전하지 않을 수 없었다. 그보다 10년 전 내가 외무부 장관으로서 강경책을 주장하는 한국 대통령과 비교적 온건책을 선호하는 미국 정부 사이에서 고전했던 것과는 정반대의 현상이었다.

노 대통령이 나에게 주미 대사를 맡아달라고 부탁했을 때 내가 어떠한 상황 속으로 들어가는지를 몰랐던 것은 아니다. 당시 한미관계의 중요성을 인식하는 사람들이라면 누구나 노 대통령 취임 이후 미국과의 관계가 악화되는 것은 아닌지 우려하고 있었다. 노 대통령의 당선이 미군 차량에 희생된 두 여고생 사건으로 악화된 반미 감정의 여파와 어느 정도 관련이 있다는 분석이 지배적이었다. 선거운동 당시 노무현 후보의 지지자들은 촛불집회를 열고 미국과 주한미군을 비판하는 데모를 주도했다. 노무현 후보는 한국전쟁이 일어났을 때 만으로 네 살도 안 된 어린아이였다. 자연 한국전쟁에 대한 직접적인 기억이 없고 미국이 어떠한 역할을 했는지에 대한 이해도 부족할 수밖에 없었을 것이다. 사람들이 기억하고 우려했던 것은 대통령 후보로서 노무현이 '반미(反美)면 어때?'라는, 정치적으로는 유리할지 몰라도 미국과 오랜 동맹관계를 맺어온 대한민국의 최고지도자로서는 무책임한 발언을 했다는 사실이었다.

노 대통령은 내가 자신의 생각에 동조하지 않은 것은 물론, 대선에서 자신을 지지하지 않았던 사실도 잘 알고 있었을 것이다. 그러한 그가 왜 나에게 주미 대사 자리를 제의했고, 또 나는 왜 그것을 수락했는가? 노무현 대통령이 왜 나에게 주미 대사를 맡겼는지 명확한 대답을 얻지는 못했으나 추측은 가능했다. 노 대통령이 취임했을 때 워싱턴에는 김대중 대통령이 임명한 양성철 대사가 재임 중이었다. 양 대사는 나와는 대학 동기동창생으로 워싱턴에서 김대중 대통령의 햇볕정책을 충직하게 전도하는 역할을 해온 것으로 알려져 있었다. 그러한 그가 북한을 혐오하는 부시 대통령의 행정부와 효과적인 외교를 펼쳐나가기는 어려운 일이었다. 노 대통령은 미국과 비교적 좋은 관계를 갖고 있으면서 한반도에서 평화를 유지하는 것이 중요하다는 자신의 신념을 공유하는 사람을 임명하고 싶었을 것이다.

노 대통령이 나를 주미 대사에 임명한 데는 몇 가지 목적이 있었다. 첫째, 부시 행정부에 자신은 반미주의자가 아니며 미국과 좋은 관계를 갖기를 원한다는 메시지를 전하는 것이었다. 둘째, 미국이 북핵 문제에 과잉반응하지 않도록 하고 한반도에서 무력 충돌을 방지하는 것이었다. 노 대통령에게는 두 번째 이유가 가장 중요했다고 생각한다. 북핵 문제 및 한미관계와 관련하여 노무현 당선인과 면담했을 때 그의 최대 관심사는 늘 미국의 강경한 대북정책이었다. 그는 1994년 6월 미국의 클린턴 행정부가 한국과 상의 없이 북한을 무력 공격하기로 결정을 내렸다고 확신하고 있었다. 당시 외무부 장관이던 나는 그런 확신이 사실과는 거리가 있다는 점을 알고 있었으나 이미 그렇게 믿고 있던 많은 사람들에게 실상을 납득시키기는 쉬운 일이 아니었다. 더욱이 부시 대통령은 2002년 국정연설에서 북한을 이라크, 이란과 함께 '악의 축(axis of evil)'으로 규정했고 2003년 초에는 그중 한 나라인 이라크를 공격했다. 노 대통령은 이라크 다음으로 미국이 응징하려는 타깃이 북한이 될 수 있다고 우려하고 있었다.

노 대통령은 1차 북핵 위기 시 내가 어떠한 역할을 했다는 것도 잘 알고 있었다. 김영삼 대통령 취임(1993년 2월 25일) 직후인 1993년 3월 12일 북한은 NPT 탈퇴를 선언했다. 이때 클린턴 대통령이 취임한 지 채 두 달도 되지 않았던 미국 정부는 구체적인 대응책을 내놓지 못하고 있었다. 나는 외무부 장관으로서 먼저 대화와 협상으로 문제 해결을 모색하는 로드맵을 구상하여 한미 양국 정부를 설득시키기 위해 노력했다. 1994년 6월 북한이 핵협상을 중단하고 핵연료봉을 재처리하는 등 위기를 초래했을 때에는 중국으로 하여금 북한을 협상 테이블로 다시 불러들이는 역할을 하는 데 일조했다. 노 대통령은 내가 당시 한반도의 무력 충돌을 막는 데 기여한 바가 있다고 생각했고, 다시 한 번 유사한 역할을 해줄 것을 기대했던 것이다.

나는 왜 선거에서 지지하지 않았던 대통령의 대사로 워싱턴에 가는 것을 수락했는가? 사실 나는 장관이나 총리를 지낸 사람이 특별한 이유가 없는 한 대사직을 맡는 것에 대해서 그다지 긍정적으로 생각하지 않았다. 능력 있는 젊은 사람들의 기회를 뺏는 일이기도 하려니와 임지에 부임하여 업무를 수행할 때 이전의 경력 때문에 부자유스러울 수도 있기 때문이다. 게다가 나는 대학에서 평생을 보낸 사람이다. 이미 김영삼 대통령 시절 2년간 정부 일로 '외도'한 사실이 있지만, 그 후 고려대학교에서 전례 없이 다시 학교에 복귀하도록 관용을 베풀어준 일을 고마워하고 있던 터였다. 그런데 정년을 불과 3년 앞두고 다시 학교를 떠난다는 것은 썩 내키는 일은 아니었다. 그러나 우리나라의 대미 외교에 도움을 주고 한반도의 평화 유지에 다소나마 이바지할 수 있다면, 개인적인 만족과 편안함을 위해 그러한 기회를 거부해서는 안 된다는 판단이 들었다.

결국 주미 대사직을 수락하고 서둘러 부임 준비를 했다. 4월 20일 워싱턴 출발을 앞두고 19일에 임명장을 받았다. 임명장 수여식은 청와대에서 열렸는데, 그날 따라 대통령은 우리 내외를 초청하고 청와대와 외교부의 참모들을 불러 간담회를 가졌다. 나는 그날, 경무대(현재의 청와대)로 향하는 효자동 길에서 43년 전인 1960년 4월 반독재 데모를 하다가 경찰의 총탄 세례를 받은 기억을 되새기고 있었다. 청와대에서 내가 4·19를 회상하는 이야기를 하자 노무현 대통령은 자신이 노조 변

주미 대사 임명장 수여식. 왼쪽부터 필자, 노무현 대통령,
권양숙 여사, 아내 이성미 교수. 2003년.

호사로 일할 때 연좌 데모 중에 경찰이 자신의 사지를 번쩍 들어 끌고 나갔던 일화를 이야기하면서 "우리는 총은 안 맞았으니 우리가 당한 것은 아무것도 아니네요."라고 대답했다.

그해 5월 초 노무현 대통령은 워싱턴을 방문해 부시 대통령과 첫 번째 정상회담을 갖기로 되어 있었다. 내가 미국에 도착한 4월 20일 뉴욕타임스는 '한국 외교, 새로운 시대로 진입하다(Korean Diplomacy Enters a New Era)'라는 제하의 기사에서 다음과 같이 보도했다.

지난번 마지막으로 한국 대통령이 워싱턴을 찾은 것은 부시 대통령이 취임한 지 얼마 안 된 시기였고, 한국의 지도자 김대중 대통령은 노벨평화상을 받은 원로 정치인이었다. 김대중 대통령은 부시를 만나 그로부터 대북 포용정책에 대한 지지를 이끌어낼 수 있다고 생각했다. 그러나 김대중 대통령은 부시 대통령으로부터 북한 지도자 김정일이 얼마나 신뢰할 수 없는 사람인가에 대한 강의(lecture)를 듣고 자존심에 깊은 상처만 입었다. 결과적으로 두 지도자는 좋은 관계를 맺지 못했고 오랜 동맹인 두 나라의 관계도 악화되었다.

다음 달에는 최근 취임한 한국의 노무현 대통령이 워싱턴을 방문할 예정이다. 그러나 그의 방문에 앞서 신임 한승주 대사가 먼저 워싱턴에 도착할 것이다. 한미 양국의 전문가들은 한국 정부가 한 대사를 선택한 것은 외교적 열차 충돌(diplomatic train wreck)을 피하려는 결의를 반영한 것이라고 말하고 있다.

노 대통령은 나를 주미 대사에 임명하면서 다음과 같이 이야기했다. "첫째, 많은 사람들이 본인을 반미주의자라고 알고 있는데, 미국에 당신을 보냄으로 해서 대통령이 반미가 아니라는 것을 알려주고 싶다."라는 것이었다. 물론 노 대통령의 또 다른, 더 중요한 목적은 미국이 북한을 무력으로 공격하지 못하게 하는 것이었다. 그때까지도 노 대통령은 '미국이 1994년 6월 위기 때 실제로 북한을 폭격하려고 했는데 우리가 만류하고 카터 전 대통령이 평양에 가서 위기를 모면했다.'고 믿고 있었다. 그 과정에서 외무부 장관으로 있던 한승주가 상당한 역할을 했다고 믿었기 때문에 이번에도 미국이 북한을 무력으로 공격하지 않도록 노력해달라는 부탁이었다. 나는 한국에서 전쟁이 나지 않도록 막아야 하며 두 나라 사이에 오해가 있다면 그것을 풀어 관계를 개선해야 한다는 점에 충분히 공감했다. 그러한 목표를 달성하는 일에 내가 일조할 수 있다면 그것은 당연히 해야 할 일이었다.

나는 장관을 할 때는 물론 그 이전과 이후에도 미국의 정계나 언론계 등 여러 분야에 말이 통하고 서로 믿고 지내는 사람들이 많았기 때문에 그러한 인맥을 잘 활용하면 '어느 정도 역할은 할 수 있겠다.' 싶었다.

사실상 대사의 역할이라는 것은, 특히 주미 대사의 경우에는, 한국의 뜻을 미국에 전달하는 것뿐만 아니라 양쪽의 의사를 이해하고 그것을 양쪽에 서로 이해시켜주는 것이라고 나는 생각하고 있었다. 그래서 심지어 정상회담이 있을 때도 대화 당사자들이 다 소화하지 못하는 부분을 양쪽에 이해시키고 주지시키는 역할이 중요했다. 일반인들의 대화에서도 그렇지만 정상회담에서도 당사자들이 모든 내용을 다 소화하지 못하는 경우가 자주 있다. 게다가 통역을 통해 의사소통을 하다 보니 대화 내용의 미묘한 부분까지 제대로 이해하지 못하는 경우가 많다. 그럴 때 본국 정부에 "사실 그 정상회담에서는 이러한 내용이 오고 간 것입니다"라고 설명해주고, 마찬가지로 두 나라의 언어는 물론 문화와 관습에도 정통한 사람이 미국 측에도 "그 회의의 내용은 사실은 이런 것이었다"라고 설명해줄 필요가 있다. 되도록이면 충실하게 의사소통이 이루어지게 하는 것이 대사의 중요한 역할 중 하나이고, 그런 것이라면 내가 해볼 만한 일이라고 생각했다.

대사와 장관의 차이(?)

물론 장관을 할 때와 대사를 할 때는 재량과 역할에 차이가 있었다. 특히 두 가지가 달랐다. 하나는 대사로 있을 때, 대미관계를 포함한 정책 결정에서 장관으로 있을 때보다 외무부의 비중이 훨씬 낮아져 있다는 것이다. 그래서 정책을 결정하는 데 심지어 장관도 그다지 큰 역량을 발휘하지 못한다는 점이 아쉬웠다. 또 하나, 대사는 외교부 장관의 지휘를 받는 직책이다 보니, 재량과 역할이 제한적일 수밖에 없었다. 다른 방법이 있다면 대사가 대통령과 직접 소통하는 것인데, 그것은 도리에도 맞지 않는 일일 뿐만 아니라 개인적으로도 대통령과 그렇게 긴밀한 관계가 아니었다. 설사 대통령과 가깝다고 하더라도 그런 식으로 일하다 보면 오히려 상황이 더 어려워질 수가 있다. 대사라는 자리가 장관과 함께 힘을 모아서 대통령을 설득시켜야 할 경우가 많기 때문이다. 대사의 역할이 그런 것이기 때문에 외교부 전체 차원에서 본다면 당시 나의 역할은 10년 전에 비해서 훨씬 '지분이 적었다'고 할 수 있다. 다만 노무현 대통령은 자신의 한계를 아는 현실적인 사람으로, 고집은 있으나 논리적인 대화를 통해 합리적인 방향으로 설득하는 것이 가능한 지도자였다. 나는 그와 이념에서 다른 점은 있었으나 매우 좋은 인간관계를 가졌다고 생각한다.

전반적으로 청와대 보좌진은 이념 면에서 좌파적인 성향이 강했고, 외교부나 국방부는 성향이 달랐으므로 불협화음이 밖에서도 많이 들렸다. 청와대나 국정원 쪽에서는 북한과의 협상에 좀 더 앞서 나가는 경향도 있었다. 이처럼 어려운 상황에서 다소 실용주의적인 부서나 사람들, 즉 나 자신을 포함해서 당시 청와대 윤병세 외교안보 수석 같은 사람은 외교부 쪽과 노선이나 사고방식을 공유하고 있었기 때문에 자칫 편향될 수 있는 정책의 방향을 견제하고 균형을 잡는 역할을 하고자 했다. 이 과정에서 대통령의 최종 결정을 도출하기 위해서 논리를 제공하는 역할은 대사가 할 수 있는 일이었다고 생각한다.

실제로 중요한 사안에 대해 노무현 대통령은 정치적으로 미국에 우호적인 결정을 내리기가 유리한 입장에 있었다고 볼 수 있다. 만일 노무현 대통령이 아니라 보수 진영 출신의 대통령이 이라크 파병을 결정했다면 정치권은 물론이고 진보 진영의 운동가들이 분명 가만있지 않았을 것이다. 그런데 문제를 제기하며 강력하게 반대할 사람들이 바로 노무현 대통령의 지지층이었기 때문에, 그 사람들을 설득시키기에는 누구보다 유리한 입장이었다고 하겠다. 나는 바로 그 점을 미국 쪽에 알려주고 강조했다. "노 대통령이기 때문에 가능한 것이다. 노 대통령의 언사(words)가 과격하기 때문에 바로 이렇게 좋은 행동(deeds)을 할 수 있는 것이다."라는 점을 거듭 강조하며 설득시켰고, 미국 쪽에서도 그 점에 대해서는 충분히 납득했으리라고 생각한다.

나는 워싱턴에서의 임무 수행이 결코 쉽지 않으리라는 것을 충분히 인식하고 있었다. 부시 대통령은 북한 정권을 혐오하고 있었고, 노무현 대통령은 한미 간의 '불평등한 관계'에 비판적인 태도를 갖고 있었다. 그러나 나는 노무현 대통령과 부시 대통령 간의 첫 번째 정상회담이 잘될 것이라는 예감도 갖고 있었다. 우선 양국 대통령은 2년 전에 있었던 실패작 정상회담(김대중 대통령과 부시 대통령 간의)의 전철을 밟지 않고 성공적인 회담을 하겠다는 의지를 갖고 있었다. 실제로 노무현 대통령이 워싱턴을 방문하기 한 달 전 부시 대통령의 아버지인 조지 부시 전 대통령이 서울을 방문하여 노무현 대통령의 사람 됨됨이를 알아보고 노 대통령에게 자신의 아들 부시 대통령이 어떠한 사람이라는 것을 설명해준 일이 있었다. 아버지 부시는 노무현 대통령에게 두 사람이 솔직하고 가식이 없으며 친해지기 쉬운 사람들이라는 점에서 비슷한 점이 많기 때문에 금세 죽이 맞을 것(hit it off well)이라고 안심시켰다. 부시 전 대통령은 노무현 대통령을 안심시키려고 노력했다.

2003년 5월 노무현 대통령의 방미를 계획하고 있던 우리 정부는 미국에 나의 대사 임명을 위한 아그레망을 서둘렀다. 아그레망은 신청한 지 9일 만이라는 거의 기록적으로 빠른 시일 내에 이루어졌고, 나는 4월 20일 워싱턴에 도착할 수 있었다. 대사로서 주재국 정부 인사들을 만나는 것은 신임장을 제정한 후에라야 가능했으므로 우리 대사관은 되도록 빠른 시일 내에 신임장을 제정할 수 있도록 미국 정부에 부탁했다. 그러나 신임장 제정은 대개 4~5개국의 신임 대사를 모아서 날짜를 잡기 때문에 특별한 사유가 없는 한 일정을 조정하기 어렵다. 다행히 나의 신임장 제정은 워싱턴에 도착한 후 다른 대사의 도착을 기다리지 않고 나를 마지막으로 르완다 대사를 포함하는 세 명의 대사들과 함께 같은 날 이루어졌다.

신임장 제정에는 대사 혼자 또는 대사관 직원이 같이 참석하는 것이 보통이다. 그러나 미국의 경우에는 가족만 동반을 허용한다. 나는 아

신임장 제정식 후 부시 대통령과 우리 내외 그리고 가족들.
워싱턴 백악관. 2003년 4월.

내(당시 한국정신문화연구원 한국학대학원 원장 이성미 교수)와 아들 내외, 손녀, 손자, 그리고 미국에 살고 있던 처조카들로 구성된 대부대를 이끌고 백악관에 들어갔다. 신임장 제정은 도착 순서에 따라 내가 마지막이었으므로 우리 가족은 부시 대통령과 그의 집무실에서 예외적으로 긴 시간 대화를 가질 수 있었다. 부시 대통령은 소탈하고 서민적인 성격을 가진 사람으로 나보다는 가족들, 특히 어린아이들과 대화하기를 즐겼다. 그는 아이들에게 일일이 말을 붙이고 질문을 하며 익살을 부려 아이들을 웃기려고 애쓰기도 했다. 마침 아내 이성미 교수는 워싱턴에 오는 길에 부시 대통령의 본거지인 휴스턴의 미술관에 들러 오래전부터 약속되었던 강연을 마치고 왔는데(아버지 부시는 휴스턴박물관의 이사이기도 하다.) 이 교수와 휴스턴에 대해 열심히 이야기를 나누던 부시 대통령은 나를 보고 웃으며 "대사님도 나처럼 앙혼(仰

婚)했네요(You married up like me)."라고 농담을 던졌다. 물론 그는 노 대통령의 안부를 묻고 5월로 예정되어 있는 한미 정상회담을 성공적으로 가질 것을 다짐하기를 잊지 않았다.

반미 대통령의 친미 정책(?)

|2004년 5월 한미 정상회담 전후|

대사직을 시작하면서 마음에 안도가 되었던 점이 몇 가지 있었다. 첫 번째는 주미 대사관에서 대사를 보좌하는 공사(公使)진이 유능한 사람들로 구성되어 있었다는 점이다. 모두 다섯 명의 공사가 있었는데, 정무는 나의 장관 시절 유능한 보좌관이었던 윤병세 공사가, 경제는 그때 총무과장을 맡았던 최종화 전 요르단 대사가, 문화공보는 해외공보관 시절부터 알고 지내던 오수동 공사가, 제2정무는 미국통인 신언 공사가, 무관부는 국방부의 유능한 전략가로 알려진 문영한 공사(육군 소장 전역)가 담당하고 있었다. 그들은 아마추어 외교관인 신임 대사가 성공적으로 외교활동을 수행할 수 있도록 헌신적으로 도와주었다. 두 번째는 워싱턴, 특히 미국 정부와 언론계, 학계에 다수의 지인이 있었다는 점이다. 직업 외교관은 오랜 시간에 걸쳐 업무를 수행하는 과정에서 다른 나라 외교관들과 친분을 쌓을 기회를 갖는다. 나의 경우 인

생의 거의 대부분을 학계에 몸담고 있었던 관계로 언론계와 학계의 여러 인사들과도 친숙한 관계를 맺고 있었다. 또 직업 외교관이 아닌 학계 출신 등을 외교관으로 발탁하는 경우가 흔한 미국 외교 조직의 특성상 나는 정부 내외의 외교계에 친분이 있는 지인이 많았다. 미국에서 외교를 수행하는 과정에서 이들은 알게 모르게 우리 외교활동에 많은 도움을 주었다.

주미 대사관에는 외교부 소속 외교관 외에도 30여 명의 정부 각 기관 출신의 '파견관'들이 워싱턴의 상대방 기관들과의 연락과 외교활동을 전개하면서 대사관 일에 도움을 주었다. 경제 부처, 입법·사법 기관, 군, 경찰, 통일부, 환경부 등에서 파견된 국장급 이상의 공무원인 이들은 모두 자신의 소속기관에서 엘리트로 각광을 받는 사람들로서 귀국 후에는 중요한 직책을 맡아 최고책임자 자리까지 올라가는 경우가 많았다. 따라서 월요일 아침마다 열리는 대사관 간부회의는 마치 서울의 국무회의를 방불케 했다.

대통령의 방미에 관한 준비 기간이 몇 주일 되지 않는 짧은 시간이지만, 여러 지인들의 도움을 받을 수 있었다. 당시 차관보를 맡고 있던 제임스 켈리는 그전에 한미현인회의(Wisemen's Group)와 CSCAP(아태안보협력이사회)라는 조직을 통해서 내가 늘 가깝게 보던 사람이었다. 당시에 외교안보 보좌관을 맡았고 후에 국무 장관이 된 콘돌리자 라이스(Condoleezza Rice)는 내가 스탠퍼드대학에서 초빙교수로 있을 때 부총장을 맡아서 그때부터 안면도 있고 여러 번 만난 사람이었다. 그 외에도 연이 닿아 아는 사람들이 많았다. 백악관의 부보좌관이던 스티븐 해들리(Stephen Hadley)는 국무부의 로버트 아인혼(Robert Einhorn) 차관보와 프린스턴대학 동창인데, 초청을 받아서 그의 집에서 가족과 저녁도 함께 먹었다. 백악관에서 아시아를 담당하던 사람들 중 마이클 그린 선임 보좌관은 80년대 말 서울포럼과 미국외교협회가 공동으로 한미관계에 관한 보고서를 작성할 때 미국 측 책임자 역할을 하던 사람이었고, 빅터 차 보좌관은 내가 1985년부터 1년간 컬럼비아대학에서 초빙교수로 있을 때 석사과정에서 나의 강의를 듣던 사람이었다. 이러한 인적 관계는 나의 워싱턴 활동에 많은 도움을 주었다. 대통령의 방미 준비와 관련하여 그런 인적인 관계를 활용하는 것도 한 부분이지만, 실제로 여러 가지 의전적인 면이나 정책의 내용적인 부분도 따로 준비를 해야 되는데, 사실 그게 더 중요한 과제였다.

미국과 한국의 각별한 준비와 노력으로 마련된 정상회담에서 실제로 두 대통령이 처음 만났을 때 서로에게 잘 보이려고 노력하는 모습이 역력했다. 노무현 대통령은 미국이 한국의 안보에 기여해준 것을 인정하고 그에 대해 감사의 뜻을 표시했다. 부시 대통령이 북한 정권의 학정을 비판하는 데 대해서도 노무현 대통령은 이의를 제기하지 않았다. 부시 대통령이 김정일에 대해 부정적인 언급을 하자 노무현 대통령은 "나도 김정일을 생각하면 짜증이 납니다."라고 맞장구를 쳤다. 부시 대통령은 한반도의 평화와 안보 그리고 비핵화에 대한 미국의 굳은 의지를 재천명했다. 부시 대통령은 또 노무현 대통령에 대한 친근감을 강조하기 위해 '대화하기 쉬운 사람(easy man to talk with)'이라고 표현했다. 안타깝게도 이 표현은 노무현 대통령이 미국에 쉽게 양보했기 때문에 나온 말이라며 국내 일각에서 트집을 잡는 근거가 되기도 했다.

정상회담을 통하여 양국 대통령이 오해를 상당히 푼 것은 큰 성과였다. 그러나 회담을 통해서 나온 '북한에 대한 추가 조치의 가능성이 있다, 모든 가능성(All Options: 모든 조치)을 고려하겠다.'는 등의 얘기는 한국 내 일각에서 한반도 전쟁 위기설을 낳았고, 특히 진보 진영 측에서는 '노무현 대통령이 부시 대통령을 처음 만나서 너무 자신이 반미가 아니라는 것만 강조한 것 아니냐?' 하는 비판도 있었다.

대개 정상회담이 있을 때는 어느 선까지 간다는 내용이 사전에 합의되는 게 보통이다. 정상회담 때 모든 나라들이 가장 싫어하는 것이 바로 '서프라이즈(surprise)'다. 서프라이즈란 예상하지 못한 돌출 발언을 하는 것을 의미한다. 그런데 아직은 노무현 대통령도 대통령직에 익숙하지 못하여 나름대로 감을 잡아가는 기간이었고, 또 한편으로는 미국과 잘 지내자는 의지가 있었으므로 성공적인 정상회담이 되기를 원했다.

부시 대통령은 사람들이 흔히 갖고 있는 인상과는 달리 꽤나 용의주도하고 대화할 때도 총명한 데가 있는 사람이었다. 어떤 포인트가 나왔을 때 조금 이야기가 빗나가더라도 결국은 자기가 하려고 했던 이야기로 돌아와서 결론을 이끌어내곤 했다.

정상회담 때는 대화하는 과정에서 서로 상대방의 심기를 건드리지 않으려고 애쓰는 것이 엿보였다. 그래서 소위 '올 옵션'(모든 방법)에 관한 논란도 그것이 무력행사도 배제하지 않는다는 의지 표현은 되었겠지만, 적어도 회담을 하는 과정에서 한쪽에서는 '넣자', 한쪽에서는 '안 된다' 하는 등의 실랑이로 분위기가 나빠진 적은 없었다. 내가 주미 대사로서 참석한 세 번의 정상회담에서 피차 기분이 언짢아지는 일은 없었다고 본다.

결과적으로 한미관계는 많이 호전되었고 정상적인 궤도에 올라서게 되었다. 한국은 이라크에 파병할 것을 결정했고(미국과 영국 다음으로 세 번째 많은 병력을 파견), 주한미군의 재배치에 합의했으며, 궁극적으로 미군의 전략적 유연성(strategic flexibility, 필요한 경우 주한미군이 다른 분쟁 지역에 활용될 수 있다는 정책)도 수락했다. 노무현 대통령의 참모진 중에는 대미관계에 한국이 더 자주적이고 균형 있는 입장을 취해야 한다는 '민족주의적' 경향을 가진 사람들이 포진하고 있었는데, 워싱턴에서는 이들을 '한국의 탈레반'이라고 부르기도 했다. 노무현 대통령과 그의 주변 인사들이 간혹 미국의 심사에 거슬리는 발언을 하는 일은 있었으나(예를 들면, 주한미군사령부가 있는 용산 기지는 역사적으로 늘 외국 군대가 차지하던 장소이며 미국도 점령국 중 하나라는 등) 미국으로서는 비우호적인 언사보다는 협조적인 행동을 긍정적으로 평가했다.

미국 사람들이 노무현 대통령을 평가할 때 "그의 행동은 언사보다는 훨씬 좋다(His deeds are better than his words)."라고 표현하기도 했다. 예를 들면 한미 FTA를 추진했다든지, 이라크에 파병을 했다든지, 또는 소위 '전략적 유연성' 문제에 대해서 양해를 했다든지 하는 것들이 대표적이다. 그런 중요한(critical) 결정과 관련하여 나는 기회 있을 때마다 노 대통령을 설득하기 위해서 "미국에 대해 레버리지(leverage:

영향력)를 가지려면 이러한 문제에서 미국에 협조적인 결정을 내리는 것이 좋겠습니다."라고 말하곤 했다.

예를 들면 미국이 북한에 무력을 행사하지 않도록 설득하기 위해서는 이러이러한 조치들이 필요하다는 사실을 본인 스스로 납득하도록 조언했다. 또한 미국에 대해서는 한국의 우려와 입장을 정확하게 전달하여 오해와 우려를 없애고자 노력했다. 예컨대 2004년 11월 노 대통령이 로스앤젤레스에서 "북한이 핵무기를 갖는 것이 일리가 있다."라고 발언하여 논란이 증폭되었을 때, 나는 미 행정부 측에 노 대통령이 실제 우려하는 것이 무엇이고 희망하는 것이 무엇인지를 설명함으로써 불필요한 곡해를 해소하고자 했다. 이런 과정에서 결과적으로는 노 대통령이 나의 의견을 존중해준 측면이 많았다. 내가 주미 대사를 2년 정도 했는데, 그 기간 동안에 한미관계가 상당히 호전되고, 여러 가지 측면에서 진전이 있었던 것도 노 대통령이 기존에 가지고 있던 자신의 대미관을 어느 정도 수정한 결과가 아닌가 생각한다. 나는 미국인들에게 노 대통령의 정치적 기반이 친미적이지 않기 때문에 역설적으로 그가 미국에 협조적인 정책을 펼치기가 더 나은 입장이라는 점을 강조했다.

노 대통령이었기에 가능했던 파병

|한국의 이라크 파병|

내가 워싱턴에 있는 동안 부시 대통령의 제1차 외교 과제는 이라크 전쟁과 관련된 것이었다. 부시 행정부는 2001년 1월 출범했다. 그러나 선거 때 경쟁자였던 민주당의 고어(Al Gore) 후보와 표 차이가 거의 없었고(사실 전체 득표에서는 고어가 앞섰으나 미국 선거법의 특성상 선거인단 수에서 우위를 차지하여 겨우 이길 수 있었다.), 당선된 후 6개월이 넘어서면서 부시의 계속된 실언으로 인기가 하락하고 있었다. 특히 그를 둘러싸고 있던 네오콘(neocon=신보수주의자)으로 알려진 체니(Dick Cheney) 부통령, 럼스펠드(Donald Rumsfeld) 국방장관 등이 지나치게 국수주의적 정책을 추구하면서 국민이 부시 행정부에 식상해하기 시작했다.

그러나 2001년 9월 오사마 빈 라덴의 알카에다에 의해 세계무역센터와 국방성이 공격받고 수천 명의 희생자가 발생한 9·11 테러가 터지자 부시와 그의 네오콘 보좌진들이 새로운 생기와 에너지를 얻게 되었다. 부시는 '테러와의 전쟁'을 명분으로 국내적으로 철저한 보안 조치를 취하고, 대외적으로 강경한 외교정책을 구사했다. 특히 '부시 독트린'이라고 알려진 그의 대외정책은 '첫째, 적과 친구를 철저히 구분하여(friend or enemy) 적을 돕는 나라나 세력도 적으로 간주한다. 둘째, 적이 우리(미국과 그 우방 국가들)를 공격하기 전에 선제 공격(pre-emptive attack)한다. 셋째, 위험이 미국에 접근하기 전에 그 근원(the source)을 공격하여 제거한다.'는 것이었다. 이러한 원칙에 따라 부시 행정부는 2002년 아프가니스탄을 공격하여 탈레반을 몰아내고 2003년 봄에는 이라크를 공격하여 점령하는 데 성공했다.

아프간을 공격하는 것은 세계가 납득하여 유엔의 승인도 받고 NATO 각국의 지원도 받았다. 그런데 이라크를 침공할 때는 사담 후세인이 테러리즘을 지원하고 핵무기 등 대량살상 무기를 개발하고 있음을 그 이유로 내세웠으나, 납득하지 못하는 나라들이 많았다. 결과적으로 이라크 침공은 유엔의 승인을 얻지 못했음은 물론 독일, 프랑스 등의 NATO 동맹국들과 주변국인 캐나다, 멕시코의 지지도 얻지 못했다.

미국은 속전속결로 이라크를 점령하고 사담 후세인 대통령과 그의 정권을 몰아내는 데 성공하여 개전 1개월 10일 만에 승전을 선언하기에 이르렀다. 2003년 5월 1일 "사명 완수(Mission Accomplished)"라는 대형 배너를 써 붙인 항공모함 에이브러햄 링컨(Abraham Lincoln)호에서 승전 축하 행사가 열렸는데, 부시 대통령은 자신이 직접 보조 조

종사로 전투기에 탑승하여 이 항공모함에 안착했다.

그런데 승전 이후가 큰 문제였다. 후세인의 알카에다 지원이나 대량 살상 무기 개발의 증거를 찾지 못했을 뿐 아니라, 이라크 내에서는 시아파와 수니파 간 종족 갈등, 반미 저항 세력의 준동 등으로 사실상 전쟁이 계속되고 미군의 희생이 속출했다(2008년 말 미군 전사자의 숫자가 4,000명이 넘었다.). 따라서 이라크전쟁은 '불가피한 전쟁(war of necessity)'이 아닌 '선택에 따른 전쟁(war of choice)'으로 명명되었다.

미국은 동맹국 및 여타 우방국에 군대 파견을 요청했고, 이에 영국을 필두로 한국 등 31개국이 22,000여 명의 병력을 파견했다. 2003년 4월 3일, 한국 국회는 건설공병단과 의료지원단의 이라크 파병을 골자로 한 '국군부대의 이라크전쟁 파병동의안'을 통과시켰다. 이에 따라 2003년 5월 두 차례에 걸쳐 서희부대와 제마부대로 명명된 건설공병단과 의료지원단 병력 675명이 이라크로 떠났다.

그러나 미국은 2003년 9월 한국에 추가로 전투부대를 파병해줄 것을 요청했다. 가능하면 한 지역의 치안을 담당할 수 있는 사단 규모의 파병(12,000여 명)을 요청했다. 한국 정부는 국내의 반대 여론에도 불구하고 한미동맹을 공고히 한다는 명분으로 이라크의 평화 정착과 신속한 전후 재건을 지원하기 위해 추가로 파병한다는 원칙적인 입장을 정했다.

실제로 노 대통령은 이라크 파병에 대한 국회 동의를 받는 데 유리한 입장에 서 있었다. 국회에서 파병에 가장 강력하게 반대하는 세력은 주로 여당인 열린우리당 의원들이었는데, 열린우리당은 2004년 소위 '탄핵 정국' 이후의 국회의원 선거에서 과반 의석을 확보하게 되었던 것이다. 노무현 대통령은 국회에 이라크 파병동의안을 보내면서 자신은 미국이 이라크와 전쟁하는 명분에는 동의하지 않지만 한국의 파병은 한미동맹을 위해 필요하다고 설득했다. 실제로 노무현 대통령은 이라크에 파병함으로써 미국을 지원한 대가로 미국이 대북정책에 좀 더 온건한 태도를 갖기를 기대했던 것이다. 노무현 대통령의 이러한 발언이나 기대가 미국에게는 못마땅한 것이었으나 미국으로서도 한국이 이라크 파병이라는 어려운 결정을 하기 위해서는 그러한 설명이 불가피하다는 사실을 이해하고 받아들이지 않을 수 없었다.

수개월의 지연 끝에 한국 국회는 이라크전쟁 추가 파병동의안을 통과시켰다. 동의안은 약 3,000명의 병력을 '자이툰(아랍어로 올리브를 뜻하며 평화를 상징하는 단어) 부대'라는 명칭으로 2004년 12월 31일까지 이라크에 파병하는 것을 주요 내용으로 하는 것이었다. 한국은 당초 이라크 북부 키르쿠크에 자이툰 부대를 파병할 예정이었지만, 현지에서 테러가 자주 발생하자 파병지를 쿠르드족 자치 지역인 아르빌로 변경했다. 자이툰 부대는 아르빌에서 파병 임무를 공식 수행한 지 4년 3개월 만인 2008년 12월 말 완전 철수했다. 한국의 이라크 파병에는 이를 통해 미국의 대(對)한반도 정책, 대북한 정책에 발언권을 확보할 수 있다는 기대도 작용했다. 사실 미국은 이러한 연계를 꺼려했고 3,000명 규모의 비전투 부대 아르빌 파병은 미국의 기대에 못 미치는 것이었으나 가능하면 큰 다국적군을 필요로 하는 입장이었기 때문에 한국의 기여를 감사하게 생각할 수밖에 없었다.

가슴 아팠던 사건

내가 주미 대사로 재임하던 중 가장 가슴 아팠던 사건은 이라크에서 발생한 김선일 씨 피살 사건이었다. 2004년 6월 22일 이라크에서 미군에 각종 물품을 군납하던 한국 업체 가나무역의 직원 김씨가 이라크 무장단체 알 타우히드 왈 지하드에 납치되어 피살된 것이었다. 김씨는 피살되기 3주 전인 5월 31일 국제적 이슬람 테러리스트 알 자르카위가 이끄는 무장단체에 납치되었다. 아랍계 위성방송 알자지라에 피랍 사실이 알려진 후 한국 정부는 납치한 무장단체와 석방을 위한 교섭에 들어갔으나 결국은 실패하고 말았다.

이는 한국인이 무장 세력에 납치되어 피살된 최초의 사건이었다. 사건이 발생한 뒤 주미 대사가 할 수 있는 일은 미국 관계기관으로부터 납치와 관련된 정보를 얻어내고 그들의 협조를 구하는 일이었다. 그러나 미국도 피랍자 구조 능력에 한계가 있어서 자국 피랍자도 구하지 못하는 경우가 많았다. 김선일 씨가 피살되자 이 사건은 한국뿐 아니라 세계 언론의 주목을 받았다. 나는 주미 대사로서 이라크에서의 한국인 피랍 및 살해를 막는 데 역할의 한계를 절감하지 않을 수 없었다.

김선일 씨의 피살로 국내에서는 이라크 파병 문제와 그를 구해내지 못한 우리 외교 능력이 비판의 대상이 되었다. 특히 납치 집단이 이라크에서 한국군 즉시 철수를 석방의 조건으로 내세웠기 때문에 이라크에 파병을 결정하고 또 철수를 거부한 정부에 대한 비판이 일어났다. 김 씨의 납치와 피살을 막지 못한 정부에 거친 비판이 계속되었다. 그러나 정부가 피랍자의 석방을 위해 몸값을 치른다든지 납치 테러 집단의 협박에 굴복하여 중요한 정책을 바꿀 수는 없는 일이었다. 그럴 경우 이후 더 많은 납치와 협박의 대상이 될 것이기 때문이다.

미국의 대통령 선거

|이해하기 어려운 미국인의 선택|

주미 대사 재임 중인 2004년, 미국 대통령 선거를 관찰할 기회가 있었다. 특히 미국 유학 시절부터 관심을 가져온 공화, 민주 양당의 전당대회를 참관할 수 있었다. 8월에는 뉴욕에서 공화당 전당대회가 열려 현직 대통령인 조지 부시를 지명했고, 9월에는 보스턴에서 개최된 민주당 전당대회에서 존 케리 상원의원이 대통령 후보로 지명되었다. 민주당 전당대회에서는 후일 대통령에 당선된 버락 오바마가 인상 깊은 연설을 했으나 정작 나의 기억에 남는 것은 케네디 대통령의 지적 분신(alter ego)으로 알려졌던 테드 소렌슨(Theodore Sorensen, 1928~2010)의 말 한마디였다. 시력을 거의 잃어 부축을 받으며 단상에 오른 그는 "나는 시력은 잃어가고 있지만 '비전'은 아직 가지고 있다(I am losing my sight, but I still have my vision)."라며 자신의 정치적 비전을 피력했다. 눈으로 보는 시력(sight)과 마음으로 보는 비전(vision)을 구별한다는 것은 참으로 의미 있는 표현이었다.

대통령 선거전이 한창일 때 공화당 후보 조지 부시 대통령과 민주당 후보 존 케리 상원의원이 TV 토론에서 6자회담을 놓고 격렬한 논쟁을 벌였다. 케리 의원은 6자회담 테두리 안에서 미국이 북한과 양자협상을 해야 한다는 주장이었고, 부시는 절대 할 수 없다는 방침이었다. 당시 부시 행정부가 양자협상을 꺼린 이유는 2002년 북미 접촉에서 북한이 농축 우라늄 프로그램을 보유했다고 말해놓고 후에 부정해버린 사건이 있었기 때문이다. 미국이 6자회담을 고집한 취지는 일본, 한국, 러시아 외에 중국까지 개입시켜서 북한이 말을 뒤집어버리는 일을 방지하고, 합의에 이를 경우 5자가 그 이행을 보증하고 부담도 여러 나라가 분담토록 하는 데 있었다. 결국 미국이 본격적으로 북한과 쌍무적 협상을 갖기 시작한 것은 북한이 1차 핵실험을 한 2006년 10월 이후부터이다. 부시 행정부는 CVID(Complete, Verifiable and Irreversible Dismantlement, 완전하고 검증가능하고 불가역적인 핵의 폐기)를 고집한 것이 결과적으로 오히려 북한으로 하여금 핵시설을 가동하여 핵무기를 생산할 기회와 시간을 벌게 해준 셈이었다는 점을 인식하고 북한과 협상에 들어가 2007년 2월 13일 북한핵 프로그램의 폐쇄, 불능화, 폐기라는 3단계 합의를 이끌어냈다.

2004년의 선거에서는 부시 대통령이 미국을 소모적인 이라크전쟁에 밀어 넣었을 뿐만 아니라 아부 그라이브 교도소(Abu Ghraib Prison), 관타나모 수용소(Guantanamo Bay Detention Camp) 등지에서 포로 학대와 고문이 자행되는 등 정치적 악재가 많았음에도 불구하고 재선에 성공했다. 미국인들이 부시 대통령을 다시 선택한 것은 전쟁이 진행 중인 상황에서 '강 한가운데서 말을 갈아탈 수는 없다(You can't change the horse in the middle of the river).'는 생각이 작용했다고 볼 수 있을 것이다.

한 나라에 주재하는 대사가 그 나라의 대통령 선거에 관여할 수도 없고 관여해서도 안 되겠지만 선거에 대한 의견은 가질 수 있다. 미국에 유학하여 석사, 박사 과정을 마치고 8년간이나 교수 생활을 해서 미국 사회를 잘 안다고 생각했던 나는 부시 행정부의 전반적으로 미흡한 대외정책에도 불구하고 그를 재선시킨 미국인들을 이해하기 어려웠다.

북핵과 또 다른 위기

|북핵 문제를 둘러싼 한·미·북의 갈등|

이라크전쟁과 관련하여 협조관계가 잘 이루어지고 있었음에도 한미 양국은 북한핵 문제에 대한 대응을 둘러싸고 의견 충돌과 불화를 겪어야 했다.

미국은 2007년 2월 대화 정책을 채택하기 전까지는 북한에 대해 강경 정책을 고수했다. 애초에 ABC(anything but Clinton, 클린턴 정책은 전부 다 못 쓴다)라는 말이 나올 정도로 부시 행정부는 클린턴 행정부의 대북정책을 불신했다. 특히 1994년의 제네바 합의에 부정적 태도를 갖고 있었다. 부시 행정부는 '악의 축' 국가의 일원인 북한과의 양자협상을 배제하고 북한의 나쁜 행위에 보상하지 않겠다면서 "같은 말(馬)을 두 번 사는 것은 안 된다(You can't buy the same horse twice)."라고 못을 박는 발언을 하기도 했다. 미국은 2003년 리비아핵 문제를 일거에 해결하는 합의를 성공적으로 도출해낸 사실에 고무되어 북한핵 문제도 같은 식으로 해결할 수 있다고 믿고 있었다.

1993~1994년 1차 위기에 이어 이른바 2차 위기로 알려진 2002년의 북핵 문제가 터져나온 것은 그해 10월 아태지역담당 차관보 짐 켈리(James Kelly)를 단장으로 하는 미국 대표단이 평양을 방문하여 북한이 비밀리에 농축 우라늄 프로그램을 추진하고 있음을 추궁한 것이 발단이 되었다. 파키스탄의 핵무기를 개발한 칸(A. Q. Khan) 박사를 통하여 북한이 1994년 제네바 합의를 위반하여 고농축 우라늄을 통한 핵무기 개발을 시도하고 있다는 심증을 갖게 된 미국은 켈리 등 고위급 대표단의 방북을 기회로 북한에 농축 우라늄 프로그램을 중단할 것을 요구했다. 당황한 북한은 처음에는 비밀 농축 프로그램을 완강히 부인하다가 북한도 농축 우라늄 활동을 할 '자격이 있다(entitled)'라고 응수했다. 후일 북한은 이것이 UEP(uranium enrichment program, 우라늄 농축 프로그램)를 갖고 있다고 인정한 것은 아니라고 강변했으나 미국은 북한이 자인한 것으로 결론지었다. 그 수년 후인 2009년 5월 2차 핵실험 후 농축 우라늄 프로그램을 추구하겠다고 공언했다. 농축 우라늄 프로그램의 존재를 '실토(coming out)'하면서 북한은 핵무기 양산 체제에 돌입하겠다는 의도를 드러냈다. 유엔 안보리의 제재에 정면으로 도전하면서 핵무기 생산에 박차를 가하겠다는 것이었다.

부시 행정부는 어차피 제네바 합의를 못마땅하게 생각하던 차에 이를 북한이 제네바 합의를 위반한 것으로 간주하고 1994년 제네바 합의에 따라 북한에 제공하던 중유의 공급을 2002년 12월부터 중단했던 것이다. 북한은 이에 대응하여 핵 동결 확인을 위해 주재하던 IAEA 사찰단을 추방하고 5메가와트 원자로를 재가동했으며 그때까지 수조에 보관하던 8,000개의 사용 연료봉을 재처리하여 플루토늄 생산 활동을 재개했다. 그로부터 2년 후인 2005년 봄 북한은 핵무기 보유를 선언했고, 2006년 10월에는 핵폭탄 실험까지 감행했다.

부시보다 2년 뒤인 2003년 봄에 취임한 노무현 대통령은 북한핵에 대하여 부시와는 대조적인 견해를 갖고 있었다. 그는 북한이 핵무기에 집착하는 이유는 군사적으로 비교가 안 되게 강력한 미국과 경제적으로 우세한 남한의 위협 때문에 갖게 되는 안보 불안감 때문이며, 불안감이 해소되면 자연히 핵무기를 포기할 것이라고 공언했다. 아버지 부시는 노무현 대통령 취임 후 한국을 방문했을 때 노 대통령이 북한핵에 이러한 견해를 피력하자 "글쎄, 그런 것 같지는 않습니다(I don't know about that)."라고 완곡하게 응답한 일도 있다. 어찌 되었든 노 대통령은 부시와 미국의 '네오콘'들이 왜 그렇게 북한에 초강경으로 나오는지 납득하지 못했으며 그것을 심히 불안하게 생각하고 있었다.

이렇게 극과 극으로 상반된 한미 간의 견해는 양자협의뿐만 아니라 TCOG라고 불리는 한·미·일 3자 협의회에서도 갈등과 논쟁을 불러일으키는 원인이 되었다. 문제는 이러한 견해 차이가 한국과 미국이라는 오랜 동맹 사이의 신뢰와 우호를 깨뜨리기 시작했다는 점이다.

그러한 한미 간의 정책적 갈등은 2007년 2월을 기하여 해소되고 공조관계가 다시 복원되었다. 2006년 10월 북한이 핵실험을 한 후 부시 행정부가 크리스 힐(Christopher Hill) 아태 차관보 겸 6자회담 수석대표의 건의를 받아들여 대북정책에 대전환을 가져왔기 때문이다.

미국은 6자회담의 테두리 안에 미북 간의 양자협상을 받아들이고 북한의 핵 활동 동결을 위한 제네바 합의에 이은 제2의 거래에 합의했다. 미국은 북한이 핵 활동을 동결(freeze)하고 핵시설을 '불능화(disable)'하며 궁극적으로 '폐기(dismantle)'한다는 약속의 대가로 100만 톤의 중유를 공급하고, 북한을 테러 지원국 명단에서 빼주며, 북한의 안전을 보장하는 보상을 제공한 것이다. 부시 행정부는 이것이 북한의 나쁜 행동이 아닌 '좋은 행동'에 보상하는 것이며, 양자협상은 순전히 6자회담을 보조하기 위한 것이라는 명분을 내세웠다. 이로써 미국의 대북핵 정책은 노무현 정부의 정책에 상당히 가깝게 접근했으며, 6자회담 참가국 중 납치 문제에 집착하는 일본만 대북 강경정책을 고수하느라 고립되는 현상을 초래하게 되었다.

한미 간에 이러한 정책적 접근이 이루어지기까지 주미 한국 대사는 몇 가지 중요한 임무를 수행해야 했다. 첫째는 한미 간에 의사소통이 원활하게 유지되도록 하는 것이고, 둘째는 양국 간의 우호관계가 손상되지 않게 하는 것, 셋째는 견해의 차이가 서로를 의심하고 오해하는 관계로 발전하지 않도록 하는 것이었다. 그 좋은 예가 2004년 12월 노무현 대통령이 로스앤젤레스 연설로 물의를 일으킨 경우라고 하겠다. 노 대통령은 APEC 회의 참석차 칠레 산티아고로 가는 길에 미국 로스앤젤레스에 기착했는데, 그곳의 세계문제협의회(World Affairs Council) 연설에서 보좌관들의 만류에도 불구하고 "북한이 핵무기를 갖겠다는 것은 일리가 있는 일이며, 북한은 안보만 보장이 되면 핵무기를 포기할 것으로 확신한다."고 공언했다.

당시 미국의 아태 차관보 짐 켈리도 이 연설을 듣고 있었는데, 노무현 대통령의 연설이 있은 후 나는 칠레에서의 한미 정상회담을 앞두고 미국이 오해하지 않도록 백악관과의 사전 협의가 필요할 것으로 판단하고 곧장 워싱턴으로 귀환했다. 노 대통령에게는 내가 며칠 후 산티아고에서 열릴 예정인 한미 정상회담에 배석할 필요가 있다는 점도 말해두었다. 노 대통령은 APEC 회의에 앞서 남미의 여러 나라를 방문하도록 되어 있었으므로 정상회담까지는 며칠의 시간적 여유가 있었다. 나는 백악관 안보보좌관과의 면담에서 노 대통령은 한반도에서 군사적 충돌이 일어나는 것을 가장 큰 우려 사항으로 보고 있으며 북한핵 문제가 평화적으로 그리고 상호 간 이익이 되는 방향으로 해결되기를 원하고 있다고 설명했다.

얼마나 설득력이 있었는지는 모르나 한미 간의 지속적인 우호관계를 위해서는 노무현 대통령의 로스앤젤레스 연설이 산티아고 정상회담에서 의제가 되지 않는 것이 바람직하다는 데 합의를 보았다. 실제로 그 며칠 후 열린 한미 정상회담에서 부시 대통령은 노 대통령의 연설을 언급하지 않았다. 그런데 정작 문제를 제기한 것은 노 대통령 자신이었다. 그는 자신이 그러한 발언을 한 것은 미국 정부의 정책을 비판하려는 의도가 아니라 대북 강경책을 주장하는 워싱턴의 북한 전문가들을 표적으로 한 것이었다고 설명했다. 다행히 부시 대통령은 이 문제와 관련하여 더 이상의 언급을 피하고 화제를 다른 문제로 돌려 주변 사람들은 안도의 숨을 내쉬었다.

"노 대통령, 큰 텐트를 치세요"

|국내 정치와 대미 외교|

한미 양국 간의 견해 차이를 조정하려는 노력을 기울이면서 한편, 한국의 국내 정치에도 신경을 쓰지 않을 수 없었다. 2004년의 한국 정치는 커다란 소용돌이를 겪었다. 내가 워싱턴에 도착한 지 11개월이 지난 2004년 3월 12일, 한나라당이 지배하는 대한민국 국회는 노무현 대통령이 정치에 편파적으로 개입한다는 이유로 탄핵소추안을 의결했다. 노 대통령은 5월 14일 헌법재판소의 탄핵 기각 판결로 직무에 복귀할 때까지 64일간 직무 정지 처분을 당했다. 그 기간 동안 외교안보를 포함한 대통령의 업무가 비교적 순탄하게 이행될 수 있었던 것은 당시 대통령 권한대행이었던 고건 총리의 적절한 역할 수행과 각 부처 공무원들의 헌신적 노력, 그리고 국민의 전반적인 협조에 힘입은 바 크다고 하겠다.

나는 노무현 대통령과 국내 정치에 관해서는 그다지 많은 대화를 나

왼쪽부터 콘돌리자 라이스 안보보좌관, 필자,
콜린 파월 미 국무 장관. 2003년 10월.

누지 않았으나 2003년 10월에 대통령으로서 좌우를 아우르는 '큰 텐트(big tent)'를 칠 것을 권고한 적은 있다. 방콕에서 개최되는 APEC 회의 때 한미 정상회담을 하기로 예정되어 있었는데, 그 회담에 배석하러 가면서 서울에 들렀을 때의 일이다. 마침 미국 캘리포니아 주지사 선거에서 공화당의 슈워제네거(Arnold Schwarzenegger) 후보가 압도적인 표 차이로 당선된 직후였다(캘리포니아는 전통적으로 민주당 강세 지역이었다.). 나는 노무현 대통령을 독대하는 자리에서 슈워제네거가 당선된 이유는 그가 이념적으로 큰 텐트를 쳤기 때문이니 노 대통령도 좌우를 아우르는 큰 텐트를 치기 바란다고 말했다.

국회가 탄핵을 의결한 후 규정에 따라 헌법재판소가 탄핵이 타당한지를 결정하는 동안 대통령의 모든 임무와 권한은 국무총리가 대행했다. 대통령 리더십의 공백 기간이었다고 볼 수 있는 이 두 달의 기간을 빼놓으면 내가 워싱턴에 재임한 22개월 동안의 대미 외교는 청와대가 사사건건 간섭하는 기형적인 상황이었다고 하겠다. 한미관계 같은 중요한 외교 사안에서 외교부가 종종 소외되는 것은 나로서는 생소한 일이었다. 10년 전 내가 외무부 수장을 맡았을 때에는 주요 외교정책의 입안과 수행 과정에서 외무부가 단연 주도적인 역할을 했다.

미국도 상황이 별로 나을 것이 없었다. 콜린 파월(Colin Powell)을 장관으로 하는 국무부는 체니의 부통령실과 많은 외교 사안에서 견해를 달리하고 있었으며, 때로는 부통령실과 의견을 같이하는 럼스펠드의 국방부와도 정책 갈등을 드러내곤 했다. 국무부 안에서조차 북한에 대한 초강경 정책을 주장하는 비확산-군축국의 존 볼튼(John Bolton) 차관과 아태국이 대립을 보이기도 했다. 이러한 상황에서 한국 외교관이 주재국과 본국 두 나라 정부의 모든 계파와 보조를 맞추고 협조한다는 것은 참으로 어려운 일이었다. 따라서 나로서는 당파와 부서를 초월하여 가능한 한 객관적이고 합리적인 정책을 구상하고, 갈등을 빚는 여러 당사자들이 서로 협력하여 일할 수 있도록 유도하고 협조해주는 것이 중요한 임무였다.

미국 의회에서 한국에 대한 관심은 북한핵 문제 외에는 주로 통상 문제와 북한 인권 문제에 집중되었다. 자동차와 농산물(쇠고기)을 생산하는 주 출신 의원들은 자신들의 지역구의 경제적 이익을 대변하는 데 집중했다. 대사는 이들에게 한국의 상황과 정책을 이해시키고 그들의 청원과 요구를 본국에 전달하는 한편 간혹 있는 통상 관련 소송과 페널티 부과에도 대응해야 하는 책임을 지고 있었다.

북한 인권 문제와 관련해서 주미 대사는 미국 의원들의 관심과 우려 사항에 대해 공감해주면서 우리의 조치에 왜, 어떤 한계가 있는지를 그들이 납득할 수 있도록 설명해주어야 했다. 북한 주민의 실질적인 인권 신장을 위해서는 때로는 공개적으로 비난하고 압력을 행사하는 메가폰적 외교보다 조용하고 성과 중심적인 외교가 더 효과적일 수 있기 때문이다. 또한 인권 문제와 관련한 일련의 조치들이 핵 문제 등 다른 주요 이슈들에 미치는 영향도 생각해보지 않을 수 없었다. 실용외교란 원칙이 없는 것이 아니라 설정한 목표에 대하여 어떠한 방법이 가장 효과적인가를 생각하는 현실적, 구체적, 합리적 접근법을 의미하는 것이기 때문이다.

황장엽의 미국 방문

|황장엽과의 짧은 만남|

내가 주미 대사로 있는 동안 황장엽(黃長燁, 1923~2010) 씨가 워싱턴을 방문했다.

남한으로 망명한 북한 인사 가운데 최고위층인 황장엽 씨는 북한에서 노동당 비서까지 지낸 인물로서 김정일 위원장에게 실망하여 1997년 탈북, 대한민국으로 망명했다. 그러나 1998년 김대중 대통령이 당선된 이후 그는 북한의 비위를 거스르지 않으려는 남한 정부의 핍박을 받으며 어려운 나날을 보내야 했다. 상황은 노무현 대통령이 취임한 이후에도 크게 달라지지 않았다. 황장엽 씨는 미국을 방문하고 싶어 했다. 그는 인권 단체인 북한인권옹호협의회의 수잔 숄티(Suzanne Scholte) 여사의 초청을 받아 미국 방문을 신청했다.

우리 정부는 신변 안전을 구실로 그의 방미를 막아보려 했다. 이에 주미 대사관은 미국 정부로부터 황장엽 씨의 미국 체류 기간 동안 신

왼쪽부터 존 커티스 페리 플레처스쿨 교수, 황장엽 씨, 필자.
2005년 5월.

변 안전을 보장받아 노무현 정부가 그의 방미를 불허하는 구실을 약하게 만들었다.

마침내 황장엽 씨는 정치적 발언을 하지 않는다는 조건으로 방미를 허락받아 2003년 10월 워싱턴에 도착했다. 그가 의회 등을 방문할 때에는 한국 정부가 그를 보호한다는 명분으로 관리들을 동석하게 하여 그의 행동과 발언을 주시하도록 했다. 황장엽 씨는 워싱턴 방문 중 대사관을 방문하고 싶다는 의사를 전달해왔다. 나는 그가 대사관을 방문하는 것이 당연하다고 생각하여 대사실에서 면담을 갖도록 했다.

그는 주미 대사관이 자신의 방미를 적극적으로 도와준 것을 알고 있었으며 그에 대해 감사의 뜻을 표시하고, 자신의 의도는 어디까지나 미국이 북한의 실상을 이해하는 데 도움을 주기 위한 것이고, 한국 정부나 주미 대사관의 입장을 어렵게 만들 의도는 전혀 없음을 강조했다.

나는 개인적인 희생을 무릅쓰고 한국에 망명한 결단과 용기에 찬사를 보내고, 그가 방미 목적을 성공적으로 달성하기를 바란다고 대답했다.

그러나 황장엽 씨는 그때의 미국 방문을 흡족하게 여기지 않았다. 훗날 자신의 회고록에서 그는 어렵게 성사된 미국 방문이 기대에 크게 못 미쳤으며 실질적인 내용도 없었고 기간도 극히 짧았다고 불평했다. 힘들게 마련한 미국 방문이 형식적인 행사로 전락해버렸다는 느낌으로 그는 미국 방문 기간 내내 불편한 심경을 떨쳐버리지 못했다고 술회했다. 그가 이렇게 생각한 이유 중의 하나는 늘 정부의 감시를 받는다는 사실이 한몫을 한 것으로 보인다.

황장엽 씨는 그 후 이명박 정부 시기인 2010년 4월 1주일간 미국 국제전략문제연구소(CSIS)의 초청으로 미국을 다시 방문했다. 두 번째 방미 중에는 좀 더 자유스러운 상황에서 의회 관계자와 학계, 민간단체 인사들과 간담회를 하고 국무부 관리와 의회 관계자 등과 회동하면서 화폐개혁 이후의 북한 상황과 급변사태, 북한 권력의 3대 세습 문제 등에 관해 의견을 나눈 것으로 알려졌다. 불행히도 그는 미국 방문 6개월 후인 2010년 10월 타계했다.

한승주 대사는 너무 차분한 사람

|워싱턴에서의 교류|

워싱턴에는 전부터 알고 지내던 지인들이 많이 있었다. 교수 시절 학문적으로 교류하던 사람들, 외무부 장관 시절 같이 일했던 전·현직 정부 인사들, 학자들, 주요 언론인들 모두가 나의 워싱턴 부임을 축하해 주고 많은 도움을 주었다. 독일, 일본, 중국, 싱가포르 등 주요국 대사들도 전부터 알고 지내던 사람들이어서 많은 도움을 받을 수 있었다. 기자들 중에는 CNN의 주디 우드러프(Judy Woodruff)와 안드레아 코펠(Andrea Koppel), 뉴욕타임스의 데이비드 생거(David Sanger), 워싱턴포스트의 대기자 돈 오버도퍼(Don Oberdorfer, 1931~2015) 등이 절친한 사람들이었다. 부시 행정부 안에는 리처드 아미티지(Richard Armitage) 국무부 부장관, 제임스 켈리 아태 차관보, 콘돌리자 라이스 안보보좌관, 로버트 아인혼(Robert Einhorn) 군축담당 차관보 등도 전부터 알던 사람들이었다. 또 브루킹스연구소(Brookings Institution)의

스트로브 탤벗(Strobe Talbott), 미국평화연구소(USIP, United States Institute of Peace)의 리처드 솔로몬(Richard Solomon), 헤리티지재단(Heritage Foundation)의 에드윈 퓰너(Edwin Feulner) 등의 리더들도 친근한 지인들이었다. 나는 이들과 자주 만날 기회를 가졌는데, 특히 외교 현안이 있을 때 관저에서 점심 세미나를 개최하고 이들을 초청해 의견을 청취하고 토론하는 시간을 갖곤 했다. 그때마다 한국통인 돈 오버도퍼 대기자가 초청되었다. 이런 점심 세미나에 식탁, 테이블보 등을 세심하게 준비하는 것은 물론 자주 참석하는 인사들을 위해서 메뉴가 반복되지 않도록 살피는 것은 대사 부인인 나의 아내 이성미 교수의 몫이었다.

언론인 중 워싱턴포스트에 '외교 소식통(Diplomatic Dispatches)'이라는 고정 칼럼을 쓰는 노라 부스타니(Nora Boustani) 기자는 2004년 7월 16일자 기사에서 나에게 과분한 평을 해주었다. 다음은 기사 내용의 요약이다.

한승주 주미 대사는 너무 차분해서 상대방이 걱정스러울 정도다. 그러나 지난해 워싱턴에 부임한 이후 수많은 난관에 처했을 때마다 그가 보여준 침착한 태도는 결국 상대를 고무시키고 존경심을 자아냈다. 그의 외교는 자긍심과 실용주의, 힘과 감수성 사이에 균형이 잡혀 있다.

한 대사는 6·25 때 몸에 폭탄 파편이 박히는 부상을 입는 등 죽을 고비를 겪었으며 전쟁이 끝난 후 30년 가까운 세월이 흐른 후에도 공산당 점령 지역에서 빠져나오지 못하는 악몽을 꾸기도 했다.

한 대사가 부임한 2003년 4월은 이라크전쟁이 시작된 지 몇 주가 지난 때로, 결코 편안한 시기가 아니었다. 한국군의 이라크 파병, 주한미군 장갑차에 의한 여학생 사망 사건으로 인한 시위, 북핵 문제 등으로 한미관계는 갈등을 겪고 있었다. 설상가상으로 노무현 대통령은 3월에 탄핵을 당해 중요한 결정들이 미루어지는 상황이었다.

한 대사는 "최상의 상황은 아니었지만 우리는 그럭저럭 견뎌냈다."면서 그러나 이라크에서 피살된 김선일 씨를 살리기 위해 좀 더 할 수 있는 일이 있었을지 모른다는 생각에 아직도 괴롭다고 말했다. 이 같은 어려움에도 불구하고 한미관계는 꽤 건강하다는 것이 한 대사의 판단이다.

그의 삶의 좌우명인 "신사에겐 신사적으로, 사나운 사람에겐 사납게, 권력자에겐 강하게, 아랫사람에겐 친절하게"라는 말은 어머니에게서 배운 것이다.

한미 FTA와 쌀 개방

|소홀히 할 수 없었던 통상 문제|

노무현 대통령이 한미 FTA를 추진한 것은 미국 쪽 입장에서 생각하면 이라크 파병과 한미동맹 재조정에서 미국의 세계 전략에 대한 이해와 협조가 있었던 부분과 함께 노 대통령을 긍정적으로 평가하는 근거가 되었다고 하겠다. 실제로 2004년 10월에는 양국의 통상장관이 만나서 한미 FTA를 본격 추진하기로 결정하는데, 그 과정에서 나는 주미 대사로서 이 문제에 관심을 가지고 있는 의원들을 많이 만났다. 예를 들면 미시간(Michigan) 출신 레빈(Carl Levin) 상원의원 같은 사람은 디트로이트(Detroit)의 자동차산업에 가장 관심이 많았고, 또 보커스(Max Baucus) 상원의원 같은 사람은 농산물, 특히 쇠고기 수출에 제일 관심이 컸다. 나중에 FTA 협상이 이루어진 다음에 의회의 지지를 받는 과정은 그때로부터도 수년 후가 되었지만 그 당시에는 사전 작업을 하는 의미에서 관련 의원들과 자주 만나서 많은 얘기를 나누었다.

나는 전문 분야가 통상 쪽은 아니었지만, 장관 시절 UR협상에도 관여했던 것처럼 FTA 문제에도 큰 관심을 갖고 의회 쪽에 이야기를 하고, 미국무역대표부(USTR: United States Trade Representative) 쪽하고도 이야기를 진행시키고 있었다. 그 당시에 USTR의 책임자가 나중에 세계은행(World Bank) 총재가 된 로버트 졸릭(Robert Zoellick)이라는 사람이었다. 그는 내가 대사가 되기 전부터 국제회의에서도 가끔 만나고 꽤 가깝게 지낸 사람이었기 때문에 많은 이야기를 나눌 수 있는 사이였다. 그래서 내 후임 대사들처럼 직접적으로 협상에 참여하지는 않았지만 준비 작업을 하는 데에는 상당한 노력을 기울였다.

통상과 관련해서 공교로운 일은 1994년 UR협상 때 쌀 수입 문제가 가장 큰 쟁점이었고 당시 관세화를 10년 동안 유보하는 대신 우리가 MMA를 수락하는 합의를 했던 것이었다. 그런데 그 10년이란 기한이 2004년 12월 31일로 만료되고 우리는 다시 MMA를 연장하기로 하여 또 한 번 미국을 위시한 쌀 수출국들과 맹렬한 협상이 불가피한 상황이었다. 이미 기술한 바와 같이 나는 1994년과 그 10년 후인 2004년 두 번 다 쌀 수입과 관련된 협상 주역의 한 사람이 되었다.

주미 대사 22개월을 돌아보며

|장관 시절과의 차이|

2005년 2월 말 22개월의 주미 대사직을 마치고 서울로 귀환했다. 대사 임기로 22개월은 다소 짧은 것은 사실이다. 그러나 2004년 여름 나는 노무현 대통령에게 서한을 보내 주미 대사직을 그만두려 한다는 뜻을 밝혔다. 노 대통령이 헌법재판소의 판결에 따라 직무에 복귀한 다음이었다.

워싱턴을 떠나려고 마음먹은 데에는 두 가지 이유가 있었다. 하나는 많은 사람들이 우려했던 한미관계가 이제는 많이 개선되어 어느 정도 본궤도에 올랐다고 판단했기 때문이다. 다른 하나는 교수로서 나의 정년과 관련된 것이었다. 나는 대사로 부임할 때 학교로부터 휴직 조치를 받았다. 그런데 나의 정년이 2006년 봄으로 예정되어 있었으므로 학교로 돌아가 적어도 1년 정도는 다시 강단에 서고 싶었다. 다행히 요청이 받아들여져 나는 2005년 봄학기부터 다시 강단에 설 수 있었다.

주미 대사로 워싱턴에 부임할 당시 한미관계를 큰 틀에서 보면 2002년까지 우리나라에서는 김대중 대통령이 5년 동안 집권하면서 북한에 이른바 햇볕정책을 펼쳤다. 미국에서는 2001년에 부시 주니어라고 불리는 아들 부시(George W. Bush)가 대통령에 취임한 후 북한뿐만 아니라 전반적으로 매우 강경하고 보수적인 대외정책을 취하고 있었다. 따라서 2001년 3월 김대중 대통령과 정상회담을 하는 과정에서 분위기가 좋지 않았다. 김 대통령이 북한 문제로 부시 대통령을 설득하면서 좀 유연하게 대처하라고 조언했을 때 부시 대통령은 그것을 좋지 않게 받아들인 적이 있었다.

노무현 대통령은 선거 과정에서 어느 정도 반미 감정의 도움을 받았다고 할 수 있을 것이다. 한미 두 대통령의 북한을 대하는 태도를 비교해보면 노 대통령은 '될 수 있으면 좋게, 부드럽게, 또 협조적으로 나가자'는 입장이었고, 반면 부시 대통령은 '북한 같은 소위 불량 국가, 영어로 로그 스테이트(Rogue State)는 강하게 압력을 가하는 수밖에 없다'는 생각이었다. 2002년에 북한핵 문제가 다시 불거져서 노무현 대통령이 당선될 때쯤에는 미국이 북한에 무력을 행사할지도 모른다는 우려가 상당히 컸다고 할 수 있다.

내가 경험하거나 전해 들은 바로는 우리나라에서는 대사직뿐만 아니라 장관직도 마찬가지지만, 인수인계라는 것이 전임자와 후임자가 서로 얼굴을 맞대고 하는 경우가 드물지 않나 싶다. 대개는 결정권자가 마음만 먹으면 임기에 상관없이 바로 교체되는 것이 보통이었다. 김영삼 정부 때는 장관직도 청문회 같은 것이 없었기 때문에 그런 절차가 꽤 빨리 진행되는 편이었다. 그래서 대개 '개각이 있다'는 이야기가 나오면, 장관들은 이미 실질적으로는 짐을 싸놓고 언론 보도를 기다리는 상황이었으므로 인수인계가 제대로 이루어지지 않는 경우가 흔했다. 그런데 내가 워싱턴에 갔을 때는 그곳에 근무하던 공사들과 다른 부처 출신의 주재관, 파견관 등이 전부터 그곳에서 근무하고 있던 사람들이었다. 그런 의미에서 연속성이 유지됐다고 할 수 있다. 정책적으로는 김대중 대통령의 햇볕정책에서 노무현 대통령의 유화정책으로 연결되는 것이었다. 다만 정부의 정책을 이행하는 대사가 햇볕정책의 신봉자였던 사람으로부터 조금 더 현실주의적인 입장을 취하는 새 대사로 교체되었기 때문에 미국으로서는 아마도 함께 일하기가 더 편해졌다고 여겼을 가능성이 크다고 본다.

미국에 갈 때쯤 해서는 내가 장관 시절 심혈을 기울였던 제네바 합의가 이미 파기된 상태였다. 그 당시 제네바 합의를 부활시킬 수 있을지 여부에 관한 전망은 몹시 희박했다. 또 한편으로 북핵 문제가 더 큰 위기로 발전하는 것은 막아야 할 필요성이 있었다. 그래서 북핵 위기와 관련해서 그래도 뭔가 진행되기를 기대했는데, 사실상 그러한 기대가 수포가 됨으로써 제2의 북핵 위기를 맞는 것이 아닌가 싶었다.

장관 시절과는 달랐던 역할과 환경

제네바 합의가 파기된 상태에서 나는 다시 한 번, 이번에는 대사로서 파국을 막을 역사적인 임무를 맡게 되었던 것이다. 대사로 있을 때 직면했던 2차 북핵 위기가 장관 시절의 1차 북핵 위기 때와 다른 가장 큰 차이점이라면 2차 위기 때는 문제를 일단락시키지는 못했지만 아무튼 6자회담을 통해서 해결을 도모해보았다는 사실이다. 그렇다면 주미 대사관은, 구체적으로는 주미 대사로서 나는 명목상 한국 외교부에서 주관하는 6자회담 협상의 전체 틀 속에서 어떤 역할을 맡았던 것인가?

당연한 이야기지만 1993~1994년 장관 재임 시에는 전체적인 것을, 그러니까 대미관계뿐만 아니라 대일관계와, 대러시아, 대중국관계까지 다 관장해야 했다. 그때는 그런 역할이 있었지만, 주미 대사의 역할은 훨씬 제한된 것이었다. 두 번째 북핵 위기 때 나는 한미관계에 초점을 두는 역할을 했다. 전체적인 전략이라든지 로드맵은 외교부 본부 또는 청와대를 포함한 서울의 몫이었다.

또 다른 차이점 중 하나는 외교부의 역할이었다. 2000년 대에 들어와서는 10년 전보다 청와대가 훨씬 더 많이 개입하고 있었다. 2003년 봄에는 아직 노무현 정부의 구성이 제대로 이루어지지 않았고, 특이하게도 청와대에서 외교안보를 담당하는 사람이 세 사람이나 있었다. 한 사람은 국가안전보장회의(NSC) 사무차장 이종석 씨였고, 또 한 사람은 국제정치담당 보좌관 나종일 씨, 그리고 외교안보 수석 반기문 씨였다. 그해 5월경, 대통령은 내게 이런 말을 한 적이 있다.

"외교안보를 세 사람이 하니까 골치가 아파서 못 살겠는데, 내가 이거 정리를 할 겁니다. 정리를 하는데요, 지금 당장은 어렵고 반년은 주

십시오."

왜 반년이 필요한지에 대한 설명은 없었다. 아무튼 북핵 문제를 다루는 데 1993년 내가 장관 시절에는 외무부가 주도하고 주관했던 것과는 달리 이때는 청와대가 직접 나섰는데, 청와대 자체에서도 구심점이 아직 없는 것처럼 보였다.

주한미군 2사단의 후방 재배치는 2002년 말부터 9·11 이후의 미국이 갖고 있었던 전반적인 군사 변환 계획에 따라서 실시된 것인데, 한국 국내에서는 보수와 진보 간에 상당한 논란이 있었다. 보수 쪽 입장에서는 '반미 대통령이 되니까 미군이 인계철선(trip-wire) 역할을 했던 주한미군을 한강 이남으로 옮긴다.'라고 했고, 진보 측 입장은 '인계철선을 뒤로 빼서 북한을 칠지 모른다.'는 것이었다. 주한미군의 재배치 문제에 관한 한미동맹 재조정을 논의하기 위하여 당시에 FOTA(동맹의 미래)라는 회의가 2003년, 2004년 연속적으로 개최되었다.

2002년에 부시 대통령은 연두교서에서 소위 '악의 축(Axis of Evil)' 발언을 했다. 악의 축으로 이라크, 이란, 북한을 지칭했는데, 2003년 초에는 이라크를 공격했다. 그 결과 미국이 이라크에 묶여 있는 동안에는 북한까지 공격하지 못할 것이라는, 역설적이지만 노무현 지지자들에게는 미국의 대북 공격에 대한 우려에서는 어느 정도 벗어날 수 있게 해주는 면도 있었다. 하지만 이라크가 금세 무너지고 소위 '임무 완료(Mission Accomplished)'가 이미 5월에 이루어졌기 때문에 '이라크 다음에는 북한이다.'라는 우려도 생기게 되었다. 더욱이 부시 대통령이 '적을 도와주거나 적과 친한 상대도 우리의 적이다.'라는 소위 '부시 독트린(Bush Doctrine)'을 천명하며 좌충우돌 칼을 휘두르는 것 같은 모습을 보여주는 바람에 한국으로서는 몹시 우려하는 상황이었다. 특히 노무현 대통령과 그의 지지자들은 미국의 의도에 의구심을 느끼지 않을 수 없었다.

그런 상황에서 주미 대사관의 역할은 미국의 지속적인 안보 공약과 지원을 확보하는 한편 북한에 무력을 행사하는 데는 신중하도록 만드는 것이었다. 이를 위해서는 우리가 미국의 대외정책이나 활동에 협조적인 태도를 보여줄 필요가 있다는 것이 내가 노 대통령을 설득하는 근거 중의 하나였다. 노 대통령도 동감했다. 예를 들면 이라크 파병 결정 등을 통해 미국이 한국에 일련의 외교적 부채 의식을 가지도록, 다시 말하면 미국으로부터 우리가 소위 '차용증서(IOU)'를 받음으로써 미국의 대북정책에 영향력을 가지도록 만드는 일이 중요하다는 것이다.

FOTA의 내용 중에는 여러 가지가 들어 있었다. 예를 들면 미군의 재조정이나 전략적 유연성 문제, 주한미군의 감축과 이전 문제 등이 포함되었다. 조금 구체적으로는 분담금 문제, 그리고 주한 미 2사단의 이전뿐 아니라 용산 기지 이전까지도 논의의 대상이었다. 기지 반환 시 환경오염 부담 등의 문제도 있었다. 그중에는 주미 대사관의 견해가 상당히 중요하고, 때로는 결정적일 수 있는 문제도 있었고, 대사관이 큰 역할을 할 여지가 별로 없는 이슈들도 있었다.

FOTA의 결과물은 2005~2006년에 나왔으니 내가 2005년에 워싱턴을 떠난 후의 일이지만, 그 과정에서 전략적 유연성 문제나 이라크 파병의 경우도 전반적으로는 미국의 세계 전략 또는 대외활동에 우리가 어느 정도 참여하느냐의 문제였다. 이라크 파병 문제도 주한미군의 재조정, 병력 규모, 그리고 성격과도 관련이 되는 것이었다. 그래서 하나의 문제를 놓고 '이 점에서는 주미 대사관이 어떤 역할을 했다.'라고 얘기하기는 어렵지만, 그런 전반적인 연관관계에 '주미 대사관이 상당히 많은 역할을 했다.'고 볼 수 있다. 경우에 따라서는 FOTA와 관련해서 협상하는 사람들이 협상이 잘 풀리지 않을 때는 미국 측의 인사들이 직접 우리 대사관 사람들을 만나서 자기들의 고충도 토로하고, 어떻게 같이 해결해나갈 것인지를 논의하기도 했다.

10년 전 내가 장관직을 수행하던 시절에는 어떤 문제가 있을 때 한미 두 나라 외교관들이 모이면 서로 다른 입장에서 협상을 벌인다기보다는 최적의 해법을 찾아내는 브레인스토밍(brain-storming)의 성격이 강했다. 그런데 주미 대사로 부임해보니 양국 간의 견해 차이가 커져감에 따라 누구의 의견이 옳으냐는 논쟁의 장이 되기 일쑤였다. 주미 대사관은 미국 국무부뿐만 아니라 국방부와 백악관 실무자들과도 긴밀히 접촉하여 두 나라가 꼭 서로 대결적인 입장에서 협상을 할 것이 아니라 협조적인 입장에서 문제 해결을 모색하도록 했다. 그렇게 함으로써 한미 간 소통에 도움이 되었을 뿐만 아니라 실제로 문제의 내용에서도 여러 아이디어를 개발하고, 또 서로 해결의 방법을 모색하게 했다. 나는 특히 미국이 6자회담의 틀 속에서 북한과 양자협상을 추진할 것을 역설했다.

6자회담은 2003년 중국의 제안으로 개최되었는데, 내가 대사로 있던 2004년 말까지는 일정한 성과를 거두지 못했다. 첫 번째 성과라면

2005년 '9·19 공동성명'이라고 할 수 있다. 사실 북한은 2003년 봄, 그동안 동결시켰던 핵 활동을 재개했다. 농축 우라늄 프로그램 외에 흑연감속로를 통한 플루토늄 생산 과정을 재개한 것이다. 일단 가동을 시작하면 거기서 재처리할 수 있는 핵연료봉, 즉 사용 후 연료봉이 만들어지기까지는 적어도 1~2년 시간이 걸린다. 북한 입장에서는 그것을 완성하여 인출한 다음에는 자기네들의 소위 바게닝 칩(bargaining chip: 협상카드)이 그만큼 더 커지게 되지만, 그동안 동결시켰기 때문에 유휴 상태에 있었던 시설이나 핵무기 관련 재료들을 다시 복구시키는 시간이 필요했다. 북한은 협상 전술로써 미국의 공격을 피할 시간을 벌고자 했다. 즉, 회담은 시간을 벌기 위한 수단이었고, 미국이 북한에 강경 행동을 하는 것을 막기 위한 구실이었다.

북한 입장에서는 다행스럽게 이라크 사태가 처음과 달리 점점 미국에게 어려워졌고, 따라서 미국으로서는 이라크에 몰두하다 보니 북한에 강경하게 대처할 수가 없었다. 그래서 2005년까지는 협상에 별다른 진전이 없이도 6자회담 자체가 중단되지 않고 계속된 것이라고 볼 수 있다.

부시 행정부 2기가 시작된 후 2005년 9월에 이르러서 어느 정도의 합의가 가능하게 되었다. 2기에 들어선 부시 행정부가 1기 때의 강경 정책에서 거의 180도 선회했고, 크리스토퍼 힐 동아시아태평양 차관보를 앞세워 북한과 상당히 유연하게 협상에 임했기 때문이다. 따라서 '왜 그때까지 성과가 없었느냐?'라는 것보다 '왜 2005년에 뭔가 이루어졌느냐?'에 대한 설명을 하는 게 더 중요하다고 본다.

태평양함대 사령관 윌러드 제독에게
보국훈장 국선장을 수여하는 필자. 워싱턴. 2004년 9월.

부시 대통령의 정책은 처음에는 '우리(미국)는 같은 말(馬)을 두 번, 세 번 살 수는 없다.', '나쁜 행위(bad behavior)에는 보상해줄 수 없다.' 라는 것이었다. 그런데 그 슬로건이 '같은 말이 아니고 새 말이면 살 수 있다.'거나 '좋은 행동(good behavior)은 보상해줄 수 있다.'로 바뀌게 되었다. 미국은 국내적으로 북한과의 협상을 추진하자는 국무부 측과 협상을 반대하는 체니 부통령, 럼스펠드 국방장관 등 소위 네오콘들 사이의 각축이 있었으나 부시 대통령의 입장이 협상 쪽으로 돌아섬에 따라 2005년 가을에 어느 정도 진전을 보게 되었다고 할 수 있다.

6자회담과 관련하여 우리가 미국 측에 설명할 때 '6자회담의 유용성 중에서 중요한 것 하나는 여섯 나라가 협상하는 것 자체보다도 필요하면 미국과 북한이 양자 차원의 협상, 타협, 또는 거래를 할 수 있는 틀(context)을 제공해주는 것이다.'라고 강조했다. 그것을 모태로 6자회담 전체의 합의로 발전시킬 수 있는 것이었다. 그것은 미국으로서도 나쁠 것이 없고, 북한은 바로 그것(미국과의 협상)이 자기네들이 원하는 것이기도 했다. 그 당시에 북핵 문제와 관련하여 한·미·일 간 3자 정책 조정그룹(TCOG)이 가동되고 있었다. 내가 워싱턴에 있는 동안은 미국과 일본은 강경한 입장, 우리는 강경하지 않은 입장이었다. 그래서 늘 미일 대 한국의 구도가 되었다. 부시 행정부가 협상 노선으로 돌아선 후에는 온건한 한미와 강경한 일본의 구도로 바뀌게 되었다.

미국을 중심으로 생각해보면, 2005년 9·19 공동성명까지 가는 과정에서 미국이 초기의 강경한 태도를 바꾼 가장 큰 배경은 결국 이라크 전쟁의 상황이라고 하겠다. 2003년 3월 이라크를 침공한 미국은 전쟁을 시작한 지 두 달도 채 안 된 5월 1일 부시 대통령이 '군사적인 임무를 완수했다.'고 선언했다. 그런데 그 뒤 이라크의 전후 안정과 재건에 심한 어려움을 겪은 나머지 2003년 9월에는 '국제사회의 도움이 필요하다.'고 선언하는 상황에 몰리게 되었고 급기야 동맹국들에게는 추가 파병을 요구하기 시작했다.

이라크 파병 문제와 관련해서는 당시 일시 귀국했을 때 대통령과 오랜 시간 논의를 했다. 나는 미국이 상당히 어려움을 겪고 있는 상황이라는 점, 우리가 과거 6·25전쟁 때 미국에서 많은 도움을 받았다는 점, 그리고 당시 미국은 약 3만 7,000명의 전사자와 수만 명의 부상자를 내면서도 한국이 존속할 수 있게 도와주었다는 사실을 상기시켰다. 또 한반도 문제와 미국의 대북정책 등과 관련하여 미국의 행동에 우리가 영향력을 갖기 위해서는 파병과 같은 지원을 해줄 필요가 있다는

주미 대사 시절 한국군 참전용사 추모식.
2003년 7월 17일.

점도 강조했다. 미국은 이라크에서 더 많은 병력을 필요로 하는 상황인데, 이럴 때 만약 한국이 도와주지 못하겠다고 한다면, 주한미군의 감축 규모가 더 커질 가능성이 있다는 점도 지적했다.

그런 여러 가지 사정을 감안할 때 파병을 하는 것이 더 맞는 정책이라고 나는 보았다. 그 당시 만약 보수적인 인물이 대통령직에 있었다면 국내적으로 파병 반대나 비판이 훨씬 더 강력하고 격렬했을 것이다. 그런데 파병에 가장 강하게 반대할 사람들이 바로 대통령을 지지하는 세력이기 때문에 노무현 대통령이야말로 그들을 설득시킬 수 있는 적임자가 아닌가 생각되었다. 나는 미국인들에게도 "지금 노무현 대통령이 그런 의미에서는 미국한테 불리하지 않다."라고 설득했다. 다행히 노무현 대통령이 그러한 상황을 납득했던 것으로 기억한다.

당시 학계나 언론에서 논란이 되었던 것은 '이라크 파병과 북핵을 연계하는 게 과연 옳으냐.' 하는 문제였다. 내 입장에서 파병이 미국에 대한 우리의 영향력을 높일 수 있다는 의미에서 그 연계론은 일부분에 불과하고, 그것보다 조금 더 계산을 폭넓게 해서 '꼭 연계가 되지는 않더라도 한국의 전반적인 국익 차원에서 계산해보면 이라크에 파병을 하는 게 이득이다. 이게 현명한 방책이다.'라는 생각을 했던 것이 사실이다.

이라크 파병 문제는 미국의 대북 조치뿐만 아니라 전반적인 한미관계와 관련된 문제이기도 하고, 또 국가 간의 의리와 신의의 문제이기도 했다. 미국의 한국전 참전 이력에 비추어봐서도 그렇고, 주한미군의 감축이나 규모의 문제와도 연관되어 있었으며, 전반적인 한미 간 협조의 문제이기도 했다. 그러한 상황에서 우리가 가능한 한 희생이나 피해, 특히 인명 피해를 최소화하는 조건에서 파병하게 되었던 것이다. 역사적으로 볼 때 그것이 우리에게 '좋은 것이냐 나쁜 것이냐.'라는 문제는 판단하기 어려운 일일 것이다. 이라크 사태가 어떻게 진전되고 어떤 과정을 거치게 될지, 또는 아랍 세계 전체가 어떻게 변해서 파병했던 것이 우리에게 어떠한 결과를 낳을지는 알 수 없는 일이지만, '적어도 그동안의 상황을 놓고 보면 그것이 나쁜 판단은 아니었다.'라고 생각한다.

다른 한편에서는 보수적인 입장에서 '파병 자체는 잘한 일인데, 파병의 규모나 병력의 성격이 미국이 원하는 만큼은 못 미쳤다.'는 지적도 있었다. 미국은 독자적으로 한 지역을 관할할 수 있는 사단 규모의 전투 병력을 원한 것인데, 한국은 병력의 규모도 3,000으로 줄인 데다가 테러가 빈발하는 지역을 피해 쿠르드족 자치 지역인 아르빌로 보낸 것이다. 따라서 미국이 당장 한국에 병력 지원을 절실하게 요구했던, 도움이 필요한 데는 못 갔으니 '역시 대통령이 갖고 있는 반미 태도가 작용한 것 아니냐? 여러 가지로 너무 주저하는 게 많지 않느냐?'라는 비판이 있었다. 더욱이 파병을 결정한 다음에도 실제 파병 부대가 도착하기까지는 근 1년이나 걸렸고, 처음에 미국에게 "좋다. 병력을 보내겠다."라고 대답한 다음에도 규모, 성격, 주둔지 등과 관련하여 미국 입장에서 보면 다소 문제가 있었다. 이 과정에서 미국이 섭섭하다는 이야기를 했고, 또 계속 설명을 해야 하는 부분도 있었던 것은 사실이다.

국제정치나 외교 분야에서는 같은 일을 하더라도 형식(formula)이나 규모 등 세부 사항이 매우 중요하다. 미국이 기대했던 것은 더 많은 전투 병력이었다. 미국은 "3,000명이 아니고 7,000명쯤은 되는 것이 좋겠다."는 의사를 표시하기는 했다. 그러나 미국 입장에서는 서양 속담에 있듯이 '빵 반 조각이라도 전혀 없는 것보다는 낫다(Half a loaf is better than no bread at all).'고 할 수 있을 것이다. 어떻게 보면 모든 것이 그러한 타협의 산물이라고 볼 수 있다. 3,000명만 해도 미국, 영국 다음에 세 번째로 많은 숫자였고, 또 3,000명이 전부 비전투 병력이 아니라 전투 병력과 비전투 병력을 합친 것이었다.

지역 선정과 관련해서는 우리가 만약 다른 지역으로 갔다면 미국이나 영국 부대의 보호를 받아야 되기 때문에 독자적으로 방어하고 또 활동할 수 있는 지역이 우리에게도 좋고 미국 측에도 유리한 것이었다. 또 미국 입장에서는 실질적으로 전투에 도움이 되는 병력이 필요하기도 하지만, 한편으로는 정치적으로 상징적인 의미도 있는 것이므로 그런 면에서는 미국에게 큰 도움이 되었다고 본다. 결론적으로 미국에서는 섭섭한 것보다는 감사한 게 훨씬 더 많았다고 볼 수 있다.

이렇듯 모든 일이 100% 우리가 원하는 대로 또는 미국의 희망대로 될 수는 없고, 어느 정도 중간 지점에서 솔루션(solution: 해답)을 찾아야 할 때가 많은 것이다.

당시 한국의 진보 쪽 입장에서 우려한 것 중 하나는 부시 대통령이나 그 배후에 포진한 것으로 알려졌던 신보수주의자들, 즉 네오콘들의 입장이 한편으로 북핵 위협에 대한 선제 공격, 예방 전쟁도 불사하는 것이고, 북한에서의 정권교체(regime change)를 유도하는 것 아니냐는 것이었다. 북한을 악의 축 중의 하나로 보는 미국에서 북한인권법이 2004년 7월에는 하원에서, 11월에는 상원까지 통과되었다. 그것이 '북한에서 일종의 반정부활동을 지원하고자 하는 미국 정부의 노력의 결과가 아니냐?' 하는 논란까지 일었다. 미국에는 공화당이나 소위 네오콘들뿐만 아니라 민주당 의원 중에서도 북한 인권에 관심을 갖는 사람들이 많았다. 그중에는 인권 문제를 상당히 심각하게 생각하고 그것을 개선시키기 위해 뭔가 해야 되겠다고 생각하는 사람들도 있었다.

당시 우리 국회에서는 북한인권법을 통과시키지 않았을 뿐만 아니라 노무현 정부가 북한 인권에 대한 미국의 움직임을 우려한 것이 사실이다. 그러나 우리가 미국 의회에 '좋다, 나쁘다'라고 할 입장도 아니었고, 북한의 인권 문제를 제기하는 것이 객관적으로 우리한테 불이익이 되거나 북한 인권에 역효과가 나는 일도 아니었다.

'만약에 우리 정부가 나에게 미국 의회가 그런 결의를 하지 못하도록 로비를 하라고 하면 어떻게 할 것인가?'라는 생각까지 했지만 다행히 그런 훈련은 없었다.

대통령의 언행 불일치(?)

|노무현 대통령의 외교정책|

대사 시절의 경험과 관찰을 바탕으로 노무현 대통령의 외교정책에 전반적인 회고와 평가를 해본다.

노 대통령은 2003년 2월 취임사에서 "평화번영 정책을 추진하겠다." 라고 선언했다. 그런데 같은 해 3월 당시 야당인 한나라당에서 김대중 대통령의 남북 정상회담을 위한 대북 송금 문제로 특검을 제안하고, 노 대통령이 이를 수용했다. 이는 김대중 전 대통령을 곤혹스럽게 만들었을 뿐만 아니라 노무현 대통령 자신의 지지세력 이반을 가져오기도 했다. 결과적으로 노무현 대통령은 대북 유화파들의 요망에 적극적으로 부응할 필요가 있었다.

대미정책과 관련해서 노무현 대통령의 최우선 목표는 부시 대통령의 강경정책을 완화시키고 동시에 한반도에서 전쟁 재발을 막겠다는 것이었다. 미국이 북한에 너무 압력을 가하는 것을 막아야 되겠다는 생각도 있었다. 그러려면 '부시 행정부와 좋은 관계를 유지해야 되겠다. 그리고 우리가 북한과 계속 교류 협력하는 것을 유지할 수 있도록 미국을 설득시켜야겠다.'라는 것이 대통령의 생각이었다.

내가 대사로서 중요한 사명이라고 생각한 점은 한반도에서 평화를 유지하는 것은 물론, 핵 문제도 해결하되 그 과정에서 커다란 분쟁 없이, 특히 무력 사용을 하지 않으면서 해결할 수 있게 만드는 것이었다.

미국 쪽에서는 김대중 대통령의 대북정책과 노무현 대통령의 대북정책이 차별성이 있다고 인정을 했는가, 아니면 연장선상이기 때문에 '국제 공조에 균열이 있다.'고 인식을 했는가? 전반적으로 볼 때 김대중 정부와 노무현 정부의 다른 점은 미국 쪽의 주요 카운터파트로 김대중 대통령은 비교적 온건파인 클린턴 대통령을 상대했고 노무현 대통령은 강경파인 부시 대통령을 상대했다는 것이다. 또 김 대통령과 노 대통령의 전반적인 흐름은 비슷한 면이 있지만, 발언의 내용이나 수준으로 봐서는 노무현 대통령이 미국과 거리가 있는 발언을 훨씬 많이 했다.

예를 들면 북한의 핵개발과 관련해서도 노무현 대통령은 일관되게 '북한이 핵을 개발하고 핵무기를 가지려고 하는 것은 불안하게 생각하기 때문이므로 그 불안감만 없애주면 자연히 핵무기를 포기할 것이다.'라는 본인의 생각을 기회 있을 때마다 미국 쪽에 표현했다. 김대중 대통령은 물론 그와 같은 이야기를 하지 않았고, 아마도 그렇게 생각하지도 않았을 것이다. 또한 그것은 미국의 인식과도 상당히 거리가 먼 것이었다. 미국에서는 '그런 주장은 북핵 문제를 해결하는 데 도움이 되지 않는다.'라고 보았다.

김대중 대통령은 한미관계 전반에 걸쳐 훨씬 긍정적인 생각을 갖고 있었다. 예컨대 주한미군도 꼭 필요하다고 여겼으며 늘 그렇게 이야기 했다. 반면에 노무현 대통령은 김대중 대통령처럼 적극적으로 한미동맹, 주한미군의 가치와 역할을 인식하는 편은 아니었다고 본다. 그래서 '전체적인 면에서 공통점이 있지만, 내용에는 상당한 차이가 있었다.'라고 말할 수 있다.

그런데 노 대통령이 언사는 그렇게 하면서도 행동이나 조치에는 미국에 꽤 협조적인 태도를 보였다. 그 동기가 어디에 있든 미국으로서는 그 점을 인정하고 감사하게 생각하는 입장이었다. 예를 들면 이라크 파병과 같은 것은 앞에서도 이야기한 것처럼 노무현 대통령이 그러한 정치적인 입장이었기에 오히려 가능했고, 또 상대적으로 용이했던 측면도 있었다. 따라서 그런 것을 균형 있게 보면 '노 대통령이 동맹에 지장을 주는 사람은 아니었다.'고 생각한다.

노 대통령은 또 취임사에서 평화번영 정책과 동시에 동북아 경제 중심을 역설했다. 그런가 하면 2003년 5월의 첫 번째 정상회담에서는 '포괄적이고 역동적인 한미동맹'에 양국이 합의했다. 이 두 가지가 어떻게 보면 상반된다고 볼 수 있는데, 하나는 '동북아 경제 중심을 하겠다.'는 '자주 외교'의 모습이 있고, 또 하나는 '한미관계의 폭을 넓혀가겠다.'는 적극적인 대미정책을 보여주는 면이 있었다. 주미 대사로서 노 대통령의 우호적인 대미 제스처는 활용하기 좋은 자료였다. 대통령의 미국에 대한 우호적인 조치와 태도는 노 대통령이니까 더 유리했던 점이 있었다고 하겠다. 주미 대사관은 그것이 '노 대통령의 진심이다.'라는 것을 전제로 한미관계에 도움이 되도록 노력했다.

노무현 대통령이 동아시아 전체가 아닌 동북아시아를 주로 강조한 것은 중국과의 관계를 강조하는 측면이 있었다. 그 당시에 동북아시아라고 하면 그 안에서 가장 중요한 나라가 중국이었기 때문이다. 노 대통령은 대일관계에서는 꽤 성의를 가지고 시작했으나 이후에 관계가 껄끄러워지자 일본에 실망하게 되었다. 어떻게 보면 역대 대통령(김영삼, 노무현, 이명박, 박근혜)이 다 재임 초기에는 일본과 관계 개선에 희망을 갖고 시작하지만 결국 실망하는 노정(路程)을 걷는 공통점이 있었다. 이것은 노무현 대통령이 중국과 관계를 상당히 중요시하게 만드는 요인의 하나가 되기도 했다.

미국에서는 그런 것을 비판하지 않았지만, 도리어 국내에서, 특히 정부에서 일하던 사람들은 '노 대통령은 친중(親中)적이다.'라는 이야기들도 하는 상황이었다. 그래서 한편으로는 '균형자', 다른 한편으로는 '교량' 등의 표현을 쓰면서도 노무현 대통령의 본심이야 어떻든 겉으로 나타나는 것을 보면 '중국에 편향되었다.'라는 인상을 주기도 했다. 미국도 이 점과 관련하여 속으로는 의구심을 갖고 불편하게 여겼을 것으로 생각한다.

평화번영 문제와 관련해서는 두 가지 측면이 있다. 하나는 한반도를 둘러싼 동북아 지역 또는 아시아 지역 전체의 평화번영을 이야기하는 것이고, 다른 하나는 근본 취지로서 남북한 간의 평화와 번영, 즉 공동번영을 의미한 것이었다. 평화와 관련된 것은 일차적으로는 전쟁을 일으키지 않는 것, 전쟁을 방지하는 것이고, 2차적으로는 항구적인 평화

체제를 구축하는 것을 의미했다고 본다.

평화체제와 관련해서는 미국 쪽에서도 그렇게 부정적이라거나 유보적인 입장은 아니었다. 한국, 특히 보수 측에서 볼 때는 그때까지 '북한이 평화협정 또는 평화체제를 주장하는 것은 곧 주한미군의 철수와 연결된 것'이라고 여기는 경향이 있었다. 그래서 극심한 알레르기적 반응을 보였다. 즉, 북한이 말하는 평화협정은 휴전협정을 대체하는 협정을 말하는 것이고, 또 북한과 미국과의 협정을 전제로 하는 것이었기 때문에 그것의 함의(implication)는 넓게는 한미동맹 전체를, 그리고 구체적으로는 주한미군 철수를 전제로 한다는 점에서 무척 민감한 이슈였다. 결국 2005년 9월의 6자회담 9·19 공동성명에서 평화체제와 관련된 워킹그룹(Working Group: 실무그룹)을 만들기로 합의할 정도로 그것은 하나의 다자적 의제로 받아들여지게 되었다.

혹 떼려다 혹 붙이다

|북한의 고백 외교|

내가 주미 대사로 있는 동안 북한의 이른바 '고백 외교'라는 것이 있었다. 두 가지가 두드러졌는데, 하나는 2002년에 켈리(James Kelly) 대표단이 평양에 갔을 때 농축 우라늄 프로그램에 대한 '고백'이 있었고, 또 다른 하나는 같은 해 일본의 고이즈미 총리가 방북했을 때 일본인 납치 사건을 고백한 일이 있었다. 2002년에 처음에는 북한 대표가 농축 우라늄 문제를 완전히 부인하다가 불과 하루가 지나 내부 논의를 한 뒤 갑자기 인정을 하고 나왔다. 이유인 즉, 일단은 저쪽에서 한국말로 '우리는 그러한 프로그램을 갖도록 되어 있다.'라고 말한 것이 영어로 '그것을 갖고 있다.'라는 식으로 번역된 것으로 보였다. 미국 쪽에서는 한국말과 영어를 다 하는 사람도 참석했고, 그 사람들은 "한국말로도 그것을 인정했고, 영어로도 인정했다."라고 했으나 북한은 나중에 가서 자기네들은 인정한 일이 없다고 주장했다.

문제는 고백을 했든, 하지 않았든 실제로 그런 프로그램이 있었느냐 없었느냐 하는 것이다. 그때도 상당한 근거가 있었을 뿐만 아니라 그 후에 일어난 일들을 보면 당시 북한에 농축 우라늄 사업이 있었던 것은 확실한 걸로 보인다. 2009년에는 북한이 농축 우라늄 프로그램이 있다고 인정했고, 2010년에는 미국의 핵물리학자 지그프리드 헤커(Siegfried Hecker) 박사를 데려가서 자기네들이 영변에 갖고 있는 농축 우라늄 시설을 실제로 보여준 일도 있었다. 그런데 그것이 갑자기 만들어진 게 아니라 이미 몇 년 동안 진행된 것이었으니, 2002년 당시에 이미 시작했던 것은 거의 틀림없는 일이라고 하겠다.

일본 피랍자 문제와 관련해 북한 김정일이 과거 납치를 '고백'한 것은 일본이 그 문제를 덮고 가주기를 기대했지만 오히려 일본은 그것을 기화로 일시 방문 예정으로 데려간 피랍자들의 송환을 거부했을 뿐 아니라 나머지 피랍자들의 생사 확인을 요구하고 나왔다. 북한으로서는 '혹을 떼려다가 도로 붙인 격'이었다.

결국 이 두 가지의 사례에서 북한은 '고백 외교'가 비생산적이거나 역생산적이라는 점을 깨달았고, 뒤로는 적반하장적인 행태를 보이게 되었다.

강경이냐 온건이냐

|대북정책을 둘러싼 한미 양국의 갈등|

2005년 2월 초, 나는 워싱턴에서 22개월간 주미 대사로서 직무를 마치고 귀국할 준비를 하고 있었다. 대사로서 마지막 공식 일정은 몇 주일 전 취임한 콘돌리자 라이스 국무 장관에게 이임 인사를 하는 일이었다. 라이스 장관은 부시 대통령이 재선되고 나서 국무 장관에 임명된 후 곧바로 유럽과 중동 순방에 나섰으므로 만날 기회가 없었던 것이다.

나의 국무부 방문에는 세 가지 목적이 있었다. 하나는 워싱턴을 방문한 한국의 반기문 외교부 장관과 국무부 관리들의 회담에 배석하는 일이었고, 둘째는 북핵 관련 한미 간 대책을 논의하기 위한 것이었으며, 세 번째는 이임 인사였다.

당시 대화는 북한의 핵보유 선언에 집중되었다. 며칠 전 북한이 "핵무기를 보유하고 있다."고 선언했는데, 한국과 미국이 그에 어떻게 대응할 것인가를 놓고 대책을 논의했다. 서울의 지침에 따라 반기문 외교부장관은 북한의 선언을 액면 그대로 받아들일 필요가 없다고 했다. 북한은 미국의 관심을 끌고 미국을 양자협상으로 이끌어내기 위해 '허세를 부리고 있을(bluffing)' 가능성이 크다는 것이었다.

당시 노무현 대통령의 한국 정부는 미국이 북한에 대해 강경하게 나오는 것을 가장 우려했으며, 어쨌든 '과잉반응'은 하지 않았으면 좋겠다는 입장이었다. 사실 이것은 2002년 제2차 북핵 위기가 터진 후 한국 정부(김대중, 노무현 정부)가 일관성 있게 유지했던 자세였다. 즉, 북한 핵은 궁극적으로 협상용인만큼 과잉반응하지 않았으면 좋겠다는 것이었다. 실제로 노무현 대통령이 2003년 2월 대통령에 취임했을 때 그의 최대 우려 사항은 미국이 북한에 '정밀 공격(surgical strike)' 등을 가함으로써 한반도에 무력 충돌이 일어날 수 있다는 것이었다.

이번에는 라이스 장관도 한국의 견해에 동감을 표시했다. 즉, 미국과 한국 두 나라가 사태의 심각성을 너무 키우지 말고 조용히 넘어가는 게 좋겠다는 것이었다. 괜히 우리(미국과 한국)가 패닉에 빠지는 모습을 보임으로써 북한 특유의 게임에 동조할 필요가 없다는 것이었다. 사실 미국, 특히 국무 장관인 라이스가 북한의 핵무기 보유 선언을 커다란 이슈로 만들고 싶지 않을 만한 이유가 있었다. 라이스는 국무 장관이 되기 전에 부시의 첫 임기 4년 동안 대통령 안보보좌관으로 있으면서 북한핵 문제를 다루었던 사람이다. 특히 2002년 10월에 북한의 이른바 '비밀 우라늄 농축' 문제를 미국 정부가 제기했을 때 북한이 반발하는 모습을 보이자 미국은 1994년 10월에 체결된 제네바 합의에 따라

제공해오던 중유의 공급을 중단했다. 이에 북한은 동결했던 5메가와트 원자로(핵무기 물질인 플루토늄을 생산하는) 등 핵시설을 재가동시켰다. 이때부터 미국은 북한에 대해 우라늄 농축 활동을 인정하고 중단할 것을 요구하고 농축 우라늄이든 플루토늄이든 핵무기 프로그램의 CVID를 요구해왔던 터였다.

자승자박이 된 미국의 강경한 대북정책

그러나 미국의 지나친 강경책은 북한이 핵 활동을 계속하는 데 효과적으로 대응할 수 없도록 만드는 자승자박의 결과를 가져오고 말았다. 미국은 북한과 양자협상의 길도 막아버렸으며, 그렇다고 북한이 원자로를 재가동한다든지, 사용 후 연료를 재처리하여 플루토늄을 만든다든지, 심지어 핵무기 보유를 선언하는 등 '금지선(red line)'을 넘어가는데도 응징할 만한 마땅한 수단을 찾지 못하고 있었다. 실제로 미국은 구체적인 금지선 설정을 거부했는데, 금지선이나 시한을 설정하면 틀림없이 북한이 위반할 것이며, 그럴 경우 대응할 방법이 없기 때문이었다. 속수무책의 태도를 보이면서 결국 미국이 '종이호랑이'라는 점만 드러내는 결과를 초래했다고 볼 수 있다. 미국은 2003년 이후 이라크 전쟁에 몰두해 있었고, 한국과 중국이 북한을 응징하는 것을 극구 만류하는 상황에서 미국도 다른 선택이 없었으며, 북한은 이러한 미국의 곤혹스러운 처지를 십분 활용하고 있었다.

부시 대통령은 한국 대통령이나 대사를 만날 때마다 북한 정권의 인권 탄압을 진정으로 한탄하고 김정일 정권이 인민의 식량 문제도 해결하지 못하여 기아에 허덕이게 하는 데 큰 안타까움을 표시했다.

2003년 3월 미국이 이라크를 공격한 지 한 달도 채 안 되어 사담 후세인 군대를 완전히 제압했을 때, 많은 사람들은 북한에 대해 미국에 저항하지 말고 핵을 포기하라는 강력한 메시지를 전달할 것으로 예상했다. 그러나 결과는 그 반대였다. 첫째, 북한은 미국이 이라크를 공격할 수 있었던 것은 이라크가 핵을 갖고 있지 못했기 때문이라고 결론짓고 핵무기 확보에 더욱 박차를 가했다. 둘째, 부시 행정부가 예상했던 것과는 달리 미국은 이라크 평정에 매달리느라 북한에 대해서는 효과적인 압력을 가하지 못하게 되었다. 이에 더하여 후일 노무현 정부가 이라크 파병을 결정하게 되자 부시 행정부는 북한에 대한 군사적 압력은 배제해야 한다는 노무현 정부의 입장을 받아들일 수밖에 없었다.

미국은 북핵 해결을 위해 중국의 협조를 구했고, 그 일환으로 6자회담을 추진했다. 그러나 초기에 중국은 종전의 정책을 고수하여 북한에 대한 설득과 인내를 강조하면서 적극적으로 문제 해결에 앞장서지 않았다. 중국은 북한이 핵보유국이 되는 것도 원하지 않을뿐더러 한반도에서 군사적 충돌이 생기거나 북한 정권이 붕괴되는 것도 원치 않는 입장이었다. 답답해진 부시 대통령이 당시 장쩌민 주석에게 만약 중국이 적극적으로 문제 해결에 나서지 않으면 미국이 강력한 조치(군사적인 조치를 포함하는)를 취할 수밖에 없다고 말하자 장쩌민 주석이 마음을 고쳐 적극적으로 협력하는 정책을 취하게 되었다는 것이다. 그 후로

장쩌민 중국 주석과.
베이징 중남해. 1993년 10월 29일.

중국은 6자회담에서 주도적 역할을 자임하고 북한을 설득하는 모습을 보여왔다.

2004년 중국의 최고 권력이 장쩌민 주석에서 후진타오 주석으로 이양된 후, 부시는 다시 한 번 후진타오에게 전화를 걸어 장쩌민의 경우와 같이 중국이 북한을 설득시키지 못하면 미국이 직접 북한에 강경한 조치를 취하겠다고 했고, 이번에도 후진타오는 몸소 앞장서서 북한 설득에 나섰다. 그것이 주효하여 중국은 북한에 6자회담에 참석하고 좀 더 협조적인 태도를 취하라고 압력을 가했다. 부시 대통령이 중국 최고지도자에게 북한을 설득하도록 압력을 넣었다는 이야기는 퇴임 후에 부시 대통령이 자신의 회고록에서도 직접 언급한 내용이다.

한편 이란에 대해서는 우리로서는 김빠지는 말을 하기가 일쑤였다. 즉, 우리 대통령을 만날 때마다 "대통령 각하, 미안하지만 우리(미국)

로서는 북한보다 이란의 핵무장이 더 심각한 일입니다."라고 말하곤 했다. 노무현 대통령으로서는 부시 대통령이 북핵에 너무 큰 관심을 쏟는 것도 불안한 일이었을 터이므로 차라리 이란을 중시하는 편이 낫겠다고 생각했을 수도 있다. 미국 입장에서는 이란이 아직 북한보다 핵무기 개발의 진도는 늦지만 테러 집단에 핵물질이나 무기를 이전해줄 가능성이 더 크고, 이스라엘에 더 직접적인 위협이 될 뿐 아니라, 이란이라는 나라가 중동의 화약고 한복판에 위치해 있기 때문에 부시 대통령의 최대 관심사가 아닐 수 없었다.

여하튼 부시 대통령은 북한에 중유 공급을 중단함으로써 북한을 중국의 석유 공급에 더 의존하게 만들었고, 이라크와 이란에 몰두함으로써 북한에 대한 정책적 적극성을 상실해버렸다. 게다가 2003년 리비아의 핵 문제가 뜻밖에 일괄 타결되는 개가를 올리게 되자 미국은 이에 고무되어 북한핵 문제도 깨끗이 정리될 수 있으리라는 기대를 갖게 되었다.

그러나 리비아와 북한은 달랐다. 리비아는 핵무기를 만들려면 아직도 시간이 많이 필요했고, 핵무기 없이도 생산하는 석유를 판매할 수 있었으나 북한의 경우 판매할 석유도 없었고 핵무기의 진전도 상당히 이뤄놓은 상태였다. 리비아 사태 해결이 미국에게 비현실적인 기대감을 준 반면, 북한으로서는 리비아의 카다피가 자기는 보상을 충분히 못 받았다고 엄살하고 다니는 상태에서 리비아의 전적을 답습할 가능성은 전혀 없었다.

결과적으로 제2차 핵위기가 시작된 2002년 가을부터 2005년 봄까지 미국은 북한의 핵무기 확보 의지만 키워주고 기회만 제공해준 셈이 되었다. 어찌 되었든 북한이 핵보유를 선언한 이상, 미국과 한국은 실질적으로 취할 수 있는 조치는 없었지만 그렇다고 손 놓고 가만히 있을 수도 없었다. 결국 한미 양국은 어떤 방법으로든 가시적인 조치를 보여주기 위해 북한을 제외한 6자회담 당사국들의 고위급 회담들을 계획하기 시작했다. 당시 한미 외무 장관 회동도 그러한 가시적 조치 중의 하나였다. 반기문 외교 장관이 그러한 고위급 회동의 계획을 늘어놓자, 라이스 장관은 "아, 우리가 '달력외교(Calendar Diplomacy)'를 하자는 말이군요."라고 미소를 머금었다. 내용이 무엇이든 달력에 회담 약속을 적어놓고 그 계획에 따라 행동하자는 말이었다.

그보다 12년 전 한국의 외무 장관으로서 북핵 문제를 다룬 경험이 있었던 나는 당시 한미 간 고위급 회담을 목격하면서 실망감을 느끼지 않을 수 없었다. 북핵 문제를 다루면서 북한에 어떻게 대응한다거나, 북한의 핵무기 보유 선언에 실질적인 조치를 취하는 게 필수적이라고 느꼈기 때문이다. 1993~1994년 위기 당시 외무부 장관으로서 미국의 정책가들과 북핵 문제를 논의할 때는 다음 회의를 언제 누구와 열 것인가를 논의하는 데 그치지 않고 구체적인 전략과 조치들을 강구했다. 문제에 대한 실질적인 대책을 논의하는, '머리를 짜내는(brainstorming)' 자리가 되었던 것이다. 예컨대 수수방관하면서 비난과 경고만 했을 때의 부작용과 그에 상응하는 대가는 무엇인가, 어떠한 조치를 취해야 효과적이고 의미가 있는가 등에 관한 논의를 했던 것이다.

그러나 이때 북한이 핵보유를 선언한 것에 아무런 대응책도 내놓지 못한 데는 그 나름대로 이유가 있었다. 첫째는 미국과 한국이 북핵 문제와 관련하여 너무나 상반된 견해와 접근 방법을 가지고 있었기 때문에 두 나라가 같이 취할 수 있는 대안이랄 것이 거의 없었다. 북핵 문제와 관련한 한미 양국의 회의는 협의라기보다는 강경책을 취할 것인지 온건책을 취할 것인지의 선택을 놓고 양측이 협상이나 논쟁하는 자리가 되기 일쑤였다. 역설적으로 이렇게 의견이 맞지 않았던 한미 양국도 북한이 핵무기를 가졌다고 선언하자 곧바로 공동 대처 방안 강구에 나섰다. 미국은 그동안의 정책적 실패를 인정하고 싶지 않았고, 한국은 북한과 더 큰 갈등을 우려했던 것이다.

이렇듯 답답한 한미 외교 수장 간의 만남이었지만, 생각하면 웃음이 나는 일도 없지 않았다. 당시는 3년간 한국에서 주한 미국 대사로 있던 토머스 허바드가 이임한 지 얼마 안 된 때였고 한국은 누군가 알려진 사람이 임명되기를 희망하고 있던 때였다. 반기문 장관은 라이스 장관에게 되도록 빨리 좋은 사람을 한국에 보내달라고 요청했다.

내가 주미 대사직을 마치고 귀국하기로 되어 있는 사실을 알고 있던 라이스 국무 장관은 나에게 다가와서 "한 대사님, 관심이 있으십니까?(Are you interested?)"라고 웃으며 물어보았다. 나도 농담으로 받아넘겼다.

"그렇지 않아도 이미 내가 미국과 너무 가깝다고 말하는 사람들이 있습니다."

주미 대사직을 마무리하다

|장관과 대사 시절의 보람|

나는 2003년 고려대학교를 휴직하고 주미 대사로 갔다. 그런데 2005년에 정년퇴직을 할 때가 됐다. 처음 대사직을 수락할 때는 미국에서 '노무현 대통령 당선인이 반미다.'라는 인식이 있어서 이것을 없애는 데 도움이 된다면 내가 좀 봉사를 할 수도 있지 않을까 하는 생각이 있었다. 그런데 이제 2년이 되어 가는 시점에서 이미 반년쯤 전에 대통령에게 편지를 써서 '2005년 1월까지는 그만 물러나고, 학교에서 정년을 맞고 싶다.'는 뜻을 전했다. 그때 비서실장이 전에 연세대 총장을 지낸 김우식 씨였는데, 편지를 대통령에게도 보내고 김 실장에게도 사본을 보냈다. 대통령 임기가 5년이므로 주미 대사를 대통령과 임기를 같이하든지, 아니면 중간에 어느 시점에선가 바꾸는 것이 좋은데, 2년이라면 조금 짧기는 하지만 그러나 그 정도 시점에서 그만두는 것이 여러모로 좋겠다고 생각했다. 다행히 노 대통령이 그러한 내 뜻을

받아들여주었다. 본인도 새로운 사람을 보냈으면 좋겠다는 생각을 했을 수도 있다고 본다.

장관과 대사 시절 중 또 하나의 보람은 같이 가깝게 일했던 사람들이 후에 순풍에 돛 단 듯 주요 직책에 이르는 것을 보는 기쁨이었다. 내가 장관 때 보좌관을 지낸 사람들, 워싱턴에서 같이 일한 사람들이 후에 장, 차관을 맡고 본부와 워싱턴에서 비서관 역할을 한 사람들이 주요 대사직도 맡았다. 그들은 모두 자신의 실력과 신념으로 현재의 위치에 도달한 사람들이다. 한 치의 특혜나 부끄럼 없이 지금의 직책을 맡은 사람들로서, 우리나라 외교에 크게 기여하고 있다. 학교 제자들까지 합하면 수많은 인재가 우리나라 외교에 기여하고 있고 외교적 업적을 이루고 있는 셈이다. 교수로서, 선배 외교관으로서 이보다 기쁘고 보람찬 일은 찾아보기 힘들 것이다.

4부

민간외교의 길

분단국의 비극

|키프로스 유엔 사무총장 특별대표|

1994년 12월 나는 외무부 장관 자리에서 물러나 대학으로 복귀했다. 이후 2003년 4월 주미 대사직을 맡을 때까지 교수로 봉직하면서 세 가지 주요 외교활동에 종사했다. 첫 번째는 1995~1996년에 걸친 키프로스 유엔 사무총장 특별대표로 활동한 일이 있고, 두 번째는 1996년 1년간 르완다 인종학살(1994년) 조사위원으로 참여했다. 세 번째는 우리나라 정부의 요청으로 반관반민 기관인 EAVG(동아시아 비전그룹)의 위원장 역할을 수행했다.

대학으로 돌아온 후 나는 반년 간의 안식년을 받아 1995년 봄학기는 스탠퍼드대학에서 초빙교수로 '동아시아 국제정치'라는 과목을 가르쳤다. 장관이 되기 전인 1992년 봄에도 이 대학에서 초빙교수로 강의한 적이 있었는데, 우연치 않게도 장관직에서 물러난 후 짧은 기간이나마 같은 대학에서 다시 강의를 하게 되었다. 오랜만에 정부 일과 그에 부수되는 정치권, 언론, 외교 문제 등을 떠나 순수하고 똑똑한 학생들만 상대하다 보니 새삼 교수라는 직업이 직업 중에는 최고가 아닌가 싶었다. 한국과 미국의 동료 교수들과 학자들을 자주 만날 수 있는 기회를 갖게 된 것도 무척이나 즐겁고 유익한 일이었다.

1995년 가을, 절친한 사이인 하버드대학의 에즈라 보겔(Ezra Vogel) 교수가 소장으로 있는 페어뱅크 동아시아연구센터(Fairbank Center for East Asian Research)의 초청을 받아 하버드대학에서 3회의 강의를 하는 라이샤워 기념강연(Reischauer Lecture Series)을 위해 캠브리지에 머물고 있었다. 어느날 부트로스-갈리 유엔 사무총장에게서 전화가 왔다. 키프로스의 유엔 사무총장 특별대표를 맡아달라는 부탁이었다. 키프로스에는 유엔평화유지군이 주둔하고 있으며 유엔 직원도 상주하고 있으나 여전히 분쟁이 계속되고 있고 분단 당사자 간의 협상은 진전이 없는 상태이니 같은 분단국인 한국의 외무 장관을 지낸 내가 사무총장의 특별대표 역할을 맡아달라는 것이었다. 나는 오래전부터 분단국 문제에 많은 관심을 가져온 데다 우리가 한국인, 그리고 아시아인으로서 유럽 등 다른 지역의 국제 평화 문제 해결에 기여하는 것도 크게 의미 있는 일이라는 생각에 기꺼이 그의 제의를 수락했다.

나는 우선 키프로스의 역사와 현황을 조사해보았다. 키프로스는 지중해에서 세 번째로 큰 섬으로서 북쪽으로는 터키가 육안으로도 보이는 가까운 거리에 위치하고 있고, 동쪽에는 시리아와 레바논 그리고 이스라엘, 서쪽에는 그리스, 남쪽에는 이집트가 있다. 이러한 지정학적 위치 때문에 역사적으로 키프로스는 수많은 외부 세력의 침략을 받았다. 미케네, 이집트, 아시리아, 페르시아, 알렉산드로스 대왕의 마케도니아, 로마, 비잔티움제국, 베네치아공화국, 오스만제국, 터키, 그리고 영국에 이르기까지 키프로스를 지배했던 나라와 세력들은 이루 헤아리기도 어려울 정도로 많다. 1925년 키프로스는 영국의 왕령 식민지(Crown colony)가 되었으나 1960년 8월에 영국, 그리스, 터키가 맺은 협정으로 독립을 얻었다. 다만 아크로티리와 데켈리아 두 군사 지역은 지금도 주권 기지(Sovereign Base)라는 이름으로 영국의 지배하에 있으며 영국과 미국 공군의 항공 기지로서 중요한 역할을 하고 있다.

유럽 국가의 식민지가 되었던 유일한 유럽 국가

총 인구가 약 80만 명에 달하는 키프로스는 종교적으로 정교회의 그리스계가 약 78%, 이슬람교의 터키계가 약 18%를 차지하며, 그 외 소수 기독교 종파의 주민들이 있다. 역사적인 우연이겠으나 한국이 다른 아시아 국가(일본)에 식민화되었던 유일한 아시아 국가였던 것처럼 키프로스는 다른 유럽 국가의 식민지가 되었던 유일한 유럽 국가였다.

어쨌든 나에게는 생소했던 키프로스의 사회적 배경을 이해하기 위하여 지역 전문가의 추천을 받아 더럴(Lawrence Durrell)의 〈쓰디쓴 레몬 *Bitter Lemons*〉이라는 책을 읽었다. 30대의 영국 청년이었던 더럴이 키프로스에서 지낸 3년간(1953~1956)의 생활을 묘사한 자전적인 이 책은 그 당시 키프로스에서 그리스계 민족주의자들이 영국의 지배에

항거하여 '독립'을 외치며 무력 투쟁을 전개했던 일과, 수백 년간 작은 섬에 섞여 살면서 갈등을 겪어온 그리스계 키프로스인들과 터키계 키프로스인들 간의 증오와 관용의 관계를 자신의 체험을 바탕으로 하여 균형 잡힌 시각에서 서술한 책이었다. 내가 유엔 특별대표가 되기 약 40년 전의 이야기이기는 하지만 키프로스의 사회, 문화, 주민의 생활과 정서, 분단의 배경 등을 이해하는 데는 둘도 없이 귀중한 책이었다. 특별대표가 된 후에 북키프로스 지역의 벨라페이스(Bellapais)에 소재한 저자의 옛집 'Bitter Lemons House'도 일부러 방문했다. 그리스계 주민과 터키계 주민을 두루 겪어본 더럴에 따르면 그리스계는 감정 기복이 심하고 감정을 겉으로 많이 드러내는 반면, 터키계 주민은 감정 기복도 적고 쉽게 감정을 드러내지 않지만 한 번 화가 나면 확실하게 행동으로 표출한다고 한다. 내가 키프로스 문제에 관여하며 그리스인과 터키인을 상대해보니 정확한 분석이었음을 확인할 수 있었다.

남과 북의 불안한 공존

키프로스에서는 여러 세기 동안 언어, 문화, 종교를 달리하는 그리스계 주민과 터키계 주민이 섞여 살며 분쟁을 겪어왔는데, 1974년에 이르러서 남북으로 갈라서게 되었다. 당시 그리스 군사정권의 지원을 받은 그리스계 키프로스 민족주의자들이 키프로스를 그리스에 병합하고자 쿠데타를 일으켰고, 이를 막기 위해 터키가 키프로스를 침공하여 섬의

37%를 점령하고 섬 북부에 북키프로스 정부가 수립되면서 남북이 분단되었다. 분단 후 그리스와 터키는 각각 키프로스공화국과 북키프로스 터키공화국의 '모국'을 자처해왔다. 국제적으로 승인된 키프로스 유일의 합법 정부인 키프로스공화국은 법적으로 영국에 할당된 군사 기지 지역을 제외한 키프로스 섬 전체 및 모든 해역에 대한 주권을 갖고 있으나, 사실상 북부의 북키프로스 터키공화국과 분단된 상태로 있었다. 또한 그리스계 키프로스는 국제적 승인을 독점하여 모든 국제기구에 회원국으로 참여한 반면, 터키계 키프로스는 터키만이 유일한 승인국으로서 국제적으로 고립된 신세를 면치 못했다. 경제적으로도 키프로스공화국(그리스계)은 매우 선진적인 수준을 보였다.

남북으로 갈라진 분단국이라는 점에서는 우리나라와 같으나, 주민 간에는 영어 외에 공통된 언어도 없고, 상극의 종교와 분쟁의 역사를 가진 두 민족의 불안한 공존만이 있을 뿐이다. 분단 이후 북쪽에 있던 17만여 명의 그리스계 키프로스인들과 남쪽에 있던 5만여 명의 터키계 키프로스인들이 각각 터전과 재산을 잃고 자기 쪽 지역으로 이주했으며, 지금도 떠난 지역에 남겨두고 온 재산권 문제가 큰 분규의 불씨가 되고 있다. 양측 주민 사이에 그나마 갖고 있던 공통점을 더욱 상실하게 된 이유는 분단 후 10여만 명으로 추정되는 터키인이 터키로부터 이주해 북키프로스에 정착했기 때문이다. 남과 북키프로스 사이에는 '그린 라인(Green Line)'이라고 하는 중립지대가 우리나라의 휴전선 비슷한 경계 띠를 이루고 있는데, 내가 키프로스의 유엔 특별대표로 가게 되었을 즈음에도 가끔씩 분쟁과 사고가 일어나곤 했다.

키프로스 그린 라인 시찰.
1995년 8월.

나는 상주하지 않는 특별대표였으나 한번 키프로스를 방문하면 최소한 2주에서 길면 3, 4주 정도의 체류 시간이 소요되었다. 서울에서 키프로스의 수도인 니코시아에 가려면 유럽에서 환승하는 것이 필수적인 데다 키프로스를 방문하면 으레 그리스의 수도 아테네와 터키의 수도 앙카라를 반드시 방문해야 했기 때문이다. 키프로스에서 터키로 가려면 직행 비행기가 없으므로 니코시아에서 그리스의 아테네로, 아테네에서 터키의 이스탄불로, 또 이스탄불에서 앙카라까지, 직행이면 한 시간도 안 될 거리를 비행기를 세 번씩 갈아타고 5시간을 비행해야 하는 번거로움이 있었다. 또 당시 순번제로 돌아가는 유럽공동체(EC)의 주무국과 뉴욕에 있는 유엔 본부도 들르는 것이 보통이었다. 그 당시에는 유엔을 포함하여 영국 등 키프로스에 이해관계가 있는 나라들이 키프로스 분단에 돌파구가 생길지도 모른다는 기대감에서 각자 국가

별 특별대표를 임명하기도 했다. 영국은 물론, 미국, 독일, 프랑스, 핀란드 등이 그러했다. 흥미롭게도 키프로스 섬의 크기에 비해 상당히 넓은 '주권 기지'를 갖고 있는 영국의 경우 그 특별대표가 전 주유엔대사였던 데이비드 하네이 경(Sir David Hannay)이었는데, 국내외적으로 존경받는 유능하고 리더십 있는 외교관으로 알려진 인물이었다. 그러나 적어도 내가 받은 인상으로 그는 여전히 키프로스가 과거 영국의 피식민지였다는 사실을 지나치게 의식하고 있는 것 같았다.

나는 키프로스를 방문할 때마다 니코시아 시내에 있는 경계선에서 각기 멀지 않은 위치에 있는 양쪽의 정부 청사에서 키프로스공화국 대통령과 북터키공화국 지도자(유엔 대표는 그를 대통령이라고 부를 수가 없었다.)를 만나 면담을 했다. 당시 두 사람 모두 80세에 가까운 고령으로 과거 영국에서 변호사(barrister)를 지낸 사람들이었는데, 말도 잘하고 논리도 정연하며 신념도 확실한 사람들이었다. 다만 정치적 입장의 제약으로 양보와 타협이 가능하지 않은 사람들이었다. 유엔 대표의 어려운 점은 객관적으로 양측의 입장이나 입지가 동등하지 않지만 적어도 겉으로 드러나는 언행으로는 양측을 동등하게 취급하는 모습을 보여주어야 한다는 점이었다. 우리나라는 키프로스공화국과 외교관계를 갖고 있으며 주그리스 대사관이 겸임 공관의 역할을 하고 있다. 터키계 키프로스는 자국을 '북키프로스 터키공화국'이라고 부르고 있으나 유엔 특별대표인 나는 물론 터키를 제외한 다른 나라의 외교관들도 그러한 명칭을 쓸 수 없을 뿐 아니라 지도자(본인은 대통령[President]이라고 부름)를 부를 때도 '각하(Excellency)' 또는 '지도자(Leader)'가

고작이었다.

특별대표가 위촉받은 업무는 분쟁을 해소하고 통합을 추진하기 위해 키프로스의 당사자들인 그리스계와 터키계 지도자들의 의견을 청취하고 그들이 타협과 합의를 이룰 수 있도록 설득하는 것, 그들의 '모국' 역할을 하는 그리스와 터키를 방문하여 협조를 확보하는 것, 유럽 각국과 미국 등 관련국들의 견해를 듣고 협조를 구하는 것, 유엔 본부와의 원활한 협조와 소통을 통해 유엔이 효과적인 역할을 할 수 있게 하는 것, 그리고 키프로스에 주둔하고 있는 키프로스 유엔평화유지군(UNFICYP)의 활동을 점검, 격려하는 것 등이었다.

그리스계 키프로스인과 터키계 키프로스인 사이의 싸움을 방지하기 위해 1964년부터 파견되기 시작한 키프로스 유엔평화유지군은 30여 년 후인 1995년 당시까지도 연장 유지되어 1,000여 명이 주둔하고 있었다. 기간 동안 임무 수행 중 사망자만도 100명이 넘었다. 내가 방문할 당시에는 평화유지군을 가장 많이 보낸 아르헨티나의 장군이 사령관이었는데, 2001년부터 2003년까지는 우리나라의 황진하 장군(후에 새누리당 국회의원)이 사령관을 맡기도 했다.

키프로스는 우리나라처럼 남과 북이 전면 전쟁을 한 적은 없다. 그러나 분단이 된 계기가 터키가 무력으로 북부 키프로스를 침공하여 점령한 데서 연유했다는 점에서 무력에 따른 분단이라고 할 수 있다. 키프로스와 우리나라의 또 한 가지 다른 점은 우리나라에는 남과 북의 주민들 사이에는 같은 민족이라는 공동체 의식이 있고 서로에 대한 적개심은 대체로 없는 반면, 키프로스에는 양측 주민들 사이에 공통점은 별로 없고 서로 적대적 관계라는 것이다.

그리스계인 키프로스공화국은 국제적으로 승인받는 유일한 합법 정부로서 통일의 조건으로 분단 이전의 재산권 문제 정리, 인구 비례에 따른 정치 구조 조정, 북키프로스에서 터키의 영향력과 잔재 청산 등의 조건을 고수했다. 또한 통일된 국가로서 또는 키프로스공화국 단독으로라도 유럽공동체(EC, 후에 EU)의 멤버가 되기를 희망했다. 남북키프로스 간에 합의가 제대로 이루어지지 않자 2008년 그리스의 지지로 키프로스공화국은 단독으로 EU에 가입하게 되었다. 북키프로스공화국은 국제적으로 고립되고 경제적으로 낙후된 상태에서 터키에 대한 경제적, 외교적 의존도가 높았다. 이러한 상황에서 터키는 북키프로스를 자신들의 영향권에서 '해방'시키는 대신 그것을 터키가 EC에 가입하는 레버리지(지렛대)로 삼으려 했다. 남북키프로스와 그들을 지원하는

키프로스의 유엔평화유지군 시찰. 1996년 7월.

'모국'들의 이러한 상이한 이해관계는 문제 해결을 더욱 어렵게 만들었다. 키프로스의 양측과 그리스, 터키 양국은 내부적으로 온건파와 강경파가 나뉘어 키프로스 양 지역에서는 선거 때마다 대결이 표면화되고 많은 경우 강경파가 우세를 점하는 가운데 문제 해결은 더욱 어렵게 되었다.

강대국들의 이해관계도 다양했다. 영국은 1960년 이래 보유해온 '주권 기지'를 유지하고 이를 위해 키프로스 문제 전반에 대한 영향력을 행사하려 했고, 미국은 영국의 기지들을 중동, 유럽 등에 대한 군사력 투사(projection)의 발판으로 활용하려 했다. 따라서 영미 양국은 기본적으로 키프로스의 현상 유지를 선호하는 입장이었다. 러시아에는 당시 공산체제 몰락 후 경제적 성장과 자유화에 따라 자본가 계층이 형성되고 있었는데, 그들이(특히 마피아로 알려진 음성 자본가 계층) 금전 세탁과 자본 예치 등을 위해 키프로스와 같이 자본의 통과와 운용이 자유로운 국가를 필요로 하게 되었다. 내가 대표로 있는 동안 러시아로부터 유입되는(또는 통과하는) 자본이 매월 10억 달러에 달한다는 정보가 있었다. 한때는 키프로스공화국이 러시아로부터 터키 공격이 가능한 미사일을 구매할 계획이 있다는 보도가 나와 미국과의 관계가 소원해진 적도 있다.

이러한 상황에서 유엔 사무총장 특별대표의 당면한 과제는 양측의 분쟁이 무력, 폭력화하는 것을 방지하고 나아가서 문제의 근본적인 해결책을 찾는 것이었다. 나는 양측 지도자들과 빈번히 요담하는 한편 각국과 EC 본부를 방문하여 담당자들을 만나고 또 영, 미, 러, 스웨덴,

핀란드 등 각국이 임명한 특별대표들과도 문제의 돌파구를 찾으려 노력했다. 다행히 내가 있는 동안 심각한 무력 분쟁은 없었으나, 외교적으로 큰 진전은 보지 못했다. 나의 전임자로 있던 캐나다의 클라크(Joe Clark) 전 총리나 나의 후임자들도 같은 상황이었다. 나는 키프로스 대표로 부트로스 갈리 유엔 사무총장의 위촉을 받았는데 1년 후 그가 그만두고, 가나 출신의 코피 아난이 사무총장으로 선임되었다. 나는 키프로스 임무가 중요하기는 하지만 애쓰는 만큼 성과가 나오지 않다 보니 큰 보람을 느끼지 못했을 뿐 아니라 시간적으로 대학에서 또 휴직을 하지 않는 한 교수직과 양립시키기가 어려운 직책임을 절감하게 되어 특별대표의 임무에서 벗어나겠다고 아난 총장에게 통고했다. 그도 총장으로 취임하여 새로운 시작을 계획하고 있던 차여서 사의를 받아주었고, 그 직후 1994년의 르완다 인종학살에 대한 유엔 특별 조사위원을 맡아줄 것을 나에게 요청했다.

인종학살의 비극

|르완다 인종학살 조사위원|

르완다 인종학살(genocide)이란 1994년 르완다에서 벌어진, 후투족에 의한 투치족과 후투족 중도파 집단학살을 말한다. 4월 초부터 7월 중순까지 불과 100여 일간에 최대 100만 명이 살해된 것으로 추정된다. 이러한 엄청난 사건이 일어나는 동안 르완다 평화유지군을 포함한 외국 군대들은 집단학살을 방지하지 못했고 저지하거나 억제하지도 못했다. 이 문제와 관련해 휴먼 라이츠 워치(Human Rights Watch) 등 인권 관련 NGO들은 당시 유엔의 소극적 대처를 맹렬히 비난했다. 공교롭게도 당시 유엔평화유지군 담당 사무차장이었던 코피 아난이 1996년 사무총장에 선임되자 인권단체와 세계 언론은 르완다 인종차별에 대한 코피 아난의 책임을 연일 추궁하는 단계에 이르렀다.

이러한 논란에 어떤 형식으로나마 종지부를 찍으려는 의도로 아난 총장은 1999년 3월 유엔이 위촉하는 조사위원회를 구성하기로 결정했다. 위원회의 멤버는 잉바르 칼손(Ingvar Carlsson) 전 스웨덴 총리, 나이지리아의 루프스 쿠포라티 장군(전 육군 참모장), 그리고 한국의 한승주 전 외무부 장관이었다. 그리하여 나는 10개월 동안 르완다 인종학살 조사위원으로 활동하게 되었다. 이 과정에서 르완다를 방문하여 20세기 후반 최악의 인종학살 현장을 살펴보고 피살자 가족은 물론 정부 관료들의 증언도 청취할 기회를 가졌다. 또한 르완다, 탄자니아, 우간다 등 아프리카 각국의 정부 인사들과 벨기에, 프랑스, 영국 등 유럽의 관료들, 미국의 외교관들을 면담하는 기회도 갖게 되었다.

르완다 인종학살은 르완다 전체 인구의 20퍼센트, 투치족의 70퍼센트에 달하는 엄청난 생명을 빼앗아간 사건으로서 1940년대 나치독일의 유태인 학살(600만 명 추산), 1970년대 캄보디아 크메르 루즈가 저지른 동족 살해 사건(200만 명 이상 추산)과 함께 20세기 3대 학살로 기록되는 참사였다. 최대 100만 명이 살해당했으므로, 1일에 1만 명, 1시간에 400명, 1분에 7명 정도가 피살되었다는 이야기다.

학살 준비는 정부 차원에서 계획된 것이었다. 학살 개시 당시 이미 르완다 내에서는 3만여 명이 AK-47 소총과 수류탄 등으로 무장되어 있었다. 문제는 르완다 사정에 정통한 프랑스, 벨기에, 미국의 당국자들이 이러한 대량살상 계획을 알고 있었으나 이런저런 이유로 방지 대책을 강구하지 않았다는 것이다. 프랑스는 르완다의 인종 분쟁에서 후투족을 지지하는 입장이었고, 벨기에의 최대 관심은 자국민을 보호하는 것이었다. 미국은 불과 1년 전(1993년) 소말리아 내전에 개입하여 15명의 미군 병사가 처형된 악몽을 되살리기 싫어하는 입장이었다. 인종학살이 개시된 후에도 미국 등 주요국들은 대량학살(genocide)이라고 규정짓지 않았는데, 그 이유는 만약 그 사태를 대량학살이라고 규정지을 경우 1948년에 체결된 '대량학살 방지와 처벌에 관한 협약(Convention on the Prevention and Punishment of the Crime of Genocide)'에 서명한 국가들은 법적 의무를 지게 되어 있었기 때문이다.

르완다 인종학살은 소극적인 태도를 보인 유엔에도 분명 큰 책임이 있다. 대량학살에 대한 경고는 르완다에 이미 파견되어 있던 UNAMIR(유엔평화유지군)을 통해 본부에 전달되었음에도 불구하고 유엔은 그에 적극적으로 대처하지 못했다. 당시 가나의 코피 아난이 유엔의 평화유지군 담당 사무차장으로 있으면서 미국 등 상임이사국들의 청신호를 받지 못했고, 르완다 주재 유엔평화유지군의 학살 저지를 위한 직접적인 개입은 위임된 임무(mandate)에 포함되지 않는다는 이유로 허락되지 않았다. 결국 국제사회는 비극적 사태를 예방하지 못했을 뿐 아니라 평화유지군이 엄연히 주둔하고 있었음에도 투치족과 후투족 간의 내전이 재발하는 사태를 방치했으며, 후투족의 대량학살 행위도 막지 못했다. 심지어 1994년 4월 대량학살이 시작된 후 평화유지군의 사상 소식이 전해지자 유엔 안보리는 270명을 제외한 모든 평화유지군 병력을 르완다에서 철수시켰다. 이는 참혹했던 보스니아 내전(1992년) 때와 마찬가지로 분쟁 당사자 사이에서 중립을 지켜야 한다는 구실 아래 유엔군의 무기력함과 방관자적 태도를 그대로 보여준 사례였다. 각국 지도자들은 자국민 사상자가 발생할 경우 들끓게 될 자국 내 비판 여론과 이에 따른 자신들의 정치적 입지 약화를 걱정하고 있었던 것이다. 결국 어떤 회원국도 자국의 자원과 인명 손실을 감수하면서까지 국익과 직접적으로 관계없는 나라의 위기 상황에 적극적, 주도적으로 개입하려 들지 않았던 것이다.

평화유지군의 존재가 오히려 르완다에서 더 많은 희생자를 낸 화근이 되었다는 주장도 있다. 실제로 쫓기는 투치족이 벨기에군을 포함하는 유엔평화유지군의 보호를 받기 위해 운동장에 집결했을 때 평화유지군이 그들을 보호하지 못하여 결과적으로 수백 명의 투치족이 학살된 적도 있었다. 후일 미국 등 관련국들이 자신들의 무책임한 대응을 통감하여 르완다 국민에게 사과하고 다시는 유사한 사태가 일어나지 않게 하겠다고 약속했으나 그러한 약속도 다른 학살(예컨대 아프리카 수단의 다푸르 지역에서 벌어진 소위 '인종청소') 및 난민 위기를 막기 위한 어떤 효과적인 개입으로 이어지지 못했다.

실례로 클린턴 미국 대통령은 대규모 인종학살이 자행된 지 4년째 되는 1998년 3월 르완다의 수도 키갈리를 방문하여 희생자들을 추모하고 가족들을 위로하면서 미국을 포함한 국제사회가 의도적이고 조직적인 살상을 방지하지 못한 것을 사과하고 다시는 그러한 일이 일어나지 않도록 하겠다고 약속했다. 그러나 클린턴 역시 대통령 임기 중 일어난 다른 지역에서의 인종학살에는 역시 소극적이거나 속수무책의 태도를 보이는 데 그쳤다.

인종학살이 일어나고 있는 과정이나 그 후의 사태에서 각국 정부나 유엔보다는 오히려 휴먼 라이츠 워치, 국제적십자사 등 NGO들의 역할이 더 돋보였다. 2005년에 〈호텔 르완다〉라는 영화가 개봉되었다. 르완다 대량학살 사태를 다룬 이 영화는 '2005년판 쉰들러 리스트'로서 대중의 관심을 환기시킨 바 있다. 이 영화 속의 호텔 매니저 폴 루세사바기나(후투족)는 위험을 무릅쓰고 1,268명의 투치족을 자신의 호텔에 피신시켜 목숨을 구해준 실존 인물이다.

100일이라는 기간 계속된 대량학살은 당시 우간다에서 훈련을 받던 투치족 중심의 반군인 RPF(르완다 애국전선)가 학살을 지휘하던 후투 정권을 몰아내고 폴 카가메를 대통령으로 하여 권력을 장악함으로써 종지부를 찍었다. 그러나 인종학살이라는 대참사는 르완다에는 학살을 자행한 자들의 체포와 처벌, 종족 간의 화해, 종족 분쟁 종식, 경제와 사회 복구라는 어려운 문제들을 남겼고, 국제사회에는 범법자들의 재판과 정의 구현, 평화유지군을 포함한 유엔의 좀 더 효과적인 개입 능력과 방법의 구축이라는 과제를 남기게 되었다.

내가 위원으로 참여한 유엔 르완다 인종학살 3인 조사위원회는 1999년 3월부터 12월까지 심층적인 조사를 수행하고 다음과 같은 조사 보고 및 건의서를 제출했다.

1. 유엔의 준비 부족

유엔이 르완다에서 인종학살을 사전에 방지하지 못하고 진행을 저지하지 못한 것은 그러한 대규모 학살을 방지하기 위한 자원(resources)과 의지(will)를 갖지 못했기 때문이다. 특히 학살이 시작된 후 유엔 자체에 정치적 리더십이 결여되고, 대응할 수 있는 군사적 능력이 부족했으며, 지휘와 통솔(command and control) 및 조정(coordination) 능력은 물론 기강(discipline)도 갖추지 못했다. 유엔 르완다 지원군(UNAMIR)은 충분히 훈련된 병력(well-trained troops)이나 효과적으로 사용할 수 있는 병기(functioning material)를 보유하지 못했다. UNAMIR는 정치적 지도력(political leadership)도, 군사력도, 지휘 통솔의 능력도, 또 조정 능력과 기강도 갖추지 못한 조직이었다.

2. UNAMIR의 권한(mandate) 미흡

UNAMIR가 임무를 수행하는 데 실패한 근본적 원인은 위임받은 권한이 미흡했기 때문이다. UNAMIR가 구성될 때(1993년 10월)에는 르완다에서 평화 협상이 성공적으로 이루어질 것을 전제로 했으며 사태가 악화되어 종족 간 대규모 살육이 자행될 것을 상정하지 못했다. 따라서 그러한 경우를 대비한 병력과 무기 체제는 물론이려니와 그러한 경우에 적용될 교전 규칙(Rules of Engagement)도 갖추고 있지 않았다. UNAMIR는 유엔 본부에 그러한 규칙을 승인해줄 것을 건의했으나 본부는 요청에 아무런 대답을 주지 못했다. 실제로 인종학살이 체계적으로 자행되기 2주 전 인권위원회의 특별 보고관은 르완다에서의 대규모 종족학살(genocide) 준비가 진행될 가능성을 언급했으나 유엔과 UNAMIR는 이 보고서에 대해 아무런 주의도 기울이지 않았다.

인종학살 개시 전 후투 정권이 학살을 준비하고 있다는 정보를 제공한 UNAMIR 사령관은 르완다에서 UNAMIR가 평화유지 임무를 제대로 수행하기 위해서는 최소한 4,500명의 병력이 필요하다고 예상했으나 유엔 사무총장은 2,545명의 평화유지군을 제안했고 결국 2,500명이 편성, 파견되었다. 인종학살이 개시되었을 때 르완다에 주둔하던 2,500명의 평화유지군이 효과적으로 운영되었다면 대규모 학살을 저지시키거나 최소한 제한할 수 있었을 것이나 위에 지적한 한계로 말미암아 오히려 유엔평화유지군이 마비되는(paralyzed) 굴욕적인 상황까지 가게 되었다.

3. UNAMIR에 주어진 권한의 이행 문제

UNAMIR는 제한적이나마 주어진 권한조차도 효과적으로 이행하지 못했다. 유엔 본부는 일관성 있게 UNAMIR의 중립성을 유지하는 데 중점을 두었고, 따라서 사태가 악화되는데도 불구하고 유엔은 학살을 방지하는 적극적인 조치를 취하지 못했다. 따라서 UNAMIR의 사령관이었던 캐나다 출신 달레어(Romeo Dallaire) 장군이 1993년 1월 11일 후투 정권이 투치족을 몰살시키기 위한 계획을 세우고 무기를 준비하고 있다는 정보를 보고했을 때 유엔 본부는 그것을 사무총장을 포함하는 유엔 최고위층에 전달하지 않았고, 안보리에도 알려주지 않았다. UNAMIR도 르완다에서 하브야리마나(Juvénal Habyarimana) 대통령과 정보를 공유하는 것 이외에는 더 적극적인 행동을 취하지 않았다. 이러한 상황은 인종학살을 계획하는 극단주의자들에게 UNAMIR가 적극적으로 대응하지 않을 것이라는 시그널을 주었다.

4. 회원국들의 정치적 의지(Political Will) 결여

인종학살이 개시된 후 과거 르완다의 식민국이었던 벨기에는 10명의 자국 유엔평화유지군이 살해된 후 르완다에서의 철수를 결정했고 몇몇 다른 나라들도 철수를 계획했다. 유엔 안보리가 초기에는 UNAMIR의 병력을 축소하는 결정을 했으나 후에 뒤늦게나마 5,500명으로 증원하기로 결정한 뒤에도 회원국들은 유엔의 파병 요청을 거절했다. 엄청난 인구가 학살당한다는 인도주의적 차원의 문제가 있음에도 불구하고 르완다에서의 위험을 감수하는 데 따른 지정학적 이익을 찾기 어려웠기 때문이다.

5. 정치 지도자 및 민간인 보호 실패

학살자들은 인종에 상관없이 온건파 정치 지도자들을 살해했는데, UNAMIR는 그들을 보호하는 데 실패했다. 살해된 정치 지도자들 중에는 UNAMIR가 보호 중이던 사람들도 있었다. 또한 수많은 투치족과 온건파 후투족 민간인들이 학살되었는데, 수천 명의 민간인이 보호를 받기 위해 유엔평화유지군이 주둔하는 운동장 등에 운집했으나 유엔평화유지군이 그들을 방기한 채 철수함으로써 오히려 용이한 학살 표적으로 만든 경우도 있었다. 위험을 알면서도 민간인들을 포기함으로써 유엔의 신뢰는 크게 손상되었다. 뿐만 아니라 유엔은 유엔평화유지군 자신들뿐 아니라 유엔 기관에 종사하는 르완다 직원들을 보호하는 데도 실패했다. 14명의 유엔군과 수많은 민간인 직원이 살해되었다. 르완다 유엔 직원으로 종사하던 사람들은 유엔이 타국의 유엔 직원들은 철수시키면서 르완다인 직원은 방기함으로써 그들을 위험에 처하게 했음을 크게 원망하고 있다.

이렇듯 유엔은 르완다 국민을 크게 실망시켰을 뿐만 아니라 인권과 생명을 보호한다는 보편적 가치를 지키는 데에도 실패했다. 이는 유엔이라는 기관의 실패이며 동시에 회원국들, 특히 안보리 상임이사국을 구성하고 있는 5대 강대국들의 책임이라는 사실이 반드시 지적되어야 한다. 따라서 조사단이 제시한 주요 건의 사항 중에는 다음과 같은 조치들이 포함되었다.

첫째, 유엔 사무총장은 유엔 전체가 참여하는 인종학살 방지를 위한 행동 계획을 개시해야 한다.

둘째, 유엔, 특히 안보리와 유엔군 파견국들은 인종학살은 물론 인권의 심각한 침해에 일관성 있는 기준을 가지고 대응해야 한다.

셋째, 유엔의 조기 경보 능력이 개선되어야 하며, 이는 NGO와 학계 및 유엔 사무국과의 긴밀한 협조 체제로 이루어져야 한다.

넷째, 유엔 체제 안에서의 정보 소통이 원활하게 이루어져야 한다. 또한 안보리와의 정보 소통, 인권 문제들에 정보 소통이 개선되어야 한다.

다섯째, 국제사회는 인종학살 이후 르완다에서의 사회 재건 노력을 적극적으로 지원할 것이며 특히 파괴된 인프라 재건, 인종 간의 화해, 인권 존중을 위해 르완다를 지원해야 한다. 또한, 국제사회는 생존자와 희생자의 가족들, 귀환하는 난민들, 그리고 학살에 영향을 받은 다른 집단들에 큰 관심을 가져야 한다.

끝으로, 유엔은 르완다의 인종학살을 방지하고 저지하는 충분한 역할을 하지 못한 데 대한 책임을 인정해야 한다. 사무총장은 유엔과 르완다 간의 관계가 새로운 시작을 할 수 있도록 최대한 노력해야 한다.

이러한 조사위원회의 보고서는 코피 아난 유엔 사무총장이 르완다 인종학살 당시 유엔평화유지군 담당 사무차장으로서 적절한 대응을 하지 못한 것에 대한 책임을 어느 정도 지적했다. 단, 기본적으로는 회원국들의 비적극성과 평화유지군에 대한 법적, 군사적 지원이 부족했던 데에 더 큰 원인이 있었다는 것을 지적함으로써 그에 대한 비난을 어느 정도 경감시켜줄 수 있었다. 그 후 아난 총장은 르완다 사태에 발목 잡히지 않고 총장으로서의 임무 수행에 전념할 수 있게 되었다.

이렇듯 르완다 인종학살 사건은 한 나라 안에서 일어나고 있는 인권 유린과 인명 살상에 대한 국제사회의 대응에 원천적인 한계가 있음을 적나라하게 보여주었다. 유엔과 같은 기구는 아무리 인류 보편적인 가치의 문제라 하더라도 각국의 이해타산, 국내 정치, 능력의 한계에 따라 효과적으로 개입할 수 있느냐 아니냐의 여부가 결정되기 때문이다.

동아시아 비전그룹 (EAVG)

| EAVG 의장 |

20세기가 끝나기 직전인 1999년 여름, 나는 정부로부터 동아시아 공동체 구성을 위한 협의기구인 EAVG의 의장을 맡아달라는 부탁을 받았다. 이 기구는 김대중 대통령이 1998년 12월 하노이에서 개최된 동아시아 13국 정상들의 모임인 아세안 플러스 스리(ASEAN Plus Three) 참석 시 제안했던 것으로서 동아시아 각국에서 정부가 위촉하는 2인씩을 위원으로 하여 동아시아의 협력과 통합에 관한 청사진을 만들어보자는 구상이었다. 1998년 12월 당선되어 1999년 2월 취임한 김대중 대통령은 자타가 공인하는 동아시아의 지도적 정치가로서 동아시아의 미래 비전 수립에 지도적 역할을 하겠다는 의지를 갖고 있었다.

1980년을 전후해서 일본을 선두로 네 마리의 용으로 알려진 한국, 싱가폴, 대만, 홍콩 등 동아시아의 경제 개체들이 크게 약진하고, 뒤이어 중국도 이러한 경제적 대약진 대열에 동참하게 되었다. 그 결과 아시아·태평양 지역에서는 세계경제의 축이 21세기에는 대서양에서 태평양으로 옮겨갈 것이라는 인식과 전망이 널리 퍼지게 되었다. 이러한 인식은 먼저 미국, 호주, 일본, 한국, 캐나다 등을 포함하는 태평양 연안 국가 간의 연대와 통합의 필요성과 가능성을 제시하게 되었고, 나아가 동아시아에서의 공동체 형성의 추동력을 제공해주었다.

그러나 동아시아에서는 유럽과 달리 아직도 민족과 국가 간의 갈등과 경쟁, 그리고 적대감이 완전히 해소되지 않은 상태인 데다가 국가 간의 경쟁과 상호 견제는 물론 지정학적인 분쟁과 불신 그리고 이합집산이 난무하는 상황이었다. 특히 강대국 간에 상충되는 이해관계와 불신감을 조정하거나 해소할 기구적·제도적 장치가 마련되지 못하고 있었다. 뿐만 아니라 지역의 통합과 협력을 주도할 만한 국가나 개인적인 리더십도 찾아보기 어려운 상태였다.

이러한 상황에서 동아시아 비전그룹은 동아시아의 민간 지식인들이 폭넓게 참여하여 21세기 동아시아의 중·장기 협력을 위한 비전을 수립하고 급변하는 지역 및 국제 정세에 능동적으로 대처할 새로운 지역협력 방향을 제시하는 것을 목적으로 구성된 위원회였다. 나는 외무 장관이 되기 전부터 동아시아와 아시아·태평양 지역의 통합과 협력에 큰 관심을 갖고 PECC(태평양경제협력회의), APEC 등의 구성 과정에 참여한 바 있었으므로 EAVG 의장의 임무를 기꺼이 수락했다. EAVG의 구성을 위해 나는 1999년 1월부터 8월에 걸쳐 한국을 제외한 동아시아의 모든 나라(중국, 일본 및 아세안 10개국)를 일일이 방문하여 위원회 구성의 기틀을 다졌다.

당시 외교부의 정해문 심의관(후에 그리스 대사, 태국 대사, 아세안 센터 사무총장 역임)이 나와 동행했다. 그는 일찍이 외교부에서 동남아과 과장과 총무과 과장을 맡았던 사람으로, 동남아를 비롯한 동아시아에 대한 식견이 넓고 인적 관계도 풍부하여 동아시아 순방뿐 아니라 EAVG가 구성된 이후에도 성공적인 운영에 결정적인 기여를 해주었다. 위원회가 구성되고 보니 그 멤버들 중 대다수는 학계, 외교계 출신으로 이미 나와는 친분이 있던 사람들이 많았다.

의견이 분분했던 보고서 채택

1999년 10월 서울에서 제1차 회의를 개최한 이래 EAVG 멤버들은 2년 동안 다섯 번에 걸친 포괄적인 회의를 갖고 동아시아를 명실상부한 지역협력체, 즉 평화, 번영, 그리고 진보(3P=Peace, Prosperity, and Progress)를 향해 협력하는 공동체로 발전시켜나가야 한다는 데 의견을 모으고 이를 위한 구체적인 논의를 진행시켰다. 그러나 상이한 국가 이익과 다양한 철학이며 시각, 행태를 가진 13개국의 멤버들이 전부 합의할 수 있는 비전그룹 보고서를 완성시키기에는 상당한 인내심과 지혜 및 토론 그리고 조정이 필요했다. 여러 가지 문제들에서 격론이 벌어지곤 했는데, 중요한 것들만 추리자면 다음과 같다.

멤버들은 첫째로 지역 통합의 영역에 관해 의견을 달리했다. 특히 중국은 정치, 안보, 인권 등 분야의 통합은 물론 논의 자체도 금기(禁忌)

시했다. 심지어 나와 개인적으로는 절친했던 전직 대사인 중국 대표 한 사람은 자기는 인권(human rights)이든 인도주의(humanitarianism)든 인간(human)이라는 단어가 들어가는 분야는 논의할 수 없다는 웃지 못할 발언까지 했다. 물론 본인의 신념보다는 본국 정부의 반응을 염두에 두고 한 발언이었다.

두 번째로 조정이 필요했던 문제는 통합과 협력의 깊이(depth)가 어느 정도 되어야 하느냐의 문제였다. 예컨대 무역 자유화와 관련해서는 공동시장을 추구하느냐, 아니면 관세 인하 내지는 다자 FTA를 추구하느냐 하는 문제가 있었다. 금융 협력과 관련해서는 당시 유럽에서는 EC가 공동화폐(common currency)까지 지향하고 있었으나 EAVG에서 논의에 합의할 수 있었던 최대공약수는 AMF(아시아 통화기금)까지도 못되는 화폐스왑, 예컨대 아세안 10개국과 한·중·일 3국간의 통화스왑 협정인 치앙마이 이니셔티브(Chiangmai Initiative) 정도였다.

세 번째, 아세안이 포함되는 지역 통합의 논의에서 늘 경험하는 것은 아세안 멤버들이 아세안의 결속과 단결, 그리고 아세안 자체의 위상과 비중이 어떻게 영향을 받느냐에 대해 상당히 민감하게 반응한다는 점이다. 아세안 멤버 국가들은 아세안의 중심성(ASEAN centrality)을 강조하는 나머지 예컨대 EAS(동아시아 정상회의)의 개최지는 물론, 의제 결정도 아세안으로 국한한다는 입장을 견지했다.

네 번째 쟁점은 동아시아의 범위를 어떻게 책정하며, 지역 공동체가 구성될 경우 어떤 나라들을 참가국으로 포함시킬 것이냐의 문제였다. 중국은 순혈주의에 따른 주장을 내세워 당시의 EAVG에 참여하는 아세안 10개국 + 동북아 3개국의 13국에 국한할 것을 선호했다. 이에 대해 싱가포르 등 몇몇 아세안 국가와 한국 등은 호주와 뉴질랜드의 참여를 지지하는 입장이었고, 중국이 지배적 비중을 차지하는 것을 꺼리고 미국이 의구심을 갖게 될 것을 우려하는 일본 등은 견제 세력인 미국, 인도, 호주 등의 참여를 지지했다. 결국 이 문제와 관련하여 EAVG 단계에서는 Asean+3로 국한시키는 것으로 낙착되었으나 후에 2005년 출범한 EAS에는 미국, 러시아, 인도, 호주, 뉴질랜드 등 5개국이 추가되어 18개국이 참여하게 되었다.

끝으로 동아시아의 지역 통합체를 구성하는 경우 그것을 무엇이라고 부르느냐 하는 문제가 있었다. 유럽의 경우 공동체는 EEC(유럽경제공동체), EC(유럽공동체)를 거쳐 EU(유럽연합)로 발전한 바 있으나 아시아 지역에서는 공동체(community)라는 명칭마저도 상당한 저항을 유발하는 경향이 있다. 예컨대 출범한 지 25년을 맞고 있는 APEC은 공동체(community)는커녕 기구(organization)라는 명칭도 못 붙이고 협력(cooperation)이라는 단어에 머물고 있는 것이 현실이다. 동아시아 협력체와 관련해서 여러 가지 제안이 나왔으나 결국 공동체(community)라는 단어는 쓰되 고유명사처럼 대문자를 사용하여 'Community'로 표기하지는 않는다는 합의를 도출해내었다.

그러다 보니 'Towards an East Asian Community'라고 해야 할 보고서의 제목을 전체를 대문자로 하여 'TOWARDS AN EAST ASIAN COMMUNITY'라고 표기한 에피소드도 있었다.

결과적으로 보고서는 동아시아 경제/금융, 정치/안보(주로 군사 문제를 우회한 환경, 자원, 초국가적 범죄, 국제 테러리즘 등 비전통 안보 문제), 사회/문화/교육/기술 등 제반 분야에 대한 역내 국가 간 협력을 위한 핵심 과제와 제안을 만들어냈다. 제도적으로는 ASEAN+3의 연례 정상회담을 '동아시아 정상회의'로 발전시키는 것과 '동아시아 협력포럼'을 설립하자는 제안 등이 포함되었다.

이 중 동아시아 정상회의는 현실화되어 2005년부터 열리기 시작했으나 원래의 의도와는 달리 회의 장소는 물론 주최국도 ASEAN 회원국으로 제한되었다. 참가국은 ASEAN+3의 13개국이 아닌 미국, 러시아, 인도, 호주, 뉴질랜드 등을 포함하는 18개국이 되었다.

EAVG는 2001년에 보고서를 제출함으로써 그 임무를 완수한 것으로 되어 있으나 그 후 정부 간 협의기구로 EASG(동아시아 연구기구),

아시아·태평양 지역의 지기들과(조지 여 싱가포르 외교 장관, 가렛 에반스(Gareth Evans) 전 호주 외무 장관, 빌 브래들리 미국 상원의원, 쏨차이 웡차왓 태국 부수상, 조지 슐츠 전 미국 국무 장관 등). 미국 캘리포니아 카멜에서 열린 아태 라운드 테이블 참석 시. 1998년 1월.

EAVG II 등으로 연결되었으며 동아시아 정상회의뿐 아니라 경제, 교역, 금융, 사회, 환경, 반(反)테러리즘, 교육, 문화, 기술 분야에서의 지역적 협력을 위한 기구적 기반을 마련하는 데 핵심적인 역할을 한 것으로 평가되고 있다. EAVG I은 정부 관료들이 직접 참가하는 정부 간 회의는 아니었으나 멤버 중 태반은 나처럼 정부에서 일하거나 특별한 관계(connection)를 가졌던 사람들로서 정부가 직접 하지 못하는 일을 민간 차원에서 훌륭히 대행한 것이라고 볼 수 있다.

이렇듯 나는 2년간의 장관직을 마친 후에도 한편으로는 교수로 있으면서 정부의 외교활동에 참여하고 보조하는 역할을 했고, 그런 대로 보람도 느꼈다. 고려대학교에서는 작고하신 김상만 전 이사장의 아호를 따서 고대 부속 일민국제관계연구원을 발족시켰다.

1980년대에 와서 대학 내외에 전문 연구소들이 많이 설립되고 활성화함에 따라 국제 문제를 전문으로 하는 연구소의 수요도 증가하게 되었다. 일민국제관계연구원도 그러한 목적으로 설립되었다. 그 과정에서 김병관 일민문화재단 이사장과 현대그룹의 재정적 지원을 받아 연구원이 출범하게 되었다. 일민국제관계연구원의 원장을 맡은 동안 2003년 주미 대사로 부임하기까지 국제 문제 및 통일 문제 연구, 국제회의 개최, 공공 외교활동 전개, 후진과 학생들의 교육과 연수 활동 등을 통하여 학계와 외교계의 교량(bridge)과 소통(communication)의 역할을 하고, 정부에 대한 자문 역할을 하면서 동시에 관학(官學) 두 개의 세계에서 얻은 경험을 최대한으로 활용할 수 있었다고 생각한다.

노무현 대통령과의 첫 인연

|서울포럼 활동|

이 시기에 외교와 관련된 또 하나의 활동은 민간외교 단체인 '서울포럼'을 통한 것이었다. 서울포럼은 전두환 대통령 시절인 1986년에 창립되었는데, 88년 서울올림픽을 앞두고 우리나라 외교를 정부 밖에서 측면 지원하는 것을 목적으로 하고 있었다. 외국에서는 이미 활발한 활동을 하고 있는 기관들, 예컨대 CFR(미국 외교협회) 등을 벤치마킹한 것이었다. 이홍구 서울대 교수가 주축이 되고 학계, 재계, 언론계, 법조계, 문화계, 현역이 아닌 정관계 인사들의 참여로 해외 유관 기관과의 교류 및 회의, 정책 연구와 논의 활동, 주한 외교사절과의 회합, 대통령 등 정부 지도자들에 대한 정책 자문 등을 수행했다.

서울포럼을 출범할 때 이홍구 교수는 이사장을 맡고 나는 회장직을 맡게 되었다. 참여 학자로는 우리 두 사람 이외에도 안병준, 김달중 연세대 교수, 이상우 서강대 교수, 유세희 한양대 교수 등이 있었고, 재계에서는 효성의 조석래 회장, 금호의 박성용 회장, 현대중공업의 정몽준 회장, LG의 이헌조 사장 등이 참여해주었다. 지금은 회원이 100여 명 이상 되는 조직이 되었으나 초창기 인원은 30인 내외에 불과했다. 그 후 서울포럼은 CFR, DGAP(독일 외교협회), IFRI(프랑스 국제관계연구소), RIIA(영국 왕립 국제문제연구소), JCIE(일본 국제교류센터), IMEMO(러시아 국제정치경제연구소), 중국의 인민외교협회(中國人民外交協會) 등과 협력관계를 맺고 정기 회의와 교류를 활발히 진행했다. 서울포럼은 초기에 불모지나 다름없었던 민간외교 분야에서 노태우 정부의 '북방정책'을 지원하여 동구 및 소련(후에 러시아)과의 교류 협력을 추진하고 대서방(미국, 유럽) 외교는 물론 대러, 대중, 대인도, 대카나다 외교에도 중요한 일익을 담당했다.

나는 외무부 장관 재임 기간인 1993년부터 2년간 서울포럼의 회장직을 물러났다가 1998년 다시 회장직을 맡아 2003년 주미 대사로 부임할 때까지 서울포럼의 모든 활동에 관여했다. 이 과정에서 우리는 정부가 직접 할 수 없는 다자 간, 혹은 양자 간의 해외 전문가 교류 및 협의, 정책 연구, 소통의 장 마련, 인맥 조성, 연구 협업 등의 활동을 수행했다. 그중에는 정부에 대한 정책 자문도 빼놓을 수 없는 활동의 하나였다. 우리나라에서 새로 대통령이 선출되어 새 정부를 구성하는 과정에서 대통령(또는 당선인)들이 서울포럼의 자문을 구하기도 했다. 간혹 멤버 중에 대통령의 정책 보좌를 맡는 경우도 있었으므로 서울포럼은 민간 차원의 정책 지원 역할을 하는 셈이 되었다.

2002년 대선에서 민주당 노무현 후보가 김대중 대통령의 뒤를 이어 대통령에 당선되었다. 서울포럼은 멤버들이 비교적 보수적 성향을 가지고 있었으므로 진보 성향의 노무현 당선인은 부임 전에 서울포럼 멤버들과 만나 활발한 정책 논쟁을 벌인 적이 있다. 그때 나는 간담회의 사회를 맡고 있었는데, 특히 쟁점이 된 것은 북한이 핵무기를 추구하는 이유가 무엇이냐는 의문이었다. 노무현 당선인은 미국의 위협에 직면한 불안감 때문이며 미국이 불안감을 없애주면 자연히 핵을 포기할 것이라는 의견을 피력했다. 이에 멤버 중 보수적인 인사들이 그런 관점의 순진성을 지적하며 강하게 반대 의견을 제시하여 내가 사회자로서 곤혹스러웠던 적도 있었다.

여하간 노무현 당선인은 그 후 나를 따로 불러 한미관계에 관한 의견도 들어보고 대통령으로 취임한 후에는 임기 중 나를 초대 주미 대사로 임명하기까지 했는데, 이러한 인연은 서울포럼을 통하여 만들어진 것이다.

주미 대사 이후의 민간외교

|삼각위원회 등|

나는 2006년 2월 고려대학교에서 정년 퇴임했으나, 당시 교내에서 신임 총장의 자격과 관련된 논란이 벌어져 다음 총장이 선출될 때까지 부득이 총장 서리의 직책을 맡게 되었다. 2002년에도 김병관(金炳琯) 이사장의 요청으로 8개월간 총장 서리를 한 일이 있었으므로, 이것은 나의 두 번째 '핀치 히터' 노릇인데, 2006년에는 현승종(玄勝鍾) 이사장의 부탁으로 역시 8개월의 공백을 채우게 되었다. 아마도 내가 학교 보직에 대한 욕심이 없을 뿐 아니라 외국 대학들에 대한 이해가 깊고 그들과 관계가 좋다는 점 때문에 임시로나마 대학을 운영하는 데 적임자라는 인정을 받게 되었던 것 같다.

학교는 정부와 달리 상하관계가 확실치 않고 교수, 학생, 직원, 교우, 학부형 등 여러 집단으로 구성되어 있으며, 각각이 자의식과 자존심이 강한 조직이어서 합리적이고 공동체에 이익이 되는 정책과 조치를 쉽게 적용하기 어려운 면이 있다. 충분히 위계적이지도 민주적이지도 않은 조직 안에서 다양한 계층의 여러 주장과 이익 및 요구를 충족시킨다는 것은 참으로 어려운 일이라고 하겠다.

그런 가운데 나는 나 자신이나 내가 소속된 집단의 이익에 집착하지 않고 학교 전체의 이익과 발전을 최고의 목표로 하여 모든 일을 추진했다. 내가 두 번째로 총장 서리를 맡고 있는 동안 "기여입학제 금지", "본고사 금지", "고교등급제 금지"라는 이른바 "삼불정책(三不政策)"으로 정부와 사립대학들 간에 상호 적대(敵對) 기류가 팽배했고, 그에 대한 찬성과 반대는 평등과 불평등의 대명사가 되었다.

주로 주요 상위권 대학 및 사립대학 총장 등은 당시의 입시제도가 교육의 하향평준화를 조장하고 대학의 학생선발 자율권을 침해하는 제도이므로 개선해야 한다는 주장이었다. 국가와 국민, 그리고 정부와 대학이 이런 문제들로 갈등하는 동안 한국 대학의 자율적인 발전은 더욱 어려워질 뿐이었다.

경영대학의 어윤대 교수가 4년 임기의 총장으로 선출되면서 나는 고대 총장 서리직을 마치게 되었다. 이후 나는 개인적으로 절친했던 정몽준 의원의 제의로 새로 출범하는 아산정책연구원의 원장직을 맡아 민간외교 활동을 계속할 수 있었다. 외교 문제와 관련된 국제회의에서 연설하고 토의에 참석하는 한편, 정부가 위촉하는 국제자문회의(서울핵안보정상회의 등)에 위원장 자격으로 참석하여 다른 나라 대표들과 협의와 협상을 전개했다. 나의 서비스가 필요한 이유는 전직 외무부장관과 대사의 경험을 가진 국제정치 학자로서 쓸모가 있었기 때문인 것 같다. 그중 하나는 1954년에 출범한 '삼각위원회(Trilateral Commission)'의 활동이며, 두 번째는 '핵안보정상회의(Nuclear Security Summit) 자문위원회', 세 번째는 '한·독 통일외교정책자문위원회', 그리고 마지막으로 한미협회 회장으로서의 활동이 있다.

1. 삼각위원회

삼각위원회(Trilateral Commission)는 미국을 주축으로 한 북미(미국, 캐나다, 멕시코)와 유럽경제공동체(EEC)에 속하는 국가들이 선진국 반열에 오른 일본을 참여시켜 3개 대륙의 민간 차원 외교, 안보, 경제 협의체를 만들겠다는 의도에서 1973년에 창설되었다. 미국의 사업가 데이비드 록펠러(David Rockefeller), 즈비그뉴 브레진스키(Zbigniew Brzezinski) 전 대통령 안보보좌관, 프랑스의 조르주 베르투앙(Georges Berthoin) 전 재무장관, 독일의 오토 그라프 람스도르프(Otto Graf Lamsdorf) 전 총리, 일본의 와타나베 타케시(渡辺武) 아시아개발은행 초대 총재 등이 주축이 되어 구성한 삼각위원회는 각국의 정부, 학계, 재계, 외교계의 지도적 인사들이 모여 함께 논의하고 연구함으로써 정치경제적 민족주의를 초월한 국제주의적 입장에서 국제 협력, 갈등 및 분쟁 해소, 대량살상무기 확산 방지, 경제적 번영, 환경 보호 등을 추구하고 그러한 목적에 기여하자는 것이 취지였다.

이 위원회는 40년 이상 운영해오는 동안 많은 정치 지도자를 배출하고 세계적 문제의 협의와 해결에 크게 공헌했으나, 다른 한편으로는 세계, 특히 미국의 보수와 진보 양 진영으로부터 부유한 자유주의자들이 세계정부를 지향하고 자유무역을 추구하는 음모 집단이라는 비판도 많이 받았다. 일본이 아시아 전체를 대표할 수 없음이 분명해지자 2001년부터 문호를 개방하여 한국을 필두로 호주, 뉴질랜드, 중국, 인도, 동남아 나라들도 회원국으로 참여하게 되었다. 유럽에서는 소련의 몰락 이후 동구권 나라들이 유럽연합(EU)에 가입하게 됨에 따라 각국이 '신유럽' 회원국이 되어 2016년 현재 400여 명의 회원(Commissioner)을 거느린 조직으로 성장했다. 1년에 한 차례씩 세 지역을 돌아가며 총회가 열리고, 매년 각 지역(북미, 유럽, 아시아태평양)에서 지역회의가 열린다. 한국은 2003년과 2015년 두 차례에 걸쳐 총회를 개최한 바 있다.

나는 삼각위원회가 2001년 일본 이외의 아시아 국가들에게 문호를 개방하기 전에 여러 해 동안 특별 초빙 참석자로 회의에 참석하여 수백 명의 세계적 엘리트들에게 한국을 비롯한 동아시아의 외교안보 상황을 설명하고 유럽, 북미, 중동 등 타 지역의 문제를 논의하는 데 참여했다. 한국이 2001년 정식 회원국이 된 후 나는 아시아태평양 지역 부의장 역할을 맡게 되었다. 일본은 당초 북미, 유럽, 아시아의 1극(極)으로서 아시아 유일의 회원국이었으나, 한국과 중국을 포함한 다른 나라들이 부상함에 따라 그들을 회원국으로 참가시키는 한편 아시아태평양 지역에서의 주도권 역시 한국 등 다른 나라들과 공유하게 되었다. 일본은 가능하면 오랜 기간 아시아에서 가장 많은 기여금을 내고 많은 회원 수를 유지하며 지역 회장 등을 맡아 운영권을 유지하려고 애썼으나, 유럽에서와 마찬가지로 점차 다른 나라들과 동등한 위상을 갖지 않을 수 없었다.

2. 핵안보정상회의 현인회의

두 번째는 2012년 3월 서울에서 개최된 핵안보정상회의의 자문기관인 '현인그룹(Wisemen Group)'의 좌장 역할을 한 것이다. 핵안보정상회의는 오바마 미국 대통령이 2010년에 제안한 것으로서, 전 세계 50여 정상과 국제기구 수장이 참가해 테러 집단으로부터 핵물질 및 핵시설 방호(防護), 핵물질의 불법거래 방지를 위한 국제적 협력 방안 등 폭넓은 의제를 논의하기 위해 열린 안보 분야 최대 규모의 회의였다. 2010년 4월 워싱턴에서 처음 열린 이후 2016년 4월 다시 워싱턴에서 개최된 제4차 회의를 끝으로 종료되었다.

서울에서 열린 핵안보정상회의의 현인그룹에는 미국의 헨리 키신저 전 국무 장관, 윌리엄 페리 전 국방 장관, 샘 넌 전 상원 국방위원장, 한스 블릭스 전 국제원자력기구(IAEA) 사무총장, 고촉통(吳作棟) 전 싱가포르 총리, 리자오싱(李肇星) 전 중국 외교부장, 이고르 이바노프(Igor Ivanov) 전 러시아 외교 장관, 가레트 에반스 전 호주 외교부장관, 한승주 전 한국 외무부 장관 등 15명이 초빙되었는데, 이들은 정상회의 전후에 수차례 회의를 갖고 자문을 제공했으며 서울 핵안보정상회의의 중요성을 전 세계에 인식시키는 역할을 수행했다.

나는 한국을 대표하여 현인회의를 주재하는 역할을 맡았는데, 고명한 인사들의 모임인 만큼 구체적인 사안에 들어가면 전체 합의를 얻기 어려운 때가 여러 차례 있었다. 핵안보정상회의의 한 가지 특수한 문제는 그것이 테러리스트 같은 비(非)국가행위자들의 핵 테러 저지를 주목적으로 하는 회의였기 때문에 북핵에 대한 논의가 배제되어 있었다는 점이다. 그러나 북한의 불법적인 핵개발은 핵물질의 유출, 핵시설 내의 사고, 핵확산과 관련된 심각한 안보 문제를 내포하고 있어서 북핵 문제를 의제에 포함시키지 않는 것은 합리적이지 못하다는 비판이 대두되었다. 더구나 서울 정상회담이 개최되는 바로 인근에서 심각한 핵확산 문제가 야기되는 상황이 아니던가.

그러나 중국이 북핵 문제를 의제에 포함시키는 것을 반대했고, 미국도 논의 과정에서 초점이 핵안보 문제로부터 벗어날 가능성을 우려한 나머지 소극적인 입장을 취했다. 나는 오랫동안 친밀하게 지내온 에반스 전 호주 외교 장관과 협력하여 정상회의에서 어떠한 방식으로라도 북핵 문제를 논의할 수 있는 기회를 마련해보려고 노력했다. 결국 우리는 핵확산이 핵안보와 관련된 위험이라는 각도에서 북핵 문제에 접근하여 동북아 지역 내 핵확산을 저지해야 한다는 문구를 합의서에 삽입하는 데 성공했다. 아울러 북핵 문제는 회의장 밖에서도 관련국 정상들 사이에서 양자 간 혹은 다자 간의 협의를 진행하는 동시에, 북한의 장거리 미사일과 북핵 문제 등을 논의하기 위한 다양한 채널이 정상회의에 앞서 가동되도록 했다. 핵안보정상회의는 고농축 우라늄과 플루토늄 사용을 줄이자는 것과 핵물질의 불법거래를 중단하자는 대원칙하에 개최되므로 북한에도 핵 비확산 원칙을 강력히 적용함으로써 북한이 보유한 핵물질에 대한 제재와 핵기술의 해외 유출 억제도 달성하자는 데 의견을 모았다. 또한 주요 핵보유 국가들이 한 자리에서 핵과 관련된 문제의식을 공유하고 합의를 도출함으로써 핵 비확산에 대한 공감대를 형성할 것이므로, 북한이 핵개발과 핵실험을 불법적으로 추진해온 상황에서 이와 같은 문제 해결을 위한 국제 공조도 공고히 하는 계기가 마련될 것으로 기대되었다. 결과적으로 북핵 문제 자체는 의제에서 제외되었지만 북핵에 대한 세계적 관심을 모으는 데는 유효했다고 생각한다.

3. 한·독 통일외교정책자문위원회

세 번째 외교활동은 2014년 설립된 '한·독 통일외교정책자문위원회'와 관련된 것이었다. 이 위원회는 독일의 슈타인마이어(Frank-Walter Steinmeier) 외교 장관이 제안한 것으로서, 2014년 4월 한·독 양국 정상 간의 통일 관련 다면적 협력체계 구축 합의에 따라 외교정책 측면에서 독일 통일의 경험을 공유하고 한반도 통일 과정에 의미 있는 정책적 시사점을 도출하려는 목적이 있었다. 나는 우리 외교부로부터 이 위원회의 한국 측 위원장을 제안받고 2014년 10월부터 매년 두 차례 서울과 베를린에서 번갈아 열리는 회의에 참석하여 독일 통일의 성공 요인을 외교정책적 측면에서 분석하고 통일에 유리한 과정을 조성한 경험 등을 공유하며, 이것들이 한반도 통일에 어떤 점들을 시사하는가를 논의했다.

독일이 1990년 10월 자타가 기대하던 것보다 빨리 통일을 이룸에 따라 한국에서는 '어떻게 하면 우리도 독일과 같은 방법으로 통일을 이룰 수 있을까?' 하는 기대가 한껏 부풀어올랐고, 반면 북한에서는 독일과 같은 '흡수통일'을 저지하는 방법을 강구하는 데 집중하는 계기가 되었다. 우리 통일부는 이미 2011년부터 한·독 통일자문위원회를 결성하고, 독일의 통일 및 통합 과정에서 얻은 경험과 지식을 공유하기 위해서 독일과 매년 번갈아 회의를 개최해온 바 있다.

통일 전에 우리 통일부와 같은 정부기구가 없었던 독일에서는 통일 후 독일연방 경제·에너지부가 그 상대 역할(counterpart)을 맡고 있다. 한국과 독일의 이 두 정부기구에서는 통일과 관련된 전반적인 문제, 예컨대 통일 비용, 통일 교육, 양측 간 격차 해소, 재산권 문제, 위화감 해소 등을 다루고 있다. 나는 이미 통일부가 주관하는 한·독 통일자문회의에 참여하고 있었으므로 우리 외교부가 독일 외교부와 외교 분야를 집중적으로 고찰하는 정책자문위원회를 추진하는 데 전적으로 동의하고 한국 측 위원장으로 참여해달라는 요청에 적극적으로 호응했다. 더욱이 이것은 우리 대통령의 통일과 관련된 드레스덴(Dresden) 선언 이후 한국과 독일 간 정상 차원 합의의 이행이라는 측면에서 각별한 의미를 갖는다고 생각했다. 우리 측에서는 최정일 전 주독일 대사가 부위원장으로 함께 참여했다.

한·독 통일외교정책자문위원회. 왼쪽에서 여덟 번째가 필자.
베를린. 2017년 4월.

통일 문제에서 한국은 독일의 경험을 배우고 싶고 독일로부터 얻어야 할 교훈도 많이 있지만, 통일의 외교적 여건이나 얻을 수 있는 교훈에서 독일과 다른 점이 매우 많다. 첫째, 분단의 기원에서부터 거의 상반된다. 독일은 나치 정권이 주변국들을 침략하고 소수 민족을 탄압한 국가로서, 2차대전 이후 징벌적 차원에서 분단을 자초한 것이나 다름이 없다. 뿐만 아니라 독일의 재기와 위협을 우려하는 주변국들은 독일을 분단된 상태로 두고 국력을 반감시키는 것을 선호했다. 그러나 한국은 일본의 지배를 받은 피해국으로서 순전히 강대국의 편의와 전략적 계산에 따라 분단된 나라였다.

둘째, 동서독은 국력 및 국제적 위상에서 동독이 비교할 수 없을 정도로 서독에 열세였으며, 동독 정권은 분단 이후 45년 동안 소련군 주둔하에 소련에 의존하고 지배를 받는 입장이었다. 동독은 독자적인 군사력도, 외교력도, 경제력도 변변히 갖추지 못한 존재였으며 국가로서의 이념적 존재 이유도 부족했다. 남북한은 분열될 당시 공업과 광산업 면에서 북한이 더 우세했고 북한은 냉전 기간 중국과 소련의 갈등을 이용하여 상당한 자주성을 유지했다.

셋째, 동서독 간에는 상호 견제와 갈등은 있었지만 우리나라의 6·25동란과 같은 동족상잔의 군사적 전면전은 겪지 않았다. 서독은 미국과 동맹관계에 있었지만 그것은 NATO라는 다변적 동맹의 맥락에서 존재했으며, 주로 소련의 위협을 대상으로 하는 것이었고, 동독은 서독을 무력으로 정복하려는 위협적 존재로 여겨지지 않았다. 동시에 동독은 서독에 대한 이념적 우위를 주장하지 않았고, 서독을 흡수나 정복의 대상으로 취급하지도 않았다.

넷째, 서독은 서유럽의 일원으로서 유럽공동체(EC)와 나토로 연결되어 있었으며, 1990년 통일이 왔을 때 동독은 서독에 합류하는 동시에 EC의 일원이 되는 것이었으므로 동독이 서독에 1대1로 흡수된다는 충격을 어느 정도 완화시킬 수 있었다.

다섯째, 영토 문제와 관련해 독일은 1990년 통일 후 폴란드와의 별도 협상에서 2차대전 이후 포츠담 회담(Potsdam Conference)을 통한 승전국의 종용으로 동북방 영토(Oder-Neiße-Grenze의 서쪽)를 폴란드에 귀속시키는 것을 추인함으로써 영토 분쟁의 불씨를 완전히 제거했으며, 한 가지를 양보하고 완전한 통일과 국제적 인정이라는 큰 수확을 얻었다. 독일은 가해국으로서 전쟁 후 주변국들과의 화해와 신뢰 구축에 전력을 경주했고, 그것은 결과적으로 통일에 대한 주변국들의 지지라는 '보상'으로 돌아왔다.

여섯째, 독일의 경우 2차대전의 승전국(미, 소, 영, 불)은 분단 45년 후에도 여전히 점령국으로서의 법적 권리를 가지고 있었으며, 통일을 위해서는 그들과의 공식적인 협상과 합의 및 동의가 요구되었다. 협상은 이른바 '2+4(동서독 및 4개 승전국)회의'에서 이루어졌다. 서독은 동독에 주둔하는 소련군의 철수 비용을 떠맡지 않으면 안 되었다. 분단 이전의 수도인 베를린은 동독 안에 위치했지만 동서로 나뉘어 있었고 베를린 점령군의 철수도 2+4회의의 협상 대상이었다. 37만 명의 소련 군대는 법적인 점령군으로 동독에 주둔하고 있었으며 그중 일부는 독일이 통일된 지 4년 후(1994년)에야 비로소 베를린에서 완전히 철수했다.

일곱째, 서독은 미국과 동맹관계를 맺고 대소련 전략에 협조하는 한편 소련과도 협조적인 관계를 구축해오다가 때마침 개혁주의자 고르바초프(Mikhail Gorvachev)의 집권을 계기로 통일의 기회를 포착하게 되었다. 원래 독일의 통일에 대해서는 소련뿐 아니라 동맹국인 프랑스와 영국도 부정적인 입장을 취하고 있었으나, 서독 자체의 설득 외교는 물론 미국의 적극적인 지원으로 세 나라(소련, 프랑스, 영국) 모두 독일의 통일을 수락하도록 유도하는 데 성공했다.

여덟째, 1961년 이후 동서독을 갈라놓은 장벽에도 불구하고 동독과 서독은 상호 인적 교류, 경제 협력, 정당, 학교, 종교기관 간의 교류와 협력을 유지하고 텔레비전, 라디오, 전화 등의 송수신도 허락하여 단절과 이질화를 어느 정도 극복하고 통일의 단초를 마련해놓을 수 있었다.

아홉째, 특히 서독에서는 대동독 정책과 관련하여 우리나라에서 자주 볼 수 있는 '친북 대 반북' 등의 갈등이 그렇게 극심하게 나타나지 않았다는 점이다. 과거 사민당 브란트(Willy Brandt) 총리의 '동방정책'에 대해서도 우리나라에서 햇볕정책을 둘러싸고 벌어졌던 극렬한 반대운동 같은 것은 일어나지 않았다. 미국이나 소련 같은 외국에 대해서도 통일에 도움을 준 데 따른 고마운 마음을 가졌으며 반미, 반소 등의 격렬한 악감정은 어느 정당에서도 찾아보기 힘들었다.

끝으로, 동독과 북한의 가장 뚜렷한 차이는 김일성-김정일-김정은을 잇는 북한의 김씨 세습왕조 같은 것을 동독에서는 찾아볼 수 없다는 점이다. 동독에도 독재가 있었고 시민의 자유 탄압, 거주이전의 자유 박탈, 언론 탄압, 개별 행동 감시 등이 극심했지만, 대를 이어 무조건 충성하는 왕조식 전체주의는 찾아볼 수 없었다. 이는 또한 세 세대에 걸쳐 추구해온 북한의 핵무장과 연결되므로 북한 정권의 존망과 그에 따른 남북한의 통일은 북한을 포함하는 한반도의 비핵화에도 직결되는 것이다.

통일의 내외적 환경과 관련하여 독일과 한국 간에는 이렇듯 다른 점도 많으나 유사한 점도 여러 가지가 있다.

첫째, 두 나라 모두 분단은 2차대전 결과 당사자의 의지와는 동떨어진, 외세에 따라 결정되었다는 점이다.

둘째, 대전 후 세계의 양극화 영향으로 한쪽은 미국을 중심으로 하는 서방의 영향권으로 들어가고 다른 한쪽은 소련을 우두머리로 하는 공산 세력의 일부가 된 것이다. 한국은 미국의 동맹국이 되고 북한은 소련과 중국의 우방이 되었으며, 동서독도 마찬가지로 두 개의 경쟁적 동맹권에 각각 귀속하게 되었다.

셋째, 한쪽은 민주주의와 시장경제 체제를 채택하여 자유와 번영의 길을 택한 반면, 다른 한쪽은 공산주의와 계획경제 체제를 채택함으로써 억압과 경제적 낙후의 길을 걸었다는 공통점이 있다.

이상과 같은 독일과 한반도의 차이점과 유사성을 고려할 때 우리가 독일 통일에서 얻을 수 있는 교훈과 지혜는 무엇인가?

그 가운데 하나는 서독이 동독과의 연결고리와 소통의 끈을 어떤 경우에도 유지하려고 노력했다는 점이다.

다음으로 2차대전에서 독일이 가해국이었다면 한국은 피해국이라는 차이가 있는 것은 사실이나, 독일(서독)은 전쟁 이후 주변국을 선의로 대했던 것이라고 하겠다. 서독은 국가적으로 타국의 인권, 경제발전, 개인의 자유 등 인류 보편적 가치를 증진시키기 위해 가능하고 실질적인 결과를 추구하는 실용적 목표를 추구해온 모습을 볼 수 있다.

끝으로 서독은 우리와 달리 통일을 부르짖고 통일에 대한 염원을 표면화하지 않았으나, 경제, 정치, 외교 면에서 언젠가는 찾아올 통일의 기회를 대비한 만반의 준비를 갖추었다는 점이다. 또한 기회가 올 때 주변국의 지지와 지원을 받을 수 있는 여건을 조성하기 위한 간접적인 통일외교도 게을리하지 않았다.

물론 독일도 자체 이익(self-interest)을 최고의 가치로 삼고 있겠지만, 다른 나라들의 경제 발전, 인권 증진, 평화 추구, 환경 개선, 자원 확보 등에 도움을 주려 하며, 인류 보편적 가치를 실용적으로 구현하려는 겸허한 모습에 경의를 표하게 된다. 이와 같은 태도와 자세가 세계로 하여금 독일의 통일을 긍정적으로 받아들이고 지원을 아끼지 않도록 만들었다고 할 수 있다.

독일 통일은 유럽과 주변 지역에도 큰 혜택을 주었다. 유럽 통합을 촉진시켰으며 유럽 전체 경제의 성장과 발전에도 기여했다. 뿐만 아니라 미국과의 동맹을 강화하면서도 러시아와 양호한 관계를 유지함으로써 미러 간의 관계 악화를 완화하는 데도 기여했다. 이제 독일은 우리나라의 통일 문제에 커다란 관심을 가지고 그 나름대로 도움을 주려 노력하는 모습을 보이고 있다.

이상과 같은 독일과 한국의 통일 여건과 관련된 유사성과 상이성을 고려할 때, 독일은 구태여 통일을 부르짖지는 않았으나 기회 있을 때마다 통일을 강조한 남북한보다 훨씬 통일 여건이 성숙되어 있었음을 알 수 있다. 한반도에서는 남북한이 통일을 강조할 때 상대방이 자신을 접수하려는 의도라고 여기기 때문에, 다시 말해서 북한은 남한이 흡수통일을, 남한은 북한이 적화통일을 도모하는 것이 아니냐 하고 우려하는 마음에서 오히려 경계심이 더 커지는 경향이 있다. 한국과 독일을 비교해볼 때 한국에서는 통일을 강조하는 것이 도리어 통일에 역효과를 내는 경향이 있음을 알 수 있다.

4. 한미협회 회장

대학을 떠난 후 나의 네 번째 주요 활동은 한미협회와 관련된 것이었다. 2007년 어느 날 한미관계의 증진에 앞장서 왔던 한미협회의 구평회(具平會) 회장(1926~2012)과 상근이사인 이병조 교수와 점심을 같이 하게 되었다. 구 회장은 그 자리에서 자신이 12년 동안 맡아왔던 한미협회의 회장직을 승계해줄 것을 권유했다. 당시 나는 협회의 부회장 중 한 사람이었으나, 그때까지 이원순(李元淳, 1890~1993), 송인상(宋仁相, 1914~2015), 정세영(鄭世英, 1928~2005), 구평회 등 쟁쟁한 경제인이 맡아왔던 한미협회를 이끌 만한 자신이 없어 처음에는 완곡하게 사양했다. 그러나 구 회장께서 하도 간곡하게 말씀하시기에 중요한 한미관계 증진을 위해 한번 노력해보겠다고 마지못해 수락했다. 물론 협회 이사회 및 총회의 동의와 승인을 받는다는 전제하에서였다.

구평회 회장은 뛰어난 교섭력과 폭넓은 인맥으로 범 LG그룹의 초석을 마련했을 뿐 아니라 민간외교, 특히 한미경제협의회 등을 통한 대미 외교에 크게 기여하는 등 대외활동에도 헌신한 기업가였다. '재계의 외교관'이라고 불릴 만큼 영어 실력과 해외 네트워크가 탄탄했던 그는 PBEC(태평양경제협의회) 국제 회장, 한미경제협의회 회장 등을 지냈고, 2002년 한국의 첫 월드컵 개최에 기여하기도 했다. 그의 탁월한 민간외교 활동은 같이 참석한 여러 국제회의에서 직접 확인한 바 있다. 그런 구 회장의 부탁을 나로선 받아들이지 않을 수 없었다.

한미협회는 한미 양국 국민의 상호이해와 우호친선을 증진하며 양국 간의 문화와 경제 등 여러 분야에서의 교류 촉진을 목적으로 1963년 12월 설립된 민간기구로서 그동안 경제와 문화 등 여러 분야에서 긴밀한 교류를 추진해왔다. 주요 활동 가운데 하나는 주한미군에 한국문화를 소개하고 양국 국민에게 동맹에 대한 이해를 증진시키며, 우리 국민에게 안보에 대한 미국과 미군의 기여와 지원 상황을 주지시키는 것이다. 한미관계에 기여한 두 나라의 인물을 격년으로 선정하여 한미 우호상을 수여하고, 매년 100여 명 이상의 주한미군 모범 장병을 초청하여 한국의 명소를 순방하도록 안내하며, 한미친선음악회, '한미 우호의 밤' 등의 행사를 개최해 한미 양국 인사들의 우호와 이해를 증진시킨다. 또한 오산, 평택, 비무장지대 등의 미군 부대와 판문점을 방문하는 등의 행사를 통해 주한미군에 대한 보다 폭넓은 이해를 도모한다. 경우에 따라 미국의 정계 인사들이 방한할 때 우호 차원에서 환영 만찬을 열기도 한다. 특히 2012년 2월 초 방한한 에드 로이스(Ed Royce) 미국 하원 외무위원장 일행과 2015년 4월 초 방한한 낸시 펠로시(Nancy Pelosi) 미국 민주당 대표 등 하원의원 9명을 위해 주최했던 환영 리셉션에는 우리 국회의장, 외교통일 위원장, 그리고 한미협회 명예회장인 주한 미국 대사 등 귀빈이 다수 참석하여 성황을 이뤘다.

나는 미국의 아시아재단(The Asia Foundation)을 후원하는 국내 단체인 FOTAF 이사장도 겸임하고 있기 때문에 이 단체와 한미협회가 '아시아에서 미국의 역할'에 관한 연구, 토론 및 출판 사업을 공동으로 추진하고 있다. 2014년 11월 아시아재단 창립 60주년 기념행사가 서울, 워싱턴 및 샌프란시스코에서 열렸는데, 한미협회는 이 행사의 일환으로 서울에서 개최된 원탁회의의 보고서를 2015년 7월에 인터넷판으로, 같은 해 8월에는 서적으로 각각 발간, 배포했다. 2016년은 미국 대통령 선거의 해이므로 아시아재단은 한미협회 및 미국 카네기재단의 후원으로 아시아의 견해와 이에 대한 미국의 반응을 점검하는 일련의 토론회를 동북아시아(서울), 동남아시아, 남아시아의 3개 지역에서 개최하고 미국 양당의 대통령 후보를 위한 보고서를 발간했다.

나의 회장 재임 기간 동안 이런 모든 행사를 위해 한국무역협회, 전국은행인연합회 등 경제단체와 삼성, 현대, SK, LG, 금호 그룹 등으로부터 지원을 받았다. 한미협회 회장을 맡은 후 처음 3년간은 3성 장군을 지낸 차영구 박사가 사무총장을 맡아주었다. 차 박사는 학구적이면서도 군인다운 리더십이 있어 한미협회를 효율적으로 이끌어주었다. 그의 주선으로 미국의 대표적 IT회사인 퀄컴이 수년간 한미친선음악회를 후원하기도 했다. 한미우호상 수상자 중에는 첫 수상자인 호러스 언더우드 전 연세대학교 총장을 비롯하여 한국인으로서는 백선엽(白善燁) 장군, 송인상 전 재정경제부 장관, 구평회 회장, 남덕우·이홍구 전 국무총리, 현홍주(玄鴻柱) 전 주미 대사, 류진 풍산그룹 회장 등이 있고, 미국인으로서는 밴플리트 장군, 에드 로이스 하원 외무위원장, 도널드 그레그 전 주한 미국 대사, 캐서린 스티븐스 전 주한 미국 대사, 월터 샤프 전 한미연합사령관, 3,000여 명의 한국인 심장병 어린이의 수술을 받게 해준 해리엇 하지스(Harriet Hodges) 여사 등이 있다.

한미 양국은 이제 국제적 상황의 변화로 말미암아 새로운 도전을 맞고 있다. 양국 간의 우호관계가 어느 때보다 더 절실한 이 시점에서 양국관계를 더욱 공고히 하려면 두 나라 국민 모두의 꾸준한 노력이 필요하다. 한미동맹 역시 살아 있는 생명체와 같이 늘 건사하고 자양분을 공급해주어야 한다. 그럼 한미동맹의 현주소는 어떤 것인가?

10년 전(2000년대)만 해도 한미동맹의 현재와 미래를 우려하는 사람이 많았다. 한국뿐 아니라 미국에서도 걱정하는 목소리가 높았다. 한국이 남북관계를 유지하기 위하여 북한에 너무 타협적인 태도를 취하는 것은 아닌가? 한국은 미국과 중국 사이에서 애매모호한 입장을 취하는 것은 아닌가? 미국이 테러와의 전쟁에 몰두하는 나머지 미국 위주의 일방적인 태도를 보여서 한국 등 동맹국들이 비판적인 생각을 갖는 것은 아닌가? 등이다.

그러나 특히 2010년대에 들어와 한미동맹의 장래가 상당히 밝다는 징후가 여러 모습으로 나타나고 있다. 첫째, 주한미군의 '전략적 유연성' 등 미국이 극히 중요하게 여기는 문제들에 한국이 협조적인 입장을 취하고 있다는 점이다. 둘째, 한국과 미국은 FTA를 체결했다. 셋째, 미국은 한국군의 전시작전통제권 환수 등 한국 정부의 관심 사항에 긍정적으로 대응했다. 넷째, 북한의 핵무기 개발, 무력도발, 사이버 공격 등에 한미가 적극적으로 공조하고 있다.

제2차 세계대전 이후 미국은 소련에 봉쇄정책을 구사하면서 유럽, 아시아, 오세아니아의 여러 나라들과 동맹을 비롯한 군사적 네트워크를 형성했다. 그 후 반세기가 지나는 동안 냉전은 끝났지만 대부분의 동맹은 존속되었다. 관계가 사실상 폐기된 것은 ANZUS(태평양안전보장조약) 테두리 안의 미국-뉴질랜드 간 동맹이 유일한 예외적 사례다.

롱이(David Russell Lange) 총리가 이끄는 뉴질랜드 정부가 1985년 뉴질랜드에 입항하려는 미국 전함 뷰캐넌(USS Buchanan)호에 핵무기가 적재되었다는 이유로 입항을 거부하자 미국은 뉴질랜드와 맺은 동맹 의무를 철회했다. 그 후 ANZUS는 사실상 미국과 호주만의 양자 동맹이 되고 말았다. 뉴질랜드가 미국의 핵정책을 수용하느냐 하는 문제가 미국으로서는 동맹을 유지할 것인가를 가늠하는 판단 기준이었기 때문이다.

동맹이 결성되는 데는 당사국들의 이유와 목적이 있을 것이다. 그러나 그런 이유는 반드시 동일하거나 대칭적(symmetrical)일 수도 없고 그럴 필요도 없다. 한국전쟁이 끝난 1953년에 체결된 한미상호방위조약은 미국 입장에서는 소련의 팽창을 막는 것이 주목적이었고 한국으로서는 북한의 재침략을 방지하는 것이 가장 중요한 목적이었다. 당시 미국은 이승만 대통령이 휴전협정을 수락하는 보상으로서 한미동맹을 선사하는 형식을 취했으나 사실은 이미 유럽, 일본에 이어 한국과도 동맹을 맺기로 결정한 후였다. 미국은 또 한국에 미군을 주둔시킴으로써 한국을 전초기지(forward base)로 삼아 아시아대륙에서 군사적 발판을 마련할 수 있었다. 미국은 NATO와 구별하여 '자동적 개입' 대신 한미상호방위조약에서 '헌법적 절차(constitutional process)'를 통한 개입을 규정했다. 이는 미국이 원하지 않는 전쟁에는 개입하지 않겠다는 의지를 반영한 것이었다.

한국으로서는 제3국이 아닌 분단된 한 부분인 북한을 상대로 한다는 점에서 한미동맹은 특수하고 유일한 동맹관계다. 따라서 6·25전쟁의 기억이 없는 세대가 정치 전면(前面)에 등장하고 남북관계가 호전되면서 그 존재 이유가 흔들릴 수 있는 동맹이었다. 그러나 동맹이란 원래의 결성 이유가 반드시 존속되어야만 유지되는 것은 아니다. 미국과 유럽을 묶고 있는 NATO는 소련의 위협이 그 존재 이유였으나 소련이 와해된 후 오히려 회원국의 수도 증가하고 동맹의 내용도 강화되고 있다. 유럽의 확대에 따른 안정에 필요하다고 판단되었기 때문이다. 한미 간의 경우에도 설혹 북한의 위협이 감소하더라도 지역의 안정과 균형을 위해 동맹이 계속 필요할 수 있다.

한미동맹과 관련된 양국 이해관계의 변화를 좀 더 구체적으로 고찰해본다면 다음과 같다. 1953년 당시 미국 입장에서 한국과 동맹을 맺은 이유는 무엇인가? 미국은 소련의 팽창을 봉쇄하는 것 외에도 북한의 재침략을 막고 일본을 방어하며, 전쟁에서 수만 명의 희생과 수십 억 달러의 비용을 들인 데 대한 대가(代價)로 한국을 민주주의와 경제 발전의 모범사례(showcase)로 만들고, 이승만 대통령으로 하여금 휴전협정을 수락하도록 설득하려는 목적이 있었다. 한국으로서는 북한의 재침략을 막는 것 외에도 미국의 지원을 받아 국방력을 강화하고 미국으로부터 경제원조를 극대화하겠다는 목적 등이 있었다.

60여 년이 지난 오늘 동맹이 결성될 당시의 이유(rationale)는 많이 희석되었다고 보아야 할 것이다. 그럼에도 불구하고 한미 양국이 동맹을 유지하는 이유는 무엇인가? 미국으로서는 아시아에서 강대국 간의 견제와 균형이라는 목표가 여전히 존재한다고 보아야 할 것이다. 북한의 위협도 이제는 재래식 군사력은 물론이고 대량살상무기와 미사일을 중심으로 하는 새로운 형태의 군사력으로 나타나고 있다. 그리고 일본을 방어하겠다는 목표는 60여 년이 지난 오늘에도 변함이 없다고 보아야 할 것이다. 동시에 한국의 안보를 지키는 것은 미국의 경제적 이익에도 부합하게 되었다. 이런 경제적 이해관계는 한국과 FTA를 체결한 후 더욱 중요한 요인이 되었다.

오늘날 한미동맹에서 한국의 이해관계는 무엇인가? 아직도 100만 대군과 핵무기, 미사일을 보유한 절대 권력이 공격적 정책을 펴고 있는 북한 정권에 대하여 안심할 수 없는 것이 한국의 현실이다. 미국과의 동맹 없이 북한에 충분한 전쟁 억지력을 확보하고 '자주국방'을 할 수 있다고 장담하기 어려운 상황이다. 한국은 동맹을 통하여 전략, 무기, 작전, 정보 면에서도 도움을 받을 수 있다. 또한 굳건한 동맹이 경제 활동과 성장을 유지할 수 있는 요건이 된다. 동시에 동맹이 없거나 약해지는 경우 막대한 군사비를 추가로 지출해야 할 것이다. 더 나아가 한국 입장에서는 미국과의 동맹이 일본, 중국 등 주변국과의 관계에서 한국의 입지를 강화해줄 것으로 기대하고 있다.

이렇듯 한미동맹의 유지와 강화는 미국 입장에서 보나 한국 입장에서 보나 현재는 물론 미래에도 긴요한 것일 수밖에 없다. 그러나 동맹은 존재 이유만으로 지속되고 유지될 수 있는 것이 아니다. 동맹은 그 존재에 충분한 이유가 있더라도 다른 이유로 약화되거나 와해될 수 있다. 그 하나는 국민 간 상호 반감이 생기고 감정이 악화되는 경우다. 다른 이유는 1985년 미국과 뉴질랜드의 경우처럼 정부가 동맹에 부정적인 정책을 추구하고 관리를 잘못하는 경우다. 또 다른 이유로는 주변국의 간섭을 들 수 있다. 예컨대 우크라이나는 NATO에 가입하고 싶어도 러시아의 견제로 그 의지를 관철하기 어려운 상황에 처해 있다.

앞으로 한미동맹은 핵 문제를 포함하여 남북관계가 어떻게 진전되느냐, 한미 양국에 어떤 정부가 들어서느냐, 또 세계와 아시아의 정세가 어떻게 바뀌느냐 등에 따라 영향을 받을 것이다. 또한 독일의 경우에서 본 것처럼 한반도의 통일을 위해서는 미국의 적극적인 지원과 협조가 필수적이다. 이같이 한미 양국은 동맹이 과연 각자에게 어떤 이익을 가져다주는가, 동맹이 약화되거나 폐기되었을 때 어떤 불이익이 발생하는가를 심사숙고할 필요가 있다. 동맹의 존재 이유를 확인하고 그 바탕 위에 동맹의 생산적 관리를 위해 노력하는 것이 중요하다. 한미관계를 소중히 여기고 강화하기 위해 노력하고 있는 350여 명의 회원을 가진 한미협회는 한미동맹을 민간 차원에서 뒷받침해주는 매우 중요한

은퇴 후 페리 전 장관과.
스탠퍼드대학 회의에서. 2006년 6월.

단체라고 생각한다.

이렇듯 나는 장관으로서, 또 대사로서 공직에 있기 전과 후에 수년씩 민간 부문에서 외교에 참여하는 기회가 있었다. 이러한 활동은 공직자로서 외교를 수행할 때 견문과 지식, 분석 능력과 인적 관계 등 여러 면에서 커다란 자산과 도움이 되었으며, 동시에 공직자로서의 외교 경험은 민간외교를 수행하는 데도 도움을 주었다고 생각한다. 학자와 외교관의 역할을 동시에 수행하고 병립시키는 데는 이점도 있으나 순수한 학자로서의 '자격증(credential)'을 어느 정도 희석시키는 것도 틀림없는 사실이다. 그러나 그것은 어디까지나 나의 판단과 선택에 따른 것이었고, 그러한 선택에 한 점의 후회나 유보도 없다고 말할 수 있다. 두 개의 분야에서 내가 할 수 있는 일을 했고, 그 과정에서 나라와 사회에 미흡하나마 어느 정도 기여할 수 있었음을 다행스럽게 또 만족스럽게 생각한다.

우리 외교의 다섯 가지 도전

이 책의 원고가 출판사에 가 있는 2017년 초 몇 달 동안 우리의 외교가 두 가지 충격적인 상황을 맞게 되었다. 그 하나는 외교 면에서는 비교적 원만하게 임무를 수행하던 박근혜 대통령이 탄핵을 받아 대통령 자리에서 물러나게 된 것이다. 이것은 외교의 구심점을 상실시키고 효과적인 외교를 수행하는 데 커다란 지장을 주었다. 또 하나의 충격은 2016년 11월 8일 미국의 대선에서 도널드 트럼프 후보가 당선된 사실이다. 부동산 사업가인 트럼프 당선인은 외교에 대한 경험이 전무할 뿐만 아니라 외교정책에 관련해서도 난해한 발언을 많이 했다. 그의 '미국 이익 우선'이라는 구호가 어떻게 정책적으로 현실화될 것인가에 대해 많은 사람들이 우려를 표하기도 했다.

이러한 상황에서 한국의 외교는 최소한 다섯 가지의 위기(crises)와 그에 따른 도전(challenges)을 맞고 있다고 하겠다. 첫 번째는 북한의 핵무장과 관련된 것이다. 두 번째는 미국의 '미국 중심주의(Fortress America Syndrome)'라고 할 수 있다. 세 번째는 중국의 대국주의(Big Power Mentality)가 되겠다. 네 번째는 갈등하는 미국과 중국 사이에서 한국이 줄타기를 해야 하는 현실이다. 그리고 마지막 다섯 번째는 한국의 세 가지 결핍 사항(Deficiencies)이라고 하겠다. 세 가지 결핍 사항이란 첫째는 리더십(지도자 또는 지도력)이고, 둘째는 전략(strategy)이고, 셋째는 국민적 합의(consensus)다.

먼저 북한의 핵무기는 한국 국민의 생존을 위협할 뿐만 아니라 남북 간의 군사적 균형에 커다란 영향을 미칠 것이며 동북아 지역에서의 핵 확산을 초래할 가능성을 내포하고 있다. 북한의 핵무장은 남한뿐만 아니라 주변국인 일본과 중국에도 위협이 될 것이다. 또한 핵무기 때문에 한반도에서 전쟁이 발발할 가능성도 배제할 수 없다. 북한은 핵무기로 한국을 포함한 일본, 중국 등을 공격하고 위협할 수 있는 능력을 이미 가지고 있고 얼마 안 가 미국을 공격하고 위협할 수단을 갖게 될 가능성이 커지고 있는 것도 사실이다.

북한이 지난 25년 동안 한국과 미국을 비롯한 국제사회의 집중적인 견제와 회유, 압력을 받아가면서도 어떻게 오늘날과 같은 상당한 핵무력을 갖게 되었는가에 대해 우리는 국내외적으로 '남을 탓하는 게임 (blame game)'이 일어나고 있는 현상을 볼 수 있다.

국내에서 우익은 좌익 대통령들이 햇볕정책을 펴고 핵무기를 만들 돈을 북한에 퍼주었기 때문이라고 주장한다. 좌익은 미국과 한국의 우익이 북한에 안보 우려증을 갖게 했기 때문에 핵무기를 개발한 것이라고 주장한다. 좌와 우를 막론하고 많은 한국인들은 중국은 물론 미국까지도 적극적으로 북한의 핵개발과 보유를 저지하기 위해 '올인'을 하지 않았기 때문에 북한이 핵무기를 갖게 되었다고 생각하는 경향이 있다. 그동안 여러 차례의 핵과 미사일 실험 과정에서 제재 단계가 높아져왔는데, 중국은 한편으로는 제재결의안을 지지하면서도 또 한편으로는 북한의 살길을 어느 정도 열어주는 경향을 보여왔다. 미국의 경우, 내가 미국에 대사로 가 있는 동안 부시 대통령과 노무현 대통령의 정상회담에 몇 차례 배석한 일이 있는데, 그때마다 부시 대통령은"미안하지만 미국은 북한보다 이란의 핵개발을 더 심각하게 생각한다."는 이야기를 했다. 미국은 중국이 적극적으로 대북 제재에 협조하지 않는다고 불평하고, 중국은 미국이 북한에 대화와 양보의 기회를 주지 않는다고 비판한다.

북한이 핵무기 개발에 박차를 가한 이유는 핵무기 없이는 그들이 미국을 비롯한 적대국의 공격을 막을 수 없고 정권 퇴출(regime change)의 대상이 될 수도 있다고 생각하기 때문이다. 북한은 이라크 같은 나라는 핵무기가 없어서 미국이 침공할 수 있었고, 리비아의 카다피 정권은 핵무기 개발을 포기했기 때문에 몰락했다고 믿고 있는 것으로 보인다.

2017년은 북한의 1차 핵실험이 있은 지 11년이 되는 해다. 그사이 북한은 핵무기 개발에 속도를 내면서 2016년에만 연거푸 두 차례의 핵실험을 단행했다. 한국에서는 대비책으로 사드 미사일 배치가 진행 중이고, 정치권 일각에서는 핵무장까지 언급되고 있는 실정이다.

내가 외무 장관으로 있던 1993~1994년 당시의 제1차 북핵 위기 상황과 현재의 상황은 상당히 다르다고 하겠다. 당시에는 북한을 비핵화시킬 수 있다는 기대감도 있었고 문제 해결의 가능성도 생각할 수 있었으나, 지금은 북한이 핵무기 보유국의 문턱(threshold)을 넘어섰다고 보아야 할 것이다. 이란의 핵개발 프로그램이 한창일 때 이스라엘은 이란의 핵개발과 관련해서 '면제의 영역(zone of immunity)'이라는 표현을 쓴 적이 있다. 핵 능력이 일정 단계를 넘어서면 더 이상 손을 쓸 수 없는 면제의 영역에 진입한다는 의미다. 지금의 북한은 그런 영역에 이미 들어갔거나 아니면 들어가기 직전이라고 볼 수 있다는 점에서 1993~1994년과는 큰 차이가 있다.

또 다른 차이는 당시만 해도 북한이 UN의 제재라든지 중국의 설득 또는 압력에 대해서 상당히 민감했는데, 지금은 그런 것들을 두려워하지 않고 도리어 강력하게 반발하는 모습을 보인다는 점이다. 그것이 이미 면제의 영역에 자신들이 들어와 있다고 인식해서인지, 아니면 단순히 지도자의 성향 차이에서 기인하는지는 확인할 수 없지만, 1994년과 지금의 상황이 매우 다르다는 것은 분명한 사실이다.

한국과 미국을 포함한 관련국들에서는 오랜 기간 북핵 해결을 위한 여러 가지 방법을 강구해왔음에도 불구하고 진전이 없다 보니 피로감이 생기고 이제는 대화도 할 수 없는 상황으로 가 있는 것으로 보인다. 지금이 과거에 비해 훨씬 더 심각하고 풀기 어려워진 상황이라고 봐야 할 것이다.

이러한 북한의 핵 문제에 대하여 우리 국민들은 다소 이율배반적인 태도를 가졌다고도 하겠다. 즉, 한편으로는 어떠한 방법을 써서라도 북한의 핵을 막아야 한다고 생각하는 반면에, 정작 무력 사용의 가능성이 제기되면 그것이 전쟁으로 확대되는 것을 우려한다. 내가 1993년 3월 외무부 장관을 맡았을 때 북한이 NPT, 즉 핵비확산조약에서 탈퇴하겠다는 선언을 했다. 이때 우리나라의 정치권(여당과 야당을 포함하여)과 언론은 모두 외무무 장관이 빨리 미국에 가서 미국이 북한에 무력행사를 하는 것을 막아야 한다고 역설했다. 이제는 1993~1994년 당시 한국과 미국이 무력행사를 했더라면 지금의 딜레마는 없었을 것이라고 말하는 사람도 많다. 현재는 미국에서 선제공격을 포함한 무력 사용이 여러 가지 대응책(option) 중의 하나로 거론되고 있는 가운데 한국에서는 대북 선제공격에 대한 우려가 제기되고 있는 것도 사실이다.

국내 일각에서는 보다 확실한 안보 확보 방안으로 핵무장론이 대두되기도 한다. 대략 세 가지 정도의 방안이 제시되고 있다. 첫째는 NPT 체제하에서 가능한 핵무기 개발 인프라를 차근차근 갖추어놓고 언제든지 핵무기 제조가 가능한 수준까지 준비하자는 것, 둘째는 1991년 철수한 미군의 전술핵무기를 재배치하자는 것, 셋째는 우리 자체적으로 독자적인 핵무장을 추진한다는 것이다. 그러나 이러한 옵션이 북핵 문제 해결을 위해 얼마나 유효하고 또 실현 가능한 것이냐에 대해서는 논란이 계속되고 있다.

핵무장론이 대두된 배경 중 북핵에 대한 중국의 미온적 태도도 한 못했다고 볼 수 있다. 사실 북핵 위협에 가장 많이 노출된 곳은 한국이고 그다음은 일본이지만, 중국도 못지않게 위협에 처해 있다. 중국 입장에서는 북한과 국경을 접하고 있다 보니 북한에서 핵실험을 하면 그 진동이나 여파가 중국 본토에 직접 전달되므로 안보 차원에서도 경계해야 함에도 불구하고 이렇게 소극적으로 대응한다는 것은 모순적일 수밖에 없다.

북한과 중국이 현재는 우호관계이지만 앞으로 어떤 갈등이 생길지 알 수 없는 일이다. 특히 북한같이 예측 불가능한 나라를 상대하는 중국으로서는 더욱 경계를 늦추지 말아야 할 것이다. 지금 북한이 가지고 있는 미사일은 중국 대부분 지역에 도달할 수 있다. 또 북한의 핵무기 때문에 핵전쟁이 일어나게 되면 중국에 직접적인 피해가 갈 것이다. 따라서 북한의 핵은 중국에게도 상당한 안보 위협 요인이라고 보아야 할 것이다.

최근 미국에서는 북한이 한국, 일본뿐 아니라 미국 본토까지 공격할 능력을 갖추는 양상을 보이자 북핵 문제를 최우선적인 위협 요인으로 판정하고 새로운 대응책을 모색하고 있다. 우선 트럼프 행정부는 오바마 행정부의 '전략적 인내' 정책을 실패한 정책으로 규정하고 북핵의 동결보다는 완전한 포기를 추구하는 적극적인 대응책을 구상하고 있다. 그러나 결국 여러 가지 옵션 중 한국과 미국 그리고 일본의 입장에서는 과거에 이란에 가했던 것과 같이 유엔 테두리 안에서 또는 그것을 벗어난 추가 제재나 독자 제재를 가하는 방법을 택할 수밖에 없을 것이다.

다음으로, 한국 외교의 두 번째 도전은 미국의 트럼프 행정부와 어떻게 협력과 공조 관계를 유지하느냐 하는 것이다. 트럼프가 대통령직을 맡는다고 해서 미국의 전반적인 동맹과 핵 정책이 근본적으로 바뀌지는 않을 것이다. 미국의 근본적인 이해관계가 달려 있는 일이기 때문이다. 미국이 지출하는 방위비가 상당히 많은 건 사실이지만(GNP의 약 3.6 퍼센트) 그로 인한 정치적, 경제적 이익도 있는 것이 사실이다. 실제로 트럼프 행정부는 미국의 군사 예산을 증액하는 선택을 했다.

트럼프 정부가 고립주의로 회귀하지는 않겠지만 대외 문제에 개입하는 데 있어서 더 몸을 사리고 동맹관계에 있어서도 더 타산적인 입장을 취하게 되리라는 것은 자명해 보인다. 중장기적으로 볼 때 우리는 미국이 앞으로 얼마나 적극적으로 세계 문제, 특히 아시아에 개입할 것이냐를 생각해볼 필요가 있다. 따라서 한미동맹을 유지하면서도 이에 대한 어느 정도의 대비가 필요하다고 본다.

요즘 한미관계가 아주 튼튼하고 굳건하다고 한미 양쪽에서 모두 얘기하고 있지만 한미동맹에 안주하고 있을 수만은 없다. 동맹은 유지하되 우리로서도 지금까지 너무 미국에 의존하고 있는 부분이 많았기 때문에 군사비(분담금) 문제 조정에 대비할 뿐만 아니라 우리 자신의 역량도 키워야 할 것이다. 그 점에선 이스라엘 같은 나라가 어떻게 하고 있는지 연구해볼 가치가 있다. 한미동맹을 계속 굳건히 유지하면서 적절히 서로의 이익을 지켜주되 우리 자신의 역할도 더 늘려가는 방법을 찾아야 한다고 본다.

오바마 정부가 출범할 때는 이명박 정부 출범 1년 후였고, 2기 정부는 박근혜 정부와 같은 시기에 출범했다. 양국이 대북정책 방향을 수립할 때 한국 정부의 대북정책을 미국의 대북정책에 적응시킬 시간이 있었다. 그런데 이번에는 미국의 대통령 선거가 있은 지 6개월 후 우리 대통령 선거가 있어서 양국 간 대북정책을 조율하기가 쉽지 않은 구조이다. 한미 간에 정책을 조율하는 시간적 여유가 별로 없을 것으로 사료된다. 이렇듯 어려운 국제정치적 구조를 극복하도록 노력해야 할 것이다.

세 번째의 도전은 세계의 양대 강자로 부상하는 우리의 이웃 중국의 '대국주의'라고 하겠다. 최근 경제적으로 급부상한 중국은 국방력을 급격하게 강화하고 있다. 10여 년 전만 해도 경제 발전에 집중하던 중국이 근년에 들어와 아시아에서 미국의 패권에 도전하고 남중국해와 동중국해 지역에서 영토 분쟁에 임하고 있다.

20세기에 들어와서 일본과 서양 각국에 의해 수모를 당하고 영토 문제에 있어서도 피해의식을 갖고 있는 중국이 과거에 상실한 것을 회복하려고 하는 것은 이해 못할 일이 아니다. 그러나 너무 성급하게 '실지회복(失地回復)'의 의도를 노골화하는 것은 아시아의 국제질서 안정에 지장을 줄 수 있다.

헨리 키신저는 2012년에 발간한 책 〈중국에 대하여 *On China*〉에서 중국과 미국의 '특별의식(Exceptionalism)'에 대하여 다음과 같이 관찰했다. 즉, 중국의 특별의식은 문화적인 것으로서 중국의 문화와 사고방식을 인정하고 받아줄 것을 기대하는 것인 데 반해, 미국의 '특별의식'

은 거의 메시아(messiah)적인 것으로서 인도주의와 민주주의 같은 미국의 이상을 외부에서도 실현하겠다는 생각이라는 것이다. 그러나 오늘날 양국의 특별의식은 문화적인 것도, 이상적인 것도 아니고 순전히 힘(power)과 국가 이익(interest)에 입각한 현실주의적인 것이 되었다고 볼 수 있다. 중요한 것은 두 나라가 어떻게 또 얼마나 현명하게 자국의 이익을 규정하고 그것을 추구하느냐의 문제라고 하겠다.

한국 외교의 네 번째 도전은 중국과 미국이라는 양대 강국, 즉 G2 사이에서 한국이 어떻게 처신하고 항해(navigate)해야 하는가 하는 문제이다. 미중관계가 점점 더 악화되고 역내에서 패권국으로 부상하려는 중국과 이를 저지하려는 미국과의 관계가 한국 외교에 딜레마를 가져올 수 있다. 군사적으로는 화약고(flash point)라고 할 수 있는 센카쿠(중국명 댜오위다오)를 둘러싼 동중국해 문제와, 파라셀제도와 난사군도를 둘러싼 남중국해 문제 가운데 어느 쪽이 더 위험하냐는 판단에 있어서는 미국 전문가들도 견해가 갈라진다고 하겠다.

한편에선 중국이 미국과 일본의 콧대를 꺾기 위해 동중국해에서 한판 대결을 벌일 수도 있다고 보지만, 또 다른 한편에선 설사 대결을 하더라도 일본보다는 상대하기 쉬운 동남아 국가들과 부딪힐 가능성이 크다는 분석도 있다. 지금 남중국해에는 중국이 인공섬을 만들어 그곳을 군사기지화하는 등 군사력을 강화하고 있기 때문에 전혀 후퇴할 여지가 없고, 미국은 그 지역에서 중국의 영해, 영공의 확대를 인정하지 않고 항행의 자유를 조금도 침해받지 않겠다는 입장이다. 이 문제와 관련해 트럼프와 시진핑이 모종의 합의를 이루어내지 않는 한 충돌이 일어난다면 그쪽에서 일어날 가능성이 더 높다고 볼 수 있을 것이다.

중국으로서는 지금 만들어놓은 인공섬을 해체한다거나 포기하지 않을 것이고 또 미국으로서는 인공섬이 있다고 해도 그것 때문에 생기는 영해나 통행권 문제에 있어서 양보하지 않을 것이다. 따라서 양쪽이 서로 자기들의 핵심 입장을 훼손하지 않는 범위에서 현 상황을 그대로 유지해나갈 가능성이 크다고 볼 수 있다. 미국에서는 앞으로 트럼프가 어떻게 나올 것이냐에 따라서 달라질 수 있고, 중국에도 국내 정치적인 문제들이 있으므로 더 두고 지켜봐야겠지만, 전반적인 여건으로 볼 때 지금과 같이 중국이 현상을 수정하려는 상황에서 '불안한 현상 유지(unstable status quo)'가 가능할지 의문이 제기된다.

이러한 상황에서 대한민국은 어떻게 처신해야 할 것인가? 북한 문제 하나도 어려운 상황인데 미중의 중간에서 우리 외교의 해법은 무엇일까? 우리 입장은 어떻게 보면 상당히 어렵긴 하지만 의외로 간단한 면도 있다고 하겠다. 정치적인 여건과 관계없이 군사적으로 또는 안보적으로 우리의 생존에 필요하다고 판단되는 방향으로 정책을 추진하는 것이라고 하겠다.

사드 문제도 마찬가지라고 할 수 있다. 최근 중국은 한국의 사드 미사일 배치에 반대하여 상당히 강압적인 태도로 압력을 가하고 있다. 사드 배치는 북한의 핵과 미사일 위협에 대한 방어 목적으로 배치하는 것인데, 중국은 이에 대하여 관심과 양해를 거부하고 있다. 중국은 한국에서 사드 배치를 반대하는 세력이 집권할 가능성을 가늠하면서 그들이 집권할 경우 사드 배치를 철회하기를 기대하는 것으로 보인다. 한편 사드 배치는 미국에는 한국이 한미동맹을 얼마나 중요시하는가에 대한 리트머스 테스트라고 간주할 수 있다. 주한미군 보호가 사드 배치의 주요 목적 가운데 하나이기는 하지만, 그들이 한국을 방어하기 위해 주둔하고 있는 것도 사실인 만큼 사드는 미국뿐 아니라 한국에도 필요한 방어 수단이라고 하겠다.

미국과 중국 간의 갈등에서 우리가 무조건적으로 미국 편을 들고 중국에 대해서 도전적으로 나갈 필요는 없다고 본다. 박근혜 정부 들어와서 미국이나 일본의 오해에도 불구하고 중국과 접근하는 정책을 취했다. 현실적으로 기대가 지나치게 컸던 것은 사실이지만 전반적으로 볼 때 우리 정부가 실책했다고 볼 수는 없다. 지금에 와서 우리가 그렇게 중국에 잘하려고 애썼는데 배신당한 것 아니냐며 따지는 사람들이 있지만, 또 어떻게 보면 '당시 중국과의 관계를 그만큼 원만하게 해놓았기 때문에 지금의 갈등을 극복할 가능성이 큰 것이 아닌가.'라고 말할 수 있다. 전반적으로 볼 때 지금까지 한미·한중 관계를 크게 훼손하지 않으면서 여기까지 왔다는 점도 감안해야 할 것이다. 앞으로도 그러한 기준으로 신중히 움직일 필요가 있을 것이다.

마지막 도전은 우리 내부에 관한 것이다. 국내에서 필요한 것은 리더십과 전략, 그리고 국민적 합의이다. 우리나라에서는 누구나 집권을 하게 되면 첫째는 야당과의 협력이 잘 안 되고 또 여당 안에서도 경쟁 세력끼리 갈등하는 것이 보통이다. 우리는 원래 좌우의 간극이 심하기도

하고, 외교에 있어서는 여당과 야당이 미국이나 중국과 같은 강대국에 대한 선호도가 다르다 보니 협력과 협치가 잘 이루어지지 않는 것이 보통이다. 이러한 상황에서 지도자의 역할이 상당히 중요하다고 생각된다. 앞으로 대통령 책임제를 유지한다면 대통령이, 의원내각제를 채택한다면 총리가 야당과도 되도록 자주 만나서 진정성 있게 의논하는 모습을 보일 필요가 있다. 상대방의 말을 꼭 들어주어야 하는 것은 아니지만 알려줄 것은 알려주고 협조를 받을 것은 받음으로써 정치인들뿐만 아니라 국민들 전체의 전반적인 의식이 달라질 수 있다고 생각한다.

사람들은 현재의 불안정한 국면을 타개하기 위한 획기적인 정책 전환을 요구한다. 그러나 지금까지 펼쳐온 모든 정책들의 배경에는 각각 필요성과 불가피성, 즉 그렇게 하지 않으면 안 되는 상황과 조건이 있게 마련이다. 따라서 주요 정책의 근본을 쉽게 바꾸거나 버릴 수는 없다는 문제가 있다. 정책의 수정과 조정은 상황 변화에 따라 상시적으로 이루어져야 하겠지만 갑작스러운 정책 전환은 현명한 선택이 아닐 수 있다. 외교안보 이슈를 지나치게 감정적으로 다루거나 정파적으로 판단하는 것은 매우 비생산적이고 국익에 도움이 되지 않을 수도 있다.

특히 안보에는 진영이라든지, 친중, 친미, 반중, 반미 이런 것이 문제가 아니라 무엇이 우리의 생존에 도움이 되느냐가 가장 중요한 판단 기준이 되어야 한다. 자기와 의견을 달리하는 사람이나 정권에 대해서 친미다, 친중이다 하며 낙인을 찍거나 어느 당이 집권하든 정부의 외교에 대해서 무조건적으로 굴욕 외교, 친외국 외교, 종북 등의 딱지를 붙여서 공격하는 것은 정부의 전략적인 외교정책 수립과 수행을 위해 그다지 바람직하지 않은 태도라고 본다. 이성적인 논의와 판단이 요구되기 때문이다.

이상 우리나라 외교가 당면하고 있는 몇 가지 도전에 대하여 언급했다. 그러나 현재 가장 급한 과제는 정치 그리고 리더십이 안정되어야 한다는 것이다. 정치와 제도 그리고 누가 정부를 이끌고 있는가가 불안정하고 불확실한 상황에서는 외교를 효과적으로 수행하기 어렵다. 오늘날 한국 외교의 가장 큰 위기는 정치의 불안정이라고 말할 수 있다.

따라서 지금 우리에게 가장 필요한 것은 무엇보다도 안정적이고, 감정과 이념 그리고 정치적 이해관계를 초월한 실용적 리더십이라고 하겠다.

실용주의 외교를 향하여

나는 외교를 수행하는 과정에서 실용주의를 지향하고 그것을 실천하려고 노력했다. 사전적인 의미를 빌리면, 실용주의는 목적의 달성과 추구하는 결과를 위하여 이론이나 사상보다는 합리적이고 논리적인 방법을 강조하는 태도를 의미한다. 그것은 기회주의도 아니고, 물질만능주의도 아니며, 원칙과 도덕성을 무시하거나 고정된 진리를 부정하는 태도는 더더욱 아니다. 실용주의를 '외교'라는 맥락에서 바라보면, 그 수행에 감정이나 정치적 이해관계 또는 이념에 경도되기보다는, 그러한 요인들을 염두에 두면서도 현안 자체의 실질적 결과를 중시하는 태도라고 풀이해볼 수 있겠다.

실용외교를 추구한다고 해서 그것이 늘 가능한 것은 아니다. 우리나라는 20세기에 일본의 식민 지배를 받은 경험이 있고, 분단국으로서 늘 북한과 대결 및 경쟁관계 속에 살아왔다. 또한 한반도에는 한미

동맹하에 수만 명의 미군이 주둔하고 있다. 이로 말미암아 대외적으로 더 뻗어나가야 할 우리 외교관계가 국내 정치와 상당 부분 연계될 수밖에 없는 한계를 갖게 된다. 특히 국내의 정치 세력들이 이념적으로 좌우로 갈라져 팽팽한 긴장관계에 있다 보니 대북한 관계, 한미동맹, 대일관계 등에 국민적인 합의를 도출하기가 매우 어렵다.

1993년 북핵 문제가 터졌을 때는 미국이 '과잉대응'하여 자칫 북한을 무력으로 공격할 수도 있다는 가능성이 국내 최대의 우려 사항이었다. 미국이 북핵 제거에만 집중하다 보면 우리 국민의 안녕이 뒷전으로 밀려날 수도 있다는 우려였다. 국내 정치권과 언론은 미국의 과잉대응에 대비하여 국민의 우려를 없애줄 것을 외무 장관에게 주문했다. 그러나 막상 북핵 문제가 협상 국면으로 들어가자 대통령을 포함한 국내 정치 세력들은 오히려 미국이 북한에 너무 유화적으로 대응하는 것이 아니냐는 걱정과 불만을 표시했다. 국가의 외교를 책임지는 사람으로서 이러한 이중적 태도를 모두 만족시키는 해법을 찾기란 쉽지 않았다. 그러나 그럴수록 우리의 실질적인 이익이 어디에 있는지, 우리가 정치적 이념이나 감정에 사로잡히지 않으면서 냉철하게 대처하기 위해서는 어떠한 방법을 취해야 할 것인지, 그 해법을 찾는 것이 외교관의 임무라고 생각했다. 북핵 문제는 반드시 대화에 따른 평화적 방법으로 풀어나가야 한다고 믿었으며, 그 과정에서 어떠한 비난을 받더라도 무릅써야 한다는 신념이 있었다.

외교를 수행하려면 장관을 포함한 담당자들은 정책과 조치에 반드시 최고 결정권자의 이해와 지지를 얻어야 한다. 그런데 최고 결정권자의 성향과 스타일은 각양각색이다. 어떤 지도자는 장관을 포함한 보좌진과 긴밀히 의논하고 그들의 의견과 건의를 최대한 존중하는 반면, 최소한의 논의와 소통만 허용하고 자신의 결정만을 강행하는 지도자도 있다. 신중하고 실용적인 태도를 가진 지도자가 있는가 하면, 충동적이고 예측 불허의 태도를 보이는 지도자도 있다. 어떤 지도자는 국제적으로 협력하고 교류하는 것을 장려하고, 어떤 지도자는 민족주의에 집착하고 국제적 협력을 경시하기도 한다.

미국의 경우를 보면, 영화배우 출신 레이건(Ronald Reagan) 대통령의 정책 스타일이 긍정적 평가를 받고 있다. 이유는 그가 카터(Jimmy Carter) 대통령과 달리 세부 사항에 집착하기보다는 큰 틀의 정책에서 결단성을 보여주었고, 그 과정에서 반드시 보좌진의 전문적 조언에 귀를 기울이는 신중함을 잃지 않았기 때문이다. 따라서 소련과의 전략무기 감축 합의와 같은 큰 틀의 결정은 본인이 직접 내리되 그 이행 과정은 전문가들의 숙련된 손에 맡겨두었는데, 이러한 그의 리더십이 결과적으로 20세기 후반 소련과의 냉전에서 미국이 승리를 거두는 기초를 닦았다고 평가되고 있다. 그가 미국을 유일 대국으로 부상시킨 대통령으로 추앙받는 이유가 거기에 있다.

다행히 내가 외무부 장관으로 있는 동안 김영삼 대통령은 외교 문제에서 장관을 비롯한 실무진의 조언과 건의를 존중해주었고, 설사 본인의 의견과 다른 점이 있더라도 합리적인 건의는 납득하고 채택하는 분이었다. 뿐만 아니라 다른 대통령들과 달리 외무부 인사에 간섭하거나 통제하지 않고 외무부의 독자적 결정을 허용하고 존중해주었다.

노무현 대통령은 이념적으로 일부 보좌진과 다른 입장을 갖는 경우가 가끔 있었으나 결국은 합리적이고 실용적인 건의를 받아들임으로써 현실 외교에 장애를 초래하지 않았다. 미국과의 관계에서도 이라크에 비교적 많은 숫자의 군대를 파견하고, 미국과 FTA 협상을 개시했으며, 주한미군에 대해서도 본인이 부정적으로 생각하던 전략적 유연성을 수락했다.

이렇게 보면 이념적 성향이 거의 정반대인 김영삼, 노무현 대통령 밑에서 한 대통령과는 외무부 장관으로서, 다른 대통령과는 주미 대사로서 외교를 수행할 수 있었던 것은 개인적으로 커다란 행운이었다. 무엇보다도 그분들의 도움으로 한국 외교에 실용주의를 불어넣을 수 있었던 것은 국가적으로도 다행이었다는 생각이 든다.

우리를 둘러싼 국제 정세는 서로 다른 이해관계로 복잡하게 얽혀 있고, 국내 정치는 한 치 앞을 내다볼 수 없을 정도로 요동치고 있다. 이념적 갈등은 격화되고 있으며, 민족주의와 국제주의가 교차하고 있다. 이러한 거센 도전에 직면한 우리의 외교는 그 임무가 막중하다. 대학에서 그리고 정부에서 평생 외교라는 외길을 걸어온 나의 지난날이 우리 외교가 실용주의로 나아가는 길에 하나의 디딤돌이 될 수 있기를 기대해본다.

부록

외교란 무엇인가?

통념과 실제

What is Diplomacy? - Myths and Realities

2005년 12월 8일(목)
고려대학교 인촌기념관 대강당

지난 한 학기 동안 우리는 '외교란 무엇인가?'라는 문제를 고찰해보았습니다. 오늘은 우리가 한 학기 동안 배우고, 생각하고, 논의했던 것을 종합해보는 날입니다. 혹시 가능하다면 결론도 내어보는 것이 좋겠습니다. 이렇게 종합하고 결론을 내어보기 위해 오늘 강의 부제를 '통념과 실제'라고 붙였습니다. 영어로는 'myths and realities'라고 해보았습니다. 직역하면 '신화와 현실'이 되겠지요. 어떤 의미로 이러한 부제를 달았을까요?

통념 또는 신화라고 하는 것은 그것이 사실이건 아니건 간에 어떤 것을 많은 사람들이 그렇게 믿고 받아들이는 것을 의미합니다. 우리가 단군 '신화'라고 할 때, 과연 단군이 곰(웅녀)의 몸에서 태어났는지 아닌지 모르지만 사람들이 그렇게 믿는 것처럼 말입니다. 예수님의 잉태, 영어로 'conception'이라고 합니다만, 이것도 신화라고 할 수 있지요. 그래서 기독교에서는 이를 'immaculate conception(우리말로는 원죄 없는, 흠없이 완벽한 잉태)'이라고 합니다. 즉, 상식적으로나 과학적으로는 설명할 수 없는 동정녀의 수태를 믿고 있다는 말입니다.

그렇다면 외교에 있어서는 통념이나 신화가 있을까요? 저는 있다고 생각합니다. 예를 들어 '외교관은 나라를 위해 거짓말을 하는 사람이다.' 이렇게 믿는 사람이 많습니다. 저는 이것은 실제와 다르다고 생각합니다. 또 "외교는 협상이다. 좋은 협상은 하나를 주고 열 개를 받아내는 것이다."라고 말하는 사람들도 있습니다. 여러분은 어떻게 생각하십니까? 저는 그것은 썩 좋은 협상은 아니라고 생각합니다.

그래서 오늘은 외교에 있어서 이러한 통념 또는 신화를 몇 가지 소개하고 실제와 어떤 차이가 있는지, 현실과 어떻게 다른지를 생각해보기로 하겠습니다.

외교란 국가와 국가 간의 관계를 말하지만, 기본적으로 사람들 간의 관계입니다. 물론 다른 점 또는 복잡한 면이 많지만, 일상의 인간관계와 많은 공통점이 있습니다. 예컨대 우리가 의식하고 있든 아니든 간에 모든 인간관계란 국가 간 관계와 마찬가지로 협상의 관계입니다. 이 과정에서 서로 주고받으며 이익을 볼 때도 있고 손해를 볼 때도 있습니다. 또 둘이 같이 손해를 볼 수도 있고, 둘이 다 같이 이익을 볼 수도 있습니다. 따라서 인간관계는 국가 간 관계와 마찬가지로 '게임'의 관계라고 하겠습니다. '게임한다(play a game)'라고 하면 너무 공리적이고 이기적인 것으로 이해하여 부정적으로 생각할 수도 있지만, 반드시 그런 것은 아닙니다. 우리는 부모 자식 간이나 부부지간에도 늘 '게임'을 하고 삽니다.

게임이론에서 게임의 목적은 상대방이 어떠한 선택을 할 것이냐를 계산하고 예측하여 최대한의 이득(payoff)을 얻는 것입니다. 예컨대 아버지가 아들에게 바둑을 가르칠 때, 아들의 사기를 올려주기 위해 아들이 알아차리지 못하게 일부러 져주는 것도(아니면 너무 크게 이기지 않는 것도) 일종의 게임이라고 할 수 있습니다.

따라서 외교를 잘 이해하는 것은 우리의 일상생활, 즉 인간관계에 도움을 줄 수 있고, 역으로 일상적인 인간관계를 이해하고 연구하는 것은 외교에 큰 도움이 될 것으로 생각합니다. 결국 외교를 공부하는 것은 인간생활을 이해하는 것과 불가분의 관계를 갖습니다.

외교와 진실

먼저 외교와 진실이라는 문제에 관해 생각해보겠습니다. 앞서 잠깐 언급했듯이, 누군가 '외교관이란 나라를 위해 거짓말을 하는 사람'이라고 말한 일이 있습니다. 이것은 물론 과장된 말이겠지만, '과연 외교관은 거짓말을 해야 하는가?', '좋은 외교관이 되기 위해서는 최소한 진실되기를 포기해야 하는 것인가?' 하는 의문이 제기될 수 있습니다. 외교관은 대외적으로 다른 나라의 외교관이나 협상자를 상대해야 하지만, 대내적으로는 언론이나 의회를 통해 국민이나 국제사회의 질문에 대답을 해주어야 합니다. 저는 어느 경우이든 말을 안 하는 것은 필요할 수 있으나, 거짓말은 하지 말아야 한다고 생각합니다. 거짓말을 한다는 것은, 도덕적인 견지는 접어두고라도, 실익의 면에서 이익보다는 불이익이 많기 때문입니다. 또 그것은 외교관 개인의 입장에서는 물론, 그가 대표하는 국가적 입장에서도 바람직하지 않은 일이라고 생각합니다.

1971년 미국의 대니얼 엘스버그(Daniel Ellsberg)라는 사람이 미 국방부 문서인 펜타곤 페이퍼(Pentagon Papers)를 뉴욕타임스를 비롯한 언론사들에 제공하여 큰 물의를 일으킨 일이 있습니다. 그때 정부는 그것이 국익에 어긋난다고 주장했지만, 궁극적으로는 미국을 베트남으로부터 철수시켜 미국의 국익에 이바지했다고 보아야 합니다. 또 이라크 아부 그라이브 교도소에서 자행된 포로 학대 사건도 보도할 당시에는 미국의 국익에 위배된다고 생각했을 수 있으나, 결국은 문제를 파헤치고 보도함으로써 미국의 장기적 이익에 기여했다고 생각합니다.

거짓말은 결국은 드러나기 마련이고, 그렇게 되면 협상자로서의 신뢰를 상실할 것이고 국가적으로도 다른 나라들의 업신여김을 받게 됩니다. 국제사회에서 명성이라는 것은 참으로 중요합니다. 정부나 개인이 신용을 잃게 되면 그만큼 그 나라의 외교를 어렵게 할 것입니다. 외교는 전쟁과 달리 한두 번의 위장으로 상대방을 무너뜨려 승리를 쟁취하는 게임이 아니기 때문입니다. 그러나 문제는 진실을 이야기할 수 없는 경우가 많다는 점입니다. 이런 경우 협상에서는 명백한 거짓만 아니라면 어느 정도의 숨김은 불가피한 것이라고 하겠습니다. 언론이나 국회에는 '오프더레코드(off the record)'를 걸 수도 있고(그러나 이것은 지켜지지 않을 가능성이 있다는 것을 인식해야 합니다), '노코멘트(no comment)'로 나갈 수도 있습니다. 임기응변으로 벗어날 수도 있으나 장기적으로는 이것도 썩 좋은 방법은 아닐 것입니다.

외교를 할 때도 늘 사실대로 이야기해줄 수는 없습니다. 1971년 리처드 닉슨 대통령 시기에 당시 대통령 보좌관이었던 헨리 키신저가 중국에 가서 모택동(마오쩌둥) 주석과 주은래(저우언라이) 외상을 만나고 양국이 화해하는 합의를 했는데, 일본에는 이 사실을 감쪽같이 숨겼습니다. 나중에 키신저에게 왜 일본에 알려주지 않았느냐고 하니 일본이 그 비밀을 지킬지 믿을 수가 없어서 그랬다는 것입니다. 그때 일본은 큰 충격을 받았고 지금도 그것을 '닉슨 쇼크'로 기억하고 있습니다.

1992년 우리나라가 중국과 수교할 때의 이야기입니다. 당시 우리는 대만과 국교를 맺고 있을 때인데, 대만에는 중국과 수교를 하지 않을 것같이 말하다가 비밀리에 수교 교섭을 성사시켰습니다. 대만은 우리가 자신들을 배신했다고 하여 상당히 분개했고, 이듬해 제가 외무 장관직을 수행하면서 대만과의 관계를 재개하는 데 상당한 어려움을 겪었습니다. 당시 대만은 보복으로 한국-대만 간 정기 항공편을 중단했고, 우여곡절 끝에 중단된 지 12년 만인 지난해에야 복항이 실현되었습니다.

외교와 진실이라고 할 때 고백 외교(confessional diplomacy)라는 것도 있습니다. 북한은 일본에서 젊은 여성들을 납치하여 김현희와 같은 공작원에게 일본어를 가르치는 일을 시켰습니다. 여러 해 동안 이 사실을 감추고 부인하다가 2002년 고이즈미 총리가 북한을 방문한 계기에 김정일 위원장이 그것을 공식적으로 인정하고 사과한 일이 있습니다. 김 위원장의 이런 행동은 일본과의 관계를 정상화하고 보상금/배상금을 받기 위한 것이었습니다. 그러나 그 과정에서 납북 여성 중에 의문의 죽음을 당한 사람이 여러 명 있었다는 것이 드러나고 일본에서 계속 그 진상 규명을 요구하자, 북한은 고백 외교가 역효과가 난다는 것을 깨달았습니다. 얼마 후에 북한은 또 북한을 방문한 미국 대표에게 고농축 우라늄 프로그램이 있는 것을 인정하는 발언을 했습니다. 그것이 발단이 되어 현재까지도 해결되지 않고 있는 2차 북핵 위기가 시작된 것입니다.

북한은 이렇듯 고백 외교가 효과를 거두지 못하는 것을 인식하게 되면서 다른 전략을 택했습니다. 일본에 대해서는 인정했으면 되었지 왜 말썽을 부리느냐고 적반하장으로 나왔고, 미국에 대해서는 인정한 일이 없다고 완강히 부인했습니다. 이러한 북한이 외교를 잘하고 있다고 말할 수 있을까요? 개인 간의 관계에서는 물론 국가 간 관계에서도 신의와 도덕성은 필요하고 중요하다고 생각합니다. 결국 외교에서는 거짓말을 하지 않으면서도 비밀로 지킬 것은 지키고, 동시에 협상 상대로부터 신뢰를 받을 수 있는 능력이 중요하다고 생각합니다.

외교와 허세

지난달 중순 부산에서 열린 APEC 회의에 참석한 중국의 후진타오 주석은 아태 지역 경제 지도자들이 모인 회의에서 한 연설을 통해 많은 점수를 얻었습니다. 후진타오 주석이 강조했던 것은 중국의 성장은 세계 어느 나라에도 위협이 되지 않을 것이며, 중국은 세계와 지역의 평화와 안정 그리고 번영에 기여할 것이라는 점이었습니다. 또한 후진타오 주석은 중국이 아직도 경제 발전에 장애 요소가 많고 개발도상국을 벗어나지 못했다고 말했습니다. 말하자면 상당히 엄살을 부린 것이지요. 실제로 중국은 '화평굴기(和平崛起, 즉 평화적으로 솟아난다)' 또는 '화평발전(和平發展)'이라는 표현으로 자신들의 부상이 다른 나라에 위협이 안 된다는 것을 강조하면서 조용히 실력을 기르는 정책을 추구하고 있습니다. 최근에는 화평굴기의 '굴기(崛起, 솟아난다)'라는 표현도 너무 공격적이라고 하여 그 대신 발전, 즉 '화평발전(和平發展)'이라는 표현으로 바꿨습니다. 요즈음은 3화(三和), 즉 화평(和平, peace), 화해(和諧, harmony)=화합, 화해(和解, reconciliation)를 강조하고 있습니다. 아무튼 언론은 후진타오가 애교 공세(charm offensive)를 폈다고 평하고 있습니다. 그리고 그러한 애교 외교는 효과 만점이었다고 평가할 수 있습니다.

중국은 왜 이렇게 자존심을 죽이고 실제의 실력보다 자신을 약하게 묘사하는 것일까요? 첫째 이유는 다른 나라들의 경계심을 자극하지 않겠다는 의도를 갖고 있기 때문일 것입니다. 이와 동시에 또 하나 중요한 이유는 중국이 실제로는 강하고 실력이 있기 때문에 이런 엄살을 부릴 여유가 있는 것이라고 생각합니다.

반면에 허세를 부리는 나라도 있습니다. 예컨대 북한은 툭하면 미국을 혼내줄 수 있다고 큰소리를 칩니다. 1994년에는 남조선을 불바다로 만들겠다고 위협한 일도 있습니다. 실제로 북한은 군사적으로 남한을 불바다로 만들 수는 있어도 아직은 미국을 직접 공격할 수는 없을 것입니다. 따라서 이러한 북한의 위협적 발언은 자신의 취약함을 감추려는 불안감으로부터 나온 것이라 생각할 수 있습니다. 결과적으로 북한의 위협적인 언사는 다반사로 여겨지게 되었습니다.

미국의 시어도어 루스벨트 대통령(Theodore Roosevelt, 1901~1909년 재임)은 중남미에 대해 미국이 "Speak softly and carry a big stick(큰 몽둥이를 갖고 다니되 말은 부드럽게 하라.)"고 말한 일이 있습니다. 최근에도 미국은 부시 대통령 취임 이후 강압적이고 일방주의적인 외교를 하는 일은 있어도 말로써 군사적 위협을 하지는 않습니다. 말보다는 오히려 무력시위가 훨씬 효과적이기 때문입니다. 예컨대 1994년 6월 북핵 문제가 점점 위기로 치달을 때 미국은 항공모함을 동해에 배치하고 한국에 패트리어트 미사일을 배치하는 등 주한미군의 군사력을 강화했습니다. 북한은 그 메시지를 알아채고 지미 카터 전 대통령을 평양으로 초청하고 미국과의 교섭을 재개했습니다.

옛날 신라가 삼국을 통일할 때 신라의 강수(强首)가 말을 잘하여 당의 설인귀(薛仁貴)를 설득했다고 합니다. 그러나 오늘날의 외교관은 말을 잘해서 또는 허세를 부려서 상대방을 설득시킬 수는 없을 것입니다. 외교에 있어서는 말보다 행동이 더 중요하고, 행동보다도 실제 실력이 더 중요합니다. 오히려 말은 적게 할수록 좋습니다. 또 남의 말을 진지하게 들어주는 자세가 중요합니다. 다만 적게 하는 말이라도 그것이 신빙성이 있고 절제되고 논리가 서는 말이어야 할 것입니다.

Half a loaf인가 No loaf인가?
(반쪽이라도 얻을 것인가, 모두 잃을 것인가?)

1945~1948년 사이 우리나라는 중요한 선택의 기로에 서 있었습니다. 북한이 남북한 전체에서의 선거를 거부하는 상태에서, 첫째는 일단 선거를 무기한 연기할 것인가, 둘째는 북측의 공산주의자들과 타협을 하여 한반도가 공산화되는 것을 각오하면서까지 통일을 이룩해야 하는가, 셋째는 남한에서만이라도 선거를 단행할 것인가라는 세 가지 선택을 두고 결정을 해야만 했던 것입니다. 그때 이승만 박사의 주장은 남한만이라도 선거를 하자는 것이었습니다. 즉, 반쪽이라도 갖는 것이 다 잃어버리는 것보다는 낫다는 주장이었습니다. 이승만 박사의 전기를 쓴 로버트 올리버(Robert Oliver)라는 분은 이때의 과정을 서술하면서 'Half a loaf is better than no loaf'라는 제목을 붙였습니다. 결과적으로 남북한에 각각 정부가 들어섰고 한반도가 오랫동안 분단 상태에 놓이게 되었지만, 적어도 한반도 전체가 일찌감치 공산화되는 것을 막을 수 있었습니다.

어느 단계에서는 불만스럽지만 반쪽의 빵(half a loaf)을 확보하는 것으로 더 큰 손실을 막는 것이 현명하지 않을까요? 키신저는 그의 역작 〈외교 *Diplomacy*〉라는 책에서 이러한 의문을 제기하고 있습니다. 즉, 1950년 가을 한국전쟁 당시 한미 연합군이 38선을 넘어 북진할 때, 만약에 그들이 압록강, 두만강까지 진격하지 않고 평양 원산 간의 39도선 정도에서 전진을 정지했더라면 한반도에는 상당히 다른 결과가 나왔으리라는 것입니다. 그랬더라면, 첫째 중공군의 개입을 불러오지 않았을 것이고, 둘째 39도 이북의 협소한 산악지대에서 김일성 정권은 오래 지탱하지 못하고 궤멸했을 것이라는 말입니다. 그러나 실제로는 내친김에 압록강, 두만강까지 진격했고, 그것은 중공군의 개입을 초래했습니다. 우리는 역사를 재실험할 수는 없으므로, 과연 39도선에서 정지했더라면 어떠한 결과가 나왔을 것인가를 알 수 없습니다만, 그럼에도 키신저의 추론이 그럴듯한 것은 사실입니다.

최근에 동상 철거 논란 때문에 다시금 세인의 관심을 끌게 된 맥아더 장군은 한국전쟁 때 해리 트루먼 행정부가 만주 폭격을 못하게 하자 "완전한 승리를 대체할 수 있는 것은 없다(There is no substitute for total victory)."라고 하며 대통령의 정책에 승복하지 않은 적이 있습니다. 만약에 미국이 맥아더 장군의 생각대로 만주를 폭격하고 전면전을 수행했더라면 어떠한 결과가 있었을지를 생각하는 것도 흥미있는 일이지만, 아마도 그 결과는 그렇게 바람직한 것은 아니었으리라 생각합니다.

비슷한 사례가 또 있습니다. 1919~1922년의 그리스-터키 전쟁에서 그리스는 터키 땅으로 진격하여 이스탄불(그리스는 콘스탄티노플이라고 부름)을 점령하고 보스포루스 해협을 건널 것인지를 고민했습니다. 결과적으로 해협을 건너 그리스의 옛 고장인 트로이(지금의 아나톨리아 지방)로 진격을 했습니다만, 너무나 긴 전선을 만든 것이 벅차 결국은 후퇴함으로써 이스탄불(콘스탄티노플)도 빼앗기고 지금의 그리스-터키 경계선까지 후퇴하고 말았습니다. 이 사건 역시 빵 한 덩이를 가지려다

반 덩어리도 갖지 못한 예일 것입니다. 외교에서도 개인사와 마찬가지로 너무 욕심 부리지 않고 그만둘 때를 잘 알아야 한다는 교훈이 되겠습니다.

토머스 셸링의 게임이론 : 외교는 합리적인가?

금년에 노벨경제학상을 받은 전 하버드대학 교수이고 지금 메릴랜드대학 교수인 토머스 셸링(Thomas Schelling)은 게임이론의 대가입니다. 그가 저술한 〈갈등의 전략 *The Strategy of Conflict*〉이라는 책은 이 분야의 대표적 고전으로 알려져 있습니다. 1993년 12월 뉴욕타임스에 저에 대한 특집기사가 난 적이 있는데, 그때 기자가 저에게 정치학 서적 중에서 외교 실무에 가장 도움이 된 책이 무엇이냐고 물었을 때 바로 이 책을 꼽았습니다.

게임이론은 개인이건 국가이건 합리적으로 행동하는 것을 전제로 합니다. 게임이란 상대방이 합리적으로 행동할 것임을 전제로 하여 그의 행동을 예측하고 대응함으로써 상대방이 자신에게 유리하게 움직이도록 만드는 것을 의미합니다. 셸링 교수는 그의 책에서 다음과 같은 예를 든 일이 있습니다.

"어느 곳에 원자로를 건설하는데 이에 반대하는 사람들이 철로에 드러누워 원자로 장비를 실은 열차의 접근을 막고 있다고 가정할 때, 물리적 방법 말고 이들을 철로에서 떠나게 하는 다른 방법은 없을까?"

이에 대한 셸링 교수의 처방은 열차기관사가 열차를 시속 1km 정도로 서서히 움직이게 하고 열차에서 뛰어나와 철로에 누워 있는 사람들에게 소리치는 것입니다.

"저기서 열차가 이쪽으로 오고 있는데, 그 속에는 기관사도 없고 데모대가 누워 있어도 열차를 정지시킬 사람도 없다."

그렇게 말하고는 다른 쪽으로 가버리는 것입니다. 기관사는 자신이 열차를 멈출 수 있는 선택(option)을 스스로 포기한 것입니다. 시위대는 이러한 상황에서 틀림없는 죽음을 자초하는 대신 할 수 없이 철로를 떠나야 할 것입니다.

셸링 교수의 논지는 계속됩니다. 그다음 열차가 올 때 시위대는 다시 철로에 누워 이번에는 철로에 자신들을 묶고 자물쇠로 잠가놓아 열차가 와도 떠날 수 있는 선택을 스스로 포기하는 방법이 있습니다. 이 경우 기관사가 이 사실을 알면서도 기차를 정차하지 않으면 살인을 저지르는 것이므로 그는 열차를 정지시킬 수밖에 없을 것입니다.

이러한 판단은 모두 사람들이 합리적으로 계산하고 행동한다는 것을 전제로 합니다. 그러나 과연 개인이나 국가가 항상 합리적으로만 행동할까요? 실제로는 반드시 그렇지만은 않은 것으로 보입니다.

한 예로 일본의 고이즈미 총리가 매년 야스쿠니신사에 참배하러 가는 것을 들 수 있습니다. 이것은 일본으로서는 외교적으로 아주 큰 손실을 초래하는 행동입니다. 고이즈미는 자신이 총리가 되기 전에 일본 국민에게 약속한 일이므로 이를 지켜야 한다고 변명/설명합니다. 그러나 그가 야스쿠니신사를 참배함으로써 주변 국가와의 관계가 나빠지고, 일본이 원하는 유엔 안보리 상임이사국 진출도 어렵게 되고, 동아시아공동체 형성 과정에도 지장을 주는 한편, 북한핵 문제를 위한 한국, 중국과의 공조에도 걸림돌이 되고 있습니다.

그 밖에도 한 국가나 정부가 외교에서 게임이론이 적용되지 못할 정도로 비합리적인 행동을 하는 경우가 많습니다. 왜 그럴까요? 한 가지 이유는 정부나 지도자가 이념적 또는 감정적으로 외교를 처리하기 때문일 것입니다. 이념 또는 우리 사회에서 요즘 잘 사용하는 소위 '코드'라고 하는 것은 어떠한 사건 또는 상황을 설명하는 사고의 틀을 제공해줍니다. '미국은 제국주의'라든지, '우리는 피해국'이라는 피해의식은 그에 해당하는 외교정책을 만들어낼 것입니다.

6자회담의 장단점

작년 9월, 미국에서 대통령 선거전이 한창일 때의 일입니다. 대통령인 조지 W. 부시와 도전자인 존 케리 상원의원 간의 TV 토론 중 일어난 일입니다. 두 사람이 북한핵 문제에 관해 논쟁을 하는데, 케리 상원의원은 6자회담의 틀 안에서 북미 간 양자협상도 병행해야 한다고 주장한 반면, 부시 대통령은 북핵을 해결하는 방법은 6자회담밖에 없다고 반박했습니다. 북핵 문제를 토론하는데 몇 나라가 회담을 해야 하고 양자회담을 하느냐 마느냐 하는 것이 유일한 쟁점이 되었다는 것 자체가 우스운 일이기도 하지만, 결국 부시 대통령이 재선되고 지난 9월

제4차 6자회담이 개최되었을 때는 케리 의원의 주장대로 북미 양자 접촉뿐 아니라 협상까지도 있었다는 사실은 상당한 아이러니라고 하겠습니다.

종종 학자들 간에는 다자협상이 더 나은지 양자협상이 더 효과적인지 논쟁이 벌어지기도 합니다. 물론 그에 대한 대답을 일률적으로 할 수는 없고, 그때그때 이슈와 상황에 따라 다르다고 하겠습니다.

회식을 할 때 여섯 명이 한 테이블에 앉는 것이 가장 이상적이라고 합니다. 사람 수가 너무 적어 대화의 부담이 되지도 않고, 사람 수가 너무 많아 대화가 산만해지지도 않는다는 것입니다. 저희 집에서도 손님 초청을 할 때 접대하기 가장 적당한 숫자라고 하며 제가 여덟 명을 초대하자고 부탁해도 말을 잘 안 듣습니다. 그러나 이것은 개인적으로 회식할 때의 이야기이고, 국가 간 관계에서 북핵과 같은 어려운 문제를 협상할 때는 6자회담이 어떠한 장단점을 갖는가 하는 문제를 생각해 볼 수 있습니다.

6자회담은 다음과 같은 이점과 불리한 점을 갖는다고 하겠습니다. 유리한 점이란 첫째, 6자회담에서는 양자나 3자회담에서보다 상대국(피설득국)에게 더 큰 압력을 가할 수 있다는 것입니다. 둘째, 이번 북핵과 관련된 6자회담에서는 중국에 더 가시적이고 책임 있는 위치를 부여함으로써 적극적인 참여와 리더십 역할을 수행하게 하고 있다는 점입니다. 셋째, 협상과 합의 그리고 이행 과정에서 역할과 책임을 분담함으로써 개별 국가의 부담을 경감시킬 수 있다는 장점이 있습니다. 미국은 양자협상을 통해 북한을 혼자 상대함으로써 제3국과의 관계에서 북한이 종종 혼선을 야기시키는 상황을 경험하곤 했습니다. 한 예로 북한이 미국에는 핵무기가 있다고 하고 다른 나라에는 그런 말을 한 적이 없다고 부인하기도 했습니다. 넷째, 필요할 경우 6자회담은 양자 접촉과 협상의 기회와 틀을 마련해줄 수 있습니다. 사실상 8월 초 이루어졌던 북미 양자 협의 내지 협상이 제4차 6자회담 참가국 전원이 공동성명을 발표한 9·19 합의를 도출하는 데 중요한 역할을 한 것으로 평가되고 있습니다.

이러한 이점에도 불구하고 6자회담은 그 나름대로의 문제점을 내포하고 있기도 합니다. 첫째는 행위자가 다수이기 때문에 효과적인 협상과 외교에서 통상적으로 필수불가결한 비밀유지와 '조용한 외교(quiet diplomacy)'가 불가능하게 된다는 점입니다. 여기서 조용한 외교와 협상의 필요성을 새삼스럽게 설명할 필요는 없다고 봅니다. 다만 북핵과 관련된 6자회담의 경우 참여국들의 다양한 이해관계와 국내 사정 그리고 제도적 한계 등으로 인해 정보 관리의 혼선이 불가피해질 수 있습니다. 6자회담에서 또 하나의 한계성은 참여국들의 이해관계가 다양하고 상이하여 효과적이고 강력한 협상 전략을 구사하기 어렵다는 점입니다. 회담 목적은 물론, 수단과 방법, 그리고 전략에 이르기까지 합의를 도출하기가 어려우며, 이는 상대방이 역으로 활용할 수 있는 기회를 제공할 수도 있습니다. 끝으로 핵심적인 문제(이 경우는 핵 문제)와 직접 관련 없는 이유로 참여국 간에 불화나 갈등이 있을 때 효과적인 공조와 협조를 어렵게 만든다는 점입니다. 앞서 말씀드린 대로, 고이즈미 총리의 야스쿠니 참배 문제로 한일, 중일 관계가 껄끄러워짐에 따라 북핵 관련 협의나 공조가 어려워지고 있습니다.

물론 북핵 문제는 김정일 위원장이 어떠한 결단을 내리느냐에 달린 것이지, 몇 나라가 어떠한 형식으로 협상하느냐에 좌우되는 것은 아닐 것입니다. 그러나 일단은 북핵 문제의 경우 아마도 민주당 후보였던 존 케리 의원의 주장(실제로 그것은 케리 의원의 자문역이던 윌리엄 페리 전 국방장관이 제안한 것입니다.)처럼 6자회담의 맥락에서 양자협상도 병행하는 것이 현 단계에서는 가장 바람직하다고 하겠습니다. 다행히 부시 행정부도 이제는 그러한 방법을 수용하고 있는 것으로 보입니다.

외교와 국내 정치

1993년 우루과이라운드 협상에서 우리나라는 최소한 어느 정도의 쌀을 수입하겠다는 약속(MMA, minimum market access, 최소 시장 접근)을 조건으로 쌀 수입 관세화를 1995년부터 10년간 유예받았습니다. 2004년 12월 말이 그 10년이 되는 시점이었으므로 우리는 2004년 1년간 미국, 중국 등 쌀 수출국들과 협상을 하여 MMA의 양을 조금 늘리고, 수입쌀의 용도 제한을 완화하는 조건으로 관세화 유예를 10년간 연장하는 데 합의를 보았습니다. 다시 말해 향후 10년간 수입하는 쌀은 주로 가공용으로 사용되었던 그전과 달리 가정에서 밥쌀용으로도 사용할 수 있어 우리 식탁에 오를 수 있다는 것입니다. 우리나라는 9개 쌀수출국과 각각 양해각서(MOU)를 체결해야 했는데, 한미 간 합의는 주미 대사로 있던 제가 2004년 마지막 날 우리 정부를 대신하여 서명했습니다.

관세화 유예 연장은 바로 생산자, 농민단체들이 요구했던 사항입니다. 그럼에도 불구하고 이 합의에 불만을 가진 농민단체들은 합의 비준에 반대하여 그후 거의 1년 내내 비준 반대 운동을 전개하고 항의 데모를 대규모로 전개했습니다. 국회의원들도 이 안을 통과시키는 것이 필수적이라는 것을 알면서도 농민단체들의 압력으로 비준을 미룰 수밖에 없었습니다. 결과적으로 2005년 11월 23일에야 겨우 국회의 비준결의안이 통과되었습니다. 이것은 정부가 국익을 위해 필요하다고 생각하는 문제에 소신껏 협상하고 100퍼센트는 아니지만 비교적 유리하다고 생각하는 조건으로 협상을 마치고도 국내의 정치적, 사회적 압력 때문에 합의 이행이 어려웠던 대표적인 사례였습니다. 이것은 국내 정치가 외교에 제약 요인이 되는 경우라 하겠습니다.

이와 반대로, 국내 정치에 유리하기 때문에 외교를 희생시키는 예도 있습니다. 고이즈미 총리는 야스쿠니신사 참배가 일본에 많은 외교적 손해를 입히고 있지만, 국내 정치적으로는 득을 본다고 생각하는 것 같습니다.

동시에 외교를 국내 정치에 이용하는 경우도 종종 있습니다. 외국과 위기를 조성하거나 분쟁을 일으킴으로써 국내적으로 정치적인 지지를 늘리기도 합니다. 외국과 분쟁을 하는 동안 국내에서는 애국심이 고조되고 선거에서도 유리한 고지를 점하는 경우가 종종 있습니다. 그러나 일부러 위기와 분쟁을 조성하는 것은 국가적으로도 불리하지만 정권

차원에서도 불리한 일입니다. 그것은 위험한 일이기도 하지만, 에이브러햄 링컨 대통령이 말했듯이, 일부 사람들을 한시적으로 속일 수 있을지는 몰라도 모든 사람들을 언제까지나 속일 수는 없기 때문입니다. 요즈음 부시 미국 대통령에 대한 평가나 지지율이 자꾸만 내려가고 있는 이유 중의 하나가 바로 그가 국민에게 정직하지 못했다고 생각하는 사람들의 수가 늘어났기 때문입니다. 최근 권위 있고 전통 있는 여론조사기관인 해리스 폴(Harris Poll)에 의하면, 부시가 이라크전과 관련하여 국민들을 오도(misleading)했다고 믿는 사람들이 64%에 달하고 있습니다.

민주국가에서는 국내 정치가 외교에 특히 많은 영향을 끼치게 됩니다. 언론의 자유가 있고 주기적으로 선거가 있는 나라의 정치인들은 국민의 눈치를 살펴야만 하기 때문에 여론의 향배에 매우 민감합니다. 반면 북한과 같은 폐쇄적인 국가에서는 국민 여론을 의식할 필요가 별로 없기 때문에 여론의 제약을 받지 않습니다. 다만 집권 세력 내부에서 군부라든가 당 관료들의 의견을 고려해야 될 때는 있을 것으로 생각됩니다.

일반적으로 민주국가에서는 외교의 50퍼센트가 국내 정치라고 해도 과언이 아닐 것입니다. 따라서 외교가 대중영합주의(populist)적이 될 가능성이 높습니다. 우리나라에서는 몇 가지 특수성 때문에 국내 정치와 외교가 특히 밀접한 관계를 갖고 있습니다. 우선 정치가 민주화되어 있을 뿐 아니라, 대북관계, 대미관계, 대일관계, 통상 문제 등에 국민들의 관심과 이해관계가 매우 크기 때문에 외교가 국내 정치화되는 경향이 더욱 크다고 하겠습니다. 특히 인터넷 등 대중매체가 발달한 우리나라와 같은 국가에서는 네티즌 등 국민 의견의 영향력이 아주 강합니다. 따라서 정부가 독자적으로 정책을 세우고 외교를 수행하기란 대단히 어려운 일입니다.

민주국가에서 외교를 수행하는 과정에서 정부가 국민의 눈치를 보는 것을 반드시 나쁘다고만 할 수는 없을 것입니다. 언론과 국회를 통해 국민은 정부를 감시하고 정부가 정직하지 못하다든지 그릇된 길로 가는 것 등을 견제하고 막을 수 있는 힘을 가졌기 때문입니다.

약소국 외교

예로부터 덴마크, 핀란드, 벨기에 등은 강대국 주변에서 소위 '약소국 외교'를 잘해온 것으로 알려져 있습니다. 언젠가 덴마크 외무 장관과 만난 자리에서 이 장관은 약소국의 외교 방법은 두 가지가 있다는 말을 한 적이 있습니다. 하나는 강대국에 적극적으로 협력하여 그 나라의 보호와 협조를 받는, 즉 '굿 보이(good boy)'가 되는 것이고, 또 하나는 강대국과 사사건건 다투고 문제를 일으켜 강대국이 미운 놈 귀찮아 떡 하나 더 주게끔 하여 자기 실속을 차리는 방법, 즉 '배드 보이(bad boy)'가 된다는 것이었습니다. 듣고 보니 그럴듯한 이야기였습니다. 요즘에도 일본은 스스로 약소국은 아니지만 미국에 비해서는 약자 입장이라는 판단하에 미국과 긴밀한 협조관계를 유지하고 있습니다. 반면 북한은 핵무기까지 개발하여 미국의 심기를 거스르고 있습니다.

그러나 저는 이러한 good boy, bad boy론보다는, 어떤 제3의 방법이 있는 것은 아닐까에 대해 생각해보고자 합니다. 다시 말해 good boy도 bad boy도 아닌 '스마트 보이(smart boy)'가 되어 자존심이나 자주의식을 꺾지 않으면서 동시에 강대국과 공동의 이익을 추구해나가는 방법이 있지 않을까 합니다. 지금 우리 사회에는 대미관계와 관련하여 소위 '자주파'와 '동맹파' 간의 대립과 갈등이 있다고들 합니다. 한편에서는 이제 우리는 과거 미국을 추종하던 모습은 버려야 한다고 주장합니다. 다른 한편에서는 그렇다면 일본이나 영국은 자존심이 없어서 미국과 협력하느냐고 되묻습니다.

우리는 지정학적으로 강대국에 둘러싸여 있고, 역사적으로 여러 차례 외침을 받아왔기 때문에 피해의식을 갖고 있는 것은 어쩌면 당연한 일일지도 모릅니다. 그러나 '추종'이냐 '협력'이냐의 이분법에서 한 걸음 벗어나 다음과 같은 몇 가지를 생각해볼 수 있지 않을까 합니다.

첫째, 각국이 자국의 이익을 추구하는 것은 당연한 일일 뿐 비난하고 탓할 문제가 아니라는 것입니다. 둘째, 국가 간 관계 또는 협상은 장기나 바둑 또는 운동경기 같이 늘 제로섬 게임(zero-sum game)도 아니고 지배-피지배 관계도 아니라는 것입니다. 즉, 각국이 자국의 이익에 충실하다고 하여 반드시 두 나라의 이익이 충돌하는 것은 아닐 것입니다. 'Smart-boy 외교'라는 것은 강대국과 공동 이익을 발견하고 그것을 설득시키는 과정과 전략을 말합니다.

제 개인적 경험을 말씀드리면, 1993년 1차 북핵 위기 당시 미국과 협의하는 과정에서 우리나라와 미국의 견해가 충돌해서 서로를 설득하거나 강요하는 경우보다는 양국이 협력하여 북핵 문제 해결을 위한 가장 효과적인 방법을 고안해내는, 말하자면 브레인스토밍(brainstorming)식의 토론을 하는 경우가 많았습니다. 그 당시 뉴욕타임스, 로스앤젤레스타임스(Los Angeles Times) 등 미국 일간지들은 제네바로 가는 로드맵은 한국 쪽의 구상이었다고 보도했는데, 이것만 봐도 우리가 상당한 역할을 한 것임을 알 수 있을 것입니다. 다만 우리가 구태여 이 점을 내세우지 않았을 뿐입니다.

작은 나라가 외교적으로 큰 영향력을 갖는 경우도 많습니다. 그것은 강대국에게 덤비고 자기주장을 내세워서라기보다 강대국의 존경을 받아서라고 할 수 있습니다. 예를 들면 싱가포르의 국부이자 오랫동안 수상을 지낸 이광요(Lee Kwan Yew) 씨는 그 뒤를 이은 고촉동(Goh Chok Tong) 수상에 의해 '선임 장관(Senior Minister)'으로 추대되었고, 현재 이광요 씨의 아들 이현룡(Lee Hsien Loong)이 수상이 된 후에는 '스승 장관(Minister Mentor)'으로 불리며 존경받고 있습니다. 또한 이광요 씨가 미국 상하원 합동회의에서 연설했을 때 그 누구보다도 많은 박수를 받았던 것으로 알려지고 있습니다.

세계의 지도자, 정책가들은 이광요 씨의 의견과 충고를 경청해왔고, 지금도 경청하고 있습니다. 또한 그의 지혜와 혜안을 존중합니다. 그것은 싱가포르가 강한 나라이기 때문이 아니고 그가 각국의 이익을 공동의 이익으로 승화시킬 수 있는 능력을 가졌기 때문입니다. 남아프리카공화국의 넬슨 만델라 전 대통령이 지금까지도 커다란 외교적 영향력을 가진 것은 사람들이 그의 용기와 도덕성, 관용과 지혜를 존경하기 때문입니다. 바로 이런 것이 소프트 파워(soft power)라고 생각합니다. 그리고 이러한 '설득력의 소프트 파워'는 외교력이라는 또 하나의 소프트 파워로 전환될 수 있을 것입니다.

명분과 실제

외교에서는 실제보다 명분이 더 중요할 때가 있습니다. 1차 북핵 위기 때, 북한의 핵폐기물을 검사하는 특별사찰이 큰 쟁점으로 떠올랐습니다. 당시 저는 그것을 특별사찰이라고 부르든 또는 다른 이름으로 부르든 특별사찰에 해당하는 사찰을 하여 북한의 핵 활동 여부를 감시할 수 있다면 좋은 게 아니냐고 했습니다. 하지만 그 당시 언론은 특별사찰이라는 용어를 쓰지 않는다는 것은 북한에 대해 너무나 큰 양보를 하는 게 아니냐고 비판했습니다. 다행히 요즈음은 특별사찰이라는 용어를 요구하는 사람은 없습니다.

외교는 때로는 '무화과 나뭇잎(fig leaf)'을 필요로 합니다. 아담과 이브가 에덴동산에서 쫓겨날 때 무화과 나뭇잎으로 자신들의 치부를 감췄다는 데서 연유한 이 말은 외교에서 같은 내용이라도 용어를 잘 쓰고 포장을 잘하여 협상 양측의 체면과 명분을 살리면서 합의를 보는 경우에 자주 쓰이는 말입니다. 외교는 체면과 명분을 중시합니다. 국가들이 첨예하게 대립하고 불화관계에 있으면서도 서로의 체면을 살리고 실리를 택할 수 있는 타협이 가능한 경우가 많습니다. 이러한 방안(formula)을 찾는 것이 외교에서 가장 큰 도전이 아닌가 생각합니다. 그렇게 함으로써 명분도 찾고 실익도 추구할 수 있기 때문입니다.

지난 11월 30일 부시 대통령은 이라크에서 승리할 때까지 미군을 철수시키지 않겠다고 말했습니다. 이는 뒤집어보면 승리하면 철수시키겠다는 말입니다. 1960년대 린든 존슨 대통령이 베트남에서 고전하고 있을 때 사람들이 그냥 승리를 선언하고 미군을 철수시키면 되지 않느냐고 말했습니다. 결국 닉슨 대통령은(즉, 키신저 보좌관이) 그 충고를 받아들였습니다. 많은 사람들은 이번 이라크에서도 부시 대통령이 승리했다는 무화과 나뭇잎으로 실패를 가리고 미군을 철수하리라고 기대하고 있습니다.

외교와 인권 문제

국제관계에는 내정불간섭의 원칙이라는 것이 있습니다. 유엔헌장 제2조 7항은 주권국가의 국내 문제에 간섭해서는 안 된다고 규정해놓고 있습니다. 그러나 근래에 와서 국내적으로 인권침해와 인종학살 등의 범죄가 자행되는 경우가 잦아짐에 따라 인권보호를 위해 주권국가에 개입하는 것은 정당화된다는 견해가 더 큰 설득력을 얻고 있습니다. 저는 르완다 인종학살에 대한 유엔독립조사위원회의 일원으로 참여하여 당시 유엔평화유지군 책임자였던 코피 아난이 제대로 임무를 수행하지 못했다는 조사보고서를 작성했던 적이 있습니다. 이것도 '인류에 대한 범죄(crime against humanity)'가 저질러질 때는 국제사회가 간섭해야 된다는 전제가 있었기 때문입니다.

제가 외무부 장관을 맡은 기간(1993~1994) 동안 가장 보람 있고 자랑스러웠던 것은 1993년 7월 오스트리아의 수도 비엔나에서 열린 세계인권대회에 참여하여 우리나라의 인권이 이제 성숙해졌다(Korea has come of age in human rights)고 선언했을 때였습니다. 저도 1960년 4·19 반정부시위에 참여하여 발포 현장에서 경찰이 쏜 총에 맞을 뻔했고, 1980년대 10여 년 동안 뉴스위크에 칼럼을 쓰면서 우리나라의 민주화를 역설했던 만큼, 세계인권대회에서 우리나라의 인권신장을 자랑할 수 있게 되었을 때, 눈물이 날 지경이었습니다. 그 회의에 참석했던 외국인들은 그 후에도 제 연설이 감명 깊었다고 말하고 있습니다.

그렇다면 남의 나라의 인권을 신장하기 위해서는 어떠한 방법을 취해야 할까요? 공개적으로 비난하고 인권을 존중하라고 압력을 가해야 할까요, 아니면 체면을 살려주면서 내용적으로 조용히 설득해야 할까요? 요즈음 북한 인권 문제와 관련하여 우리나라에서는 논쟁이 일고 있습니다. 우리 정부는 유엔에서 이 문제를 제기하는 결의안 표결에 불참 내지 기권을 해왔습니다. 정부 결정에 동의하지 않는 사람들은 우리가 다른 나라의 인권 문제에는 찬성표를 던지면서 우리 민족인 북한의 인권 문제에 대해 기권하는 것은 비겁하고, 비도덕적이고, 외교적인 실책이라고 비판합니다. 그러나 이에 대해 정부는 남북한 관계의 특수성을 고려하여 북한 주민의 인권을 보호하는 가장 효과적인 방법은 북한 정권과 호의적인 관계를 지속적으로 유지하면서 이들을 도와주고 간접적으로 이들의 인권을 신장시키는 것이라고 반박합니다.

공개적으로 압력을 행사하는 것이 효과가 있느냐, 아니면 역생산적이냐 하는 문제는 경우에 따라 다르다고 보아야 할 것입니다. 1980년 김대중 전 대통령이 광주민주화운동으로 연금 상태에 있을 때 그는 내란선동죄로 사형 언도까지 받았습니다. 당시 미국의 카터 행정부는 전두환 대통령 대행에게 그를 처벌하지 말라고 공개적 압력을 행사했습니다. 그러나 실제로 효과를 본 것은 그해 11월 대통령에 당선된 로널드 레이건의 간접적인 외교였습니다. 그는 취임하기도 전에 전두환 대통령 대행과 비밀리에 접촉을 하고 취임 후 전두환 씨를 워싱턴에 초청하는 대신 김대중 씨를 석방해달라는 거래를 했습니다. 결국 조용한 외교는 떠들썩한 외교보다 훨씬 효과적이었던 것입니다.

반면 구소련은 미국이 공개적으로 경제적, 외교적 압력을 가한 결과 정치범들을 석방시키고, 안드레이 사하로프, 알렉산더 솔제니친과 같은 반체제 인사들을 풀어주고 유대인들의 이민을 허용했습니다. 유엔 인권위원회의 결의안은 물론, 인권 관련 NGO들도 많은 경우 인권 신장에 결정적인 도움을 줍니다. 역효과의 가능성에도 불구하고 북한 인권 문제에 적극적으로 참여하는 것은 당위론적인 입장에서는 물론 외교적으로도 필요한 일일 수 있습니다. 북한 인권 문제에 불참한 한국은 비록 투표 후에 '투표 사유(EOV, Explanation of Vote)'로 설명 내지 변명을 하고 있지만, 아무래도 다른 나라들에게 수세의 모습을 보일 수밖에 없습니다.

북한의 경우, 김정일 정권은 인권 문제에 대한 거론이 정권 약화나 전복을 목적으로 하는 정치적 압력이라고 반발하고 있습니다. 북한은 식량 지원에 있어서도 국제사회의 인도적 지원을 안 받더라도 식량을 제공하는 기관의 철저한 감시/모니터링은 받을 수 없다는 입장입니다. 미국 의회가 북한인권법을 통과시킨 것과 관련해서도(비록 미국 행정부는 유보적인 입장을 취하고 있음에도 불구하고) 체제 전복을 노린 정치적 계산이 있다면서 북한은 강하게 반발하고 있습니다.

인권 문제란, 특히 북한과 관련해서는, 인권 문제인 동시에 정치 문제이기도 합니다. 따라서 우리는 오불관언(吾不關焉, 나와는 상관없는 일이다)해서도 안 되고, 동시에 이를 정치화하여 북한 정권 자체에 변화를 가져오는 방편으로 삼는 것이 주목적이 되어서도 안 될 것입니다. 무엇보다 중요한 점은 '조용한 외교'와 '공개적인/떠들썩한 외교' 중 상황에 따라 북한 주민의 인권과 안녕에 가장 도움이 되는 방안을 선택하는 노력일 것입니다.

맺음말

오늘 강의를 시작하면서 그 서두에서 외교는 개인이 사회생활을 하면서 갖는 대인관계와 비슷한 점이 많다고 했습니다. 따라서 대인관계를 잘하는 사람은 외교도 잘하고, 반대로 외교를 잘하면 대인관계도 잘할 수 있다고 볼 수 있습니다. 물론 모든 면에서 똑같은 것은 아닙니다. 아무래도 개인과 개인의 관계에서는 감정이 개입될 수 있고 그러한 감정이 중요한 부분을 차지할 수 있습니다. 그러나 개인관계에서도 사적인 것이 아닌, 공적인(예컨대 정부 안에서, 직장에서, 기업체에서, 또는 다른 사람이나 단체와 협상을 할 때) 관계에서는 되도록 감정을 개입시키지 않는 것이 좋을 것입니다. 외교에서는 더욱 그래야 합니다.

우리는 간혹 "할 말은 해야 한다."거나 "얼굴을 붉힐 때는 붉혀야 한다."라는 말을 듣습니다. 이것은 너무나 당연하고 옳은 말이지만, 무엇이 할 말이며, 어떠한 때가 얼굴을 붉힐 때인가 하는 것은 신중하게 생각하여 결정해야 합니다. 만약 그것이 철저한 계산에 의해 화를 내고 심한 말을 하는 것이라면 몰라도, 감정에 못 이겨 또는 자신의 심리적 만족을 위해 감당하지 못할 말을 하고 화를 내는 것이라면, 이는 좋은 외교는 아니라고 생각합니다.

오늘 제가 몇 가지 외교 양상에 대하여 두서없이 이야기해보았습니다. 그러면 도대체 여기서 '외교에 대하여 하고 싶은 말은 무엇이냐? 그저 몇 가지 에피소드나 소개하려고 이 과목을 강의했느냐? 또 밖에서 오신 여러분들께 소중한 시간을 내시도록 했느냐?' 하고 스스로에게 물어보았습니다. 그러면서 대략 다음과 같은 결론을 내려보았습니다. '외교란 무엇인가?'라기보다, '외교란?' 또는 '외교에서는' 이라는 제목 속에서 말입니다. 여기에 '외교란'이라는 말 대신에 '대인관계에서'라는 말을 대입시켜도 좋을 것입니다.

첫째, 외교란 완전하고 일방적인 승리(total and one-sided victory)가

아닌 상호적이고 공동의 이익을 추구하는 작업입니다. 좋은 외교는 제로섬 게임을 비(非)제로섬 게임(nonzero-sum game)으로 만드는 과정이라고 생각합니다.

둘째, 협상에 있어서 상대방 입장에서 생각해보는 것이 필요합니다. 이 말은 상대방 입장을 이해하고 이에 동조한다는 것이 아니라 상대방을 설득시키고 앞서 말씀드린 공동의 이익을 추구하기 위해서는 왜 상대방이 어떠한 입장을 취하는가를 이해하는 것이 중요하다는 말입니다.

셋째, 협상이나 협의 상대에 대하여 '건전한 회의감(healthy skepticism)'을 갖는 것이 필요합니다. 이것은 상대를 불신하고 의심한다는 이야기가 아니라, 상대방이 무슨 이유에서든 간에 모든 것을 진실되게 말하지는 못할 것임을 전제합니다. 최소한 행간의 의미가 있다는 것을 전제해야 할 것입니다. 미국의 레이건 대통령은 "믿어라. 그러나 검증하라(Trust, but verify)."라는 말을 한 것으로 유명합니다. 그리고 이것은 군축협상에 임하는 사람들이 금과옥조로 여기는 구절입니다. 그러나 굳이 따진다면, "믿는데 검증은 왜 하나?"라는 질문을 할 수가 있을 것입니다. 아마도 레이건 대통령이 하고 싶었던 말은 '못 믿는 상대라도 협상과 합의는 하되 그것을 철저히 검증하라.'라는 것이었을 겁니다. 물론 상대를 얼마나 믿느냐는 상대에 따라서, 또 과거의 경험에 따라서 다를 것입니다. 또한 때로는 상대의 선의와 좋은 인품에도 불구하고 약속을 지키지 못하는 경우도 생길 수 있습니다.

넷째, 일이 잘 안 될 경우에 대비하여 준비하는 것입니다. 그것을 '예비 전략(backup position)' 또는 다른 표현으로 'Plan B'라고 할 수도 있고, '보험 조치(insurance policy)' 또는 '출구 전략(exit strategy)'이라고 할 수도 있습니다. 부시 대통령은 출구 전략 없이 이라크에 들어가서 지금 대내외적으로 고전하고 있습니다. 저는 남북관계가 진전될 때, 북한을 도와주는 것은 좋지만 필요할 때 또는 불가피할 때 그것을 조절할 수 있는 방법으로 해야 한다고 조언한 일이 있습니다. 독일이 통일되기 전 서독이 바로 그러한 정책을 가지고 동독을 지원하고 도와준 일이 있습니다. 무슨 일이건 잘 안 될 때 발을 뺄 수 없을 만큼 깊이 끌려들어가는 것은 무모한 일이라고 생각합니다.

다섯째, 외교를 할 때나 대인관계를 가질 때, 피해의식에서 시작하는 것은 바람직하지 않다는 것입니다. 강대국이 오만하면 외교적으로 그만큼 손해를 보듯이, 상대적으로 약자가 강자에 대해 피해의식을 갖고 그 반감으로 외교를 수행하는 것은 이롭지 않다고 생각합니다. 앞서 말했듯이, 한 국가나 개인이 스스로의 이익을 추구하는 것은 비난받을 일이 아닙니다. 1776년에는 애덤 스미스의 〈국부론〉이 나왔고, 미국의 독립선언문이 나왔습니다. 〈국부론〉은 경제적 자유주의(liberalism)를 표방했고, 독립선언문은 정치적 자유주의를 근거로 했습니다. 이 두 개는 똑같이 개개인의 이익과 그 이익 추구를 정당화했습니다. 애덤 스미스는 자유경쟁으로써 무한정한 이익 추구의 역작용을 완화하려 했고, 독립선언문에 기초한 미국 헌법은 권력 분산으로 견제와 균형을 이루려 했습니다. 국제사회에서는 외교로 이익 추구의 역작용을 완화하고 공동 이익을 발견함으로써 견제와 균형을 이루게 됩니다. 이러한 것이

smart boy 외교가 필요한 이유라 하겠습니다.

여섯째, 실용적인 태도가 필요합니다. 감정, 이념, 정서보다는 실익과 현실을 중시하는 것입니다. 지난달 중국의 후진타오 주석이 부시 대통령을 상대한 것을 보면 의연하고 침착한 것이 돋보였습니다. 부시 대통령은 중국에 가기 전 일본 교토에서 대만의 민주주의를 칭찬하고 고이즈미를 친형제와 같다고 추켜올렸습니다. 이에 반해 중국에 가서는 중국의 인권 상황, 종교의 자유 등 문제와 관련해서 중국을 비난했습니다. 그럼에도 후진타오는 흔들림 없이 부시와 실무상 해야 하는 이야기를 다 했고, 겉으로는 불쾌한 내색을 전혀 나타내지 않는 차분함을 보였습니다.

외교가 포커와 같으냐, 바둑과 같으냐라는 질문을 받을 때가 있습니다. 외교는 표정 관리 면에서는 포커와 같아야 하고, 전략 면에서는 바둑과 같아야 한다고 생각합니다. 즉, 감정을 겉으로 드러내는 것은 이미 상대방에게 한 수 지고 들어가는 것입니다. 상대방이 존경할 리가 없을 뿐 아니라 감정을 이기지 못하는 사람의 약점을 이용하려 할 것입니다. 또 전략적으로는 바둑에서와 마찬가지로 앞으로 올 몇 개의 수를 내다보아야 할 뿐만 아니라 판 전체의 대세, 또 한쪽의 수가 판의 다른 곳들에 어떠한 영향을 주는가를 생각해야 할 것입니다.

끝으로, 외교란 단면적이고 일차원적인 것이 아니라 다면적이고 다차원적인 것입니다. 군사력과 경제력이 있는 것만 가지고 외교가 잘되는 것은 아닙니다. 설득력도 있고, 전략도 있고, 유능한 외교관도 있어야 합니다. 외교에서는 하드 파워보다 오히려 소프트 파워가 더 중요하다고 할 수 있습니다. 외교는 외국인들만 잘 다루어서 되는 것이 아닙니다. 국내 인사들과 국내 정치도 잘 챙겨야 좋은 외교를 할 수 있습니다. 외교는 오케스트라를 지휘하는 것과도 같습니다. 어느 악기가 어느 때 무슨 소리를 얼마나 강하게 또는 약하게 내야 하는지, 아무 소리도 내지 말아야 하는지를 지휘하는 것이 외교 수장의 역할입니다. 오케스트라의 지휘자가 여러 사람 있으면 안 되듯이 외교도 한 사람의 수장 지휘하에 일관성 있게 수행되어야 할 것입니다.

이것으로 오늘 저의 고별 강연을 끝낼까 합니다. 학생 여러분, 한 학기 동안 열심히 강의를 들어주어서 고맙습니다. 외부에서 오신 손님 여러분, 오늘 우리 대학을 찾아주시고 저의 고별 강연을 경청해주셔서 대단히 감사합니다.

부록 2

세계화시대와 한국의 외교

1994년 11월 30일(수)
유엔 50주년 기념 한국위원회 정기총회 연설

평소 존경해 마지않던 유엔 50주년 기념 한국위원회 위원 여러분을 이렇게 다시 만나뵙게 된 것을 영광스럽게 생각합니다. 벌써 한 해를 마감하는 시기가 되었습니다. 이러한 때에 '세계화시대와 한국의 외교'라는 제목으로 국제사회의 흐름과 우리 외교가 나아가야 할 방향에 대해 여러분과 의견을 나눌 수 있게 된 것을 기쁘게 생각합니다.

냉전이 종식되고 UR이 타결되는 등 20세기 말의 세계는 급변하고 있습니다. 남아프리카의 인종차별정책 종식이나 이스라엘과 팔레스타인 간의 평화협정 체결, 또 2주 전 인도네시아에서 있었던 제2차 APEC 정상회의 등은 세계가 얼마나 빨리 변하고 있는지 예시해주고 있는 이벤트들입니다.

세계화시대

이러한 사건들은 모두 한마디로 '세계의 세계화'를 가속화시키고 있다고 볼 수 있습니다. 이 세계화 현상은 특히 경제 분야에서 두드러집니다. 그것은 몇 가지 요인에 기인합니다.

첫째, UR의 타결로 상징되는 GATT/WTO의 역할, 둘째, 정보통신 분야의 혁명적 기술 발전, 그리고 셋째로, 국경을 넘나드는 다국적기업의 수와 역할의 증대를 꼽을 수 있습니다. 다국적기업은 이제 전 세계 투자액의 40퍼센트에 달하는 2조 달러 이상을 투자하고 있을 만큼 세계경제에 압도적인 영향력을 발휘하고 있습니다.

인류 역사를 회고해볼 때, 세계의 모든 나라가 서로 연결고리를 갖게 된 것은 동아시아 국가들이 마침내 문호를 개방했던 19세기 중반이었다고 생각됩니다. 그러나 '지구촌'이란 말로 대표되듯이 지구상의 모든 국가가 서로 얽히고 문자 그대로 상호의존적이 되면서 세계가 세계화된 것은 20세기 후반인 오늘날의 특징이 아닌가 싶습니다.

우리는 과거 역사의 한 페이지를 넘길 때마다 그 시대가 보여주었던 특수한 현상에 주목하여 '이성의 시대', '계몽의 시대'라는 말들을 붙여왔습니다만, 21세기는 아마도 '세계화의 시대'라고 부를 수 있을 것입니다.

세계화의 현상과 국가 간의 상호의존성은 21세기의 국제관계를 주도할 중요한 요소 가운데 하나가 될 것으로 보입니다. 북한핵 문제로 대표되는 핵의 비확산 문제라든가, 인구·환경 문제와 같은 이른바 범세계적 문제, 그리고 경제지역주의의 문제 등은 국가 간의 상호의존성을 충분히 고려하지 않으면 해결될 수 없는 문제인 것입니다.

이렇듯 세계가 세계화되는 시대에 우리가 적극적으로 참여하고, 경쟁하고, 발전하기 위해서는 우리 자신의 세계화가 무엇보다도 중요하다고 하겠습니다. 요즈음 '세계화'라는 말의 의미에 대해 많은 논의가 있습니다만, 우리의 세계화는 한마디로 세계의 세계화에 대응하는 데 필요한 과제를 뜻한다고 말할 수 있겠습니다. 남북관계의 속박에 얽매여 온 우리 외교도 이제는 세계와 미래로 눈을 돌려 그 지평과 활동 영역을 넓혀가야 할 때입니다. 저는 오늘 우리에게 닥친 세계화의 문제와 관련하여 우선 앞에 언급한 문제들에 대하여 살펴본 후 세계화를 위한 구체적 외교 과제의 하나로 우리의 OECD 가입 문제와 특히 우리 의식의 세계화 문제에 대하여 여러분과 함께 생각해보고자 합니다.

북한핵 문제와 남북관계

그동안 우리 외교에 커다란 걸림돌이 되어온 북한핵 문제는 지난 10월 21일 미·북한 제네바 합의를 통해 근원적 해결의 기반이 마련되었습니다. 이제 우리는 제네바에서의 미·북 합의 이후를 생각할 시점에 이르렀다고 생각합니다. 제네바 합의는 핵 문제 해결의 기반이 되기도 하지만 한반도 장래의 돌파구를 마련한 점에서도 평가를 받을 수 있습니다.

1990년에 독일이 통일되기까지 서독은 동독에 100억 달러가 넘는 지원을 했습니다. 그것은 동독을 서독에 접근시키고, 세계의 움직임과 지역 질서에 익숙하도록 하기 위해서였습니다. 동독의 고립에서 오는 위험을 제거하고 동·서독 간 동질성을 유지하자는 원대한 전략에서 비롯된 것입니다.

이번 제네바 합의는 북한이 변화하고 참여하도록 길을 열어주고 있습니다. 우리 자신에게도 북한이 고립에서 벗어나 문명세계의 질서에 참여하는 것이 바람직합니다. 태평양시대를 맞아 동아시아의 모든 국가가 약진을 거듭하고 있습니다. 우리 민족만 뒤떨어질 수는 없습니다. 한반도 전체의 장래를 위하여 이러한 교착 상태는 하루속히 타파되어야 합니다. 북한 문제의 극복이 바로 이러한 현상 타파의 수단이 될 수 있습니다.

북한이 자신의 이해를 잘 타산하여 이번 합의를 제대로 이행할 경우, 핵 문제 해결은 물론 한반도의 탈냉전을 촉진하게 됩니다. 한반도의 탈냉전은 단기적으로 남·북한 간의 긴장완화를 의미하며 중·장기적으로 통일 기초의 마련을 의미합니다. 한반도를 둘러싼 국제질서 변화에 우리는 초조할 필요가 없습니다. 탈냉전의 시대는 경제력의 시대입니다. 4강을 포함한 국제사회가 인구에서 2배, 경제력에서 15배의 격차가 있는 나라 사이에 어느 쪽을 선택할지는 자명합니다. 미·일은 물론이고 중·러까지도 우리와 더 가깝게 될 것입니다.

한편 북한과 미·일의 관계 개선이 반드시 북한에는 도움이 되고 우리에게는 손해가 되는 것만도 아닙니다. 북한과 이들 국가와의 관계는 북한이 국제질서를 따르고 국제규범을 준수하기 시작하여야 한다는 것을 의미합니다. 그것은 북한에 몹시 불편한 일이며 우리에게는 오히려 도움이 되는 일입니다. 북한이 국제질서에 편입되면 될수록 그만큼 한반도 안정에 기여하게 됩니다. 단순한 영합(zero sum)적 사고에서 비롯된 이유 없는 피해의식을 우리는 극복해야 합니다.

한반도의 탈냉전화는 역사의 필연입니다. 수백 년의 뿌리를 가진 남아프리카공화국의 인종차별정책이 종식되었고, 그보다 더 오랜 연원을 가진 이스라엘과 아랍 국가들이 중동평화를 구축해가고 있습니다. 주변 상황이 바뀌는데 우리가 능동적으로 대처하지 않고 그것을 외면하면 결국 역사의 낙오자가 됩니다. 우리는 구한말 이를 체험했습니다. 이번의 기회를 놓쳐서는 안 됩니다. 변화의 흐름을 타면서 기회를 보아 그것이 우리에게 유리하게 작용하도록 하여야 합니다. 새로운 국제적 환경을 활용하여 우리 외교의 지평선을 넓히는 계기로 삼아야 합니다.

한반도 차원에서 볼 때, 핵 문제의 해결은 남북 냉전의 해소로 연결됩니다. 따라서 북핵 문제를 다룸에서 남북관계와의 깊은 상관관계에 유의하여야 하며, 남북 냉전의 해소라는 비전을 잊지 말아야 합니다. 이러한 큰 구도에서 볼 때, 금번 합의는 제1단계에 불과합니다. 이번 합의는 양쪽에 모두 제한된 성공이고 부분적 승리를 의미합니다. 북한 핵 문제가 안고 있는 본질에서 비롯된 것입니다. 진정한 결말은 시간이 흐른 후에 나타납니다. 그래서 시간이 어느 편에 있는가가 중요합니다. 우리에게 주어진 현실 속에서 바로 그 시간은 우리 편에 있습니다. 그래서 우리가 이번 타협안을 긍정적으로 받아들일 수가 있는 것입니다.

북한은 경제난 등 해결하여야 할 문제가 산적해 있는 만큼 앞으로 그 과정에서 많은 진통을 겪게 될 것으로 보입니다. 그 여파로 남북관계도 우여곡절을 겪을 가능성이 있습니다. 북한이 남북대화의 교류를 기피하는 것은 우리를 무시해서가 아니라 우리와의 접촉을 두려워하기 때문입니다. 그런 때일수록 북한의 잦은 태도 변화와 언행에 흔들리지 말고 우리의 중심을 지키는 것이 중요합니다.

금번 합의는 시작에 불과합니다. 그러나 이번 합의를 잘 풀어낼 경우, 통일은 불가능한 꿈이 아니며 가능성 있는 현실로 우리 앞에 다가오게 될 것입니다. 그 실현 여부는 어떤 외부 요인보다도 우리 내부의 준비와 결의에 달려 있습니다.

인구와 환경 문제

세계화의 시대에 우리가 눈을 돌려야 할 범세계적 문제 가운데서 핵의 비확산 문제와 함께 특히 우리의 관심을 끄는 것으로 인구와 환경 문제를 들 수 있습니다. 지난 9월 카이로에서 열린 세계인구회의에서 강조되었지만, 2030년경에는 세계인구가 100억을 상회할 것으로 보고 있습니다. 인구 문제는 환경 문제와 직접적으로 연관되어 있습니다.

환경 문제는 과거 40년간 세계인구가 2배로 증가하고 세계경제는 8배로 성장하면서 지구가 더 이상 경제 발전을 지탱할 수 없다는 신호를 보냄으로써 시작되었습니다. 즉, 오존층의 파괴, 지구온난화 현상,

산업폐기물의 급속한 증가로 인한 대기·토양·하천·해양의 오염, 그리고 각종 동·식물 재생속도 저하가 그것입니다. 이러한 문제들은 인류 공동의 문제이며, 인류가 합심하여 대처해야만 해결될 수 있는 심각한 과제가 되었습니다.

우리는 환경 문제에 대처함에서 우리 경제에 과도한 부담이 되지 않도록 외교적인 노력을 기울이고 있습니다. 그러나 동시에 우리는 환경 문제가 그 성격상 세계 대다수 국가의 협력 없이는 해결이 어렵다는 점과 환경 문제의 해결은 곧 우리의 장기적 이익에도 부합한다는 점을 고려하여 국제적인 지구환경보호 노력에 능동적으로 참여하고 기여하여야 할 것입니다.

지역주의

작금의 국제경제 질서를 한마디로 정의하여 세계주의와 지역주의의 동시적 집행이라는 표현을 쓰고 있습니다. 그것은 UR의 타결로 세계자유무역주의가 계속 신장될 수 있게 되었다는 것과 함께 EU나 APEC, NAFTA와 같은 중요한 지역협력기구의 결성을 요약 표현하고 있는 것입니다. 이러한 국제경제 질서 속에서, 특히 지역주의와 관련하여, 우리는 어떠한 정책적 선택을 하여야 하는가 하는 문제가 중요합니다. 우리에게는 두 가지가 중요할 것으로 보입니다.

첫째로, GATT와 WTO로 대변되는 범세계적 자유무역주의는 그 자체로서 매우 중요할 뿐 아니라 동아시아와 북·미 간의 상호의존성을 더욱 증진시켜줄 것이기 때문에 우리의 가장 우선적인 선택이 되어야 합니다. 그러므로 WTO에의 적극적인 참여와 사무총장 진출, 그리고 WTO 내에서의 실질적인 활동 증진들이 중요한 과제일 것입니다.

둘째로, 아·태 지역 기구 중에서 우리의 선택은 APEC의 활동을 증진시키는 것입니다. 그것은 APEC의 창설 이념이 바로 동아시아와 북·미 간의 상호의존성을 유지 보강하는 것이기 때문입니다. APEC 내실화의 중요한 계기가 되었던 제3차 각료회의를 서울에 유치한 것이라든가, 작년도 제1차 시애틀 APEC 정상회의 및 2주 전 인도네시아에서 개최된 제2차 APEC 정상회의에서의 우리의 능동적 역할, 그리고 현재 APEC 내의 가장 중요한 메커니즘 가운데 하나인 무역투자위원회의 의장직을 우리가 맡게 된 것 등은 모두 이러한 정책적 고려에서 비롯된 것입니다.

OECD

우리가 세계화를 외치고, 투자유치에 노력하고, 우리 경제의 국제화와 개방을 추진하고, 경제협력개발기구, 즉 OECD에의 가입을 준비하는 것은 모두 UR 이후 형성되고 있는 새로운 국제질서에 능동적으로 대처하기 위한 것입니다.

상호의존과 세계화라는 새로운 현상을 맞아 우리 경제는 살아남고 이겨야 하며 그러기 위하여 경쟁력을 확보하여야 합니다. 물론 우리의 경제가 스스로 경쟁력을 갖추는 것이 기본적이지만, 우리의 노력이 국제환경의 변화에 연계된 것인 만큼 외교가 할 수 있는 역할이 크다고 봅니다. 여기에 바로 UR 이후의 새로운 국제질서에 임하는 우리 외교의 과제가 있습니다.

이와 관련해서 2년 후로 다가온 OECD 가입 문제를 여러분과 함께 살펴보고자 합니다. 우리의 세계화와 국제협력 증진 노력은 물론, UR 이후 국제질서에 적응하는 데서 우리 외교가 당면하고 있는 쉽지 않은 상황도 OECD 가입 문제와 연계시켜볼 때 아주 잘 드러납니다.

우리나라는 금년 말 공식으로 1996년 OECD 가입 신청을 할 계획이며, 이에 따라 내년 중반 OECD 각료이사회 이후 우리 정부와 OECD 사무국 간에 가입에 관한 협의가 개시될 것으로 예상됩니다.

정부가 OECD 가입을 1996년으로 상정하고 있는 것은, 그때쯤 되면 우리가 OECD에 가입함으로써 받게 되는 부담이 OECD 테두리 밖에서도 어차피 우리에게 다가올 것이라는 판단에 근거합니다. 즉, 전향적인 자세로 OECD에의 가입을 준비하면서 가입에서 오는 이점을 찾아나가는 것이 우리의 종합적 국익에 유리하다고 판단하고 있기 때문입니다.

아시다시피 UR 등 주요 국제무역협상의 준비 작업은 대부분 OECD에서 시작되었습니다. OECD 내에서는 환경·노동·경쟁 정책 등 주요 이슈에 대한 위원회와 작업반이 이미 설치되어 있습니다. 우리가 OECD에 가입하게 되면 이러한 주요 문제를 둘러싼 국제무역협상의 초기 개념 형성 단계에서부터 능동적인 대응의 기회를 확보하게 됩니다.

또한 선진국들의 경제정책 협의 과정에 참여함으로써 우리 경제의 국제화와 선진화에 박차를 가할 수 있습니다.

우리의 OECD 가입 문제에 관하여는 득보다 실이 크고 부담이 따르기 때문에 가능한 한 뒤로 미루는 것이 좋겠다는 견해가 있습니다. OECD 가입에 수반되는 손실과 부담으로서는 일반특혜관세(GSP) 등 개도국으로서 누리던 특혜의 상실, 각종 분담금 가중, 원조액 증액, 금융시장 자유화 등이 거론되고 있습니다. 그러나 잘 살펴보면 이러한 부담들은 우리의 OECD 가입과 관계없이 우리에게 다가오거나, 우리가 우리 스스로의 이익을 도모하기 위하여 풀어야 할 과제들인 것입니다.

그러므로 OECD 가입 문제를 단순히 단기적인 이득과 부담의 차원에서만 접근하는 것은 다분히 근시안적인 측면이 있습니다. 그것보다는 한국 경제가 세계경제에서 차지하는 비중이 증대함에 따라 자연스럽게 OECD에 가입하게 된다는 것을 우리는 이해하여야 할 것입니다. 한국은 이미 국민총생산과 무역 규모가 모두 세계 13위인 국가입니다. 25개국이 모여 세계경제를 논의하는 OECD에 세계 13위의 국가가 그 참여를 계속 미룬다는 것이 오히려 부자연스러운 것입니다.

우리나라의 세계화

국제사회가 우리의 OECD 가입을 당연한 것으로 받아들이고 있는 데서도 나타나듯이, 세계화의 시대를 맞아 우리나라는 과거 우리나라의 역사 그 어느 때보다도 능동적이고 진취적인 역할을 할 수 있는 능력과 여건을 갖추고 있습니다. 우리나라는 1960년대 이후 10년마다 GNP가 3배씩 성장했습니다. 경제성장의 견인차 역할을 한 것은 무역이었습니다. 우리는 수천 년을 이어온 내향적 자급자족의 허물을 벗고 외향적 국제교역으로 뛰어든 것입니다. 태평양을 넘어 세계로 뻗으면서 우리는 비로소 가난을 극복하고 경제, 사회, 정치적 발전을 도모하게 되었습니다.

이런 측면에서 볼 때, 물질적인 면에서 우리의 세계화는 이미 어느 정도 이루어진 것으로 볼 수 있습니다. 우리는 이제 GNP와 교역 면에서 모두 세계 13위의 국가가 되었고, 우리의 선박건조 능력은 세계 1, 2위에 이르렀으며, 철강 및 자동차 생산은 세계 6위의 자리에 올랐습니다. 또한 우리는 현재 세계 최대의 컬러TV 수출국이며, 비디오레코더 수출 2위, 반도체 수출 세계 3위의 위치를 차지하고 있습니다. 뿐만 아니라 세계 3만 7천여 개의 다국적기업 가운데 우리나라가 1천 개를 차지할 만큼 다국적기업 활동에서도 세계 11위에 이르게 되었습니다.

이 모든 것이 불과 한 세대 만에 일어난 일입니다. 그 과정에서 세계화의 문제가 생기게 되었습니다. 세계 거의 모든 나라의 경우, 외부와의 물질적 교류와 정신적 교류가 서서히 균형을 이루며 확대되어왔습니다. 그러나 우리의 경우는 이러한 균형이 이루어질 여유가 없이 물질적 교류가 놀랄 만큼 빠른 속도로 확대되었습니다. 서양은 산업혁명에서 첨단산업사회에 이르기까지의 변천을 200년 정도의 시간을 거치며 겪었습니다. 우리는 그러한 과정을 불과 20~30년 동안에 겪고 있는 것입니다. 한국 사회는 '압축된 시간'을 살고 있는 것입니다.

우리의 물질적 세계화를 우리의 정신적 세계화가 뒤따라주고 있는지 생각해보면 둘 사이에는 상당한 갭이 있어 보입니다. 좀 단순화시켜 말한다면, 우리의 물질적 교류와 정신적 교류 사이의 갭에서 우리의 세계화가 하나의 문제로서 떠오르게 된 것입니다.

의식의 세계화

그 갭을 메꾸는 실질적 방법은 우리의 앞선 물질적 세계화를 우리의 정신적 세계화로 뒷받침해주는 것입니다. 국제화 또는 세계화는 우리의 의식·가치·정책·능력·제도 등의 측면에서 생각해볼 수 있습니다. 그중 가장 핵심적인 것은 의식의 문제입니다.

우리가 의식·문화·제도의 세계화를 말할 때 자주 제기되는 문제가 우리의 고유 문화는 어떻게 되느냐 하는 것입니다. 결론부터 말씀드리면, 의식의 세계화라는 것이 결코 우리 고유의 것을 버리자는 것이 아닙니다. 오히려 우리 고유의 것을 기반으로 하여서만 우리의 세계화는 성공할 수 있습니다.

그렇다고 의식의 세계화가 우리 고유의 것에 집착하고 고집하자는 것은 아닙니다. 그럴 경우 발전이나 향상이 없습니다. 실제로 역사적으로 그런 나라들이 있어왔고 오늘날에도 그런 현상은 되풀이되고 있습니다. 그러나 그것은 첨단 자동차공업 시대에 우마차나 목탄차를 고집하는 것과 같습니다.

우리 고유의 것은 소중한 것이며 우리의 '아이덴티티(identity)'가 거기에 있습니다. 그러나 외부와의 교류와 경쟁을 꺼려 문을 닫는 것은 생산적인 태도가 아닙니다. 교류를 확대하고 경쟁을 이겨나갈 때 우리 고유의 것은 발전되고 향상되는 것입니다. 우리 것에 대한 자신감과 남의 것에 대한 포용이 균형을 이루어야 합니다.

역사적으로 볼 때 배타적인 태도는 그 민족에게 진보보다는 퇴보를 가져왔습니다. 반대로 남의 것을 이해하고 관용의 태도를 보이며 장점을 포용하겠다는 태도를 가진 민족은 융성했습니다. 중세에 유대인을 추방한 스페인은 쇠락했고 이를 받아들인 네덜란드는 번창했습니다. 근세에 위그노를 추방한 프랑스는 공업과 기술에서 낙후했으며 이들을 받아들인 영국과 독일은 공업의 융성을 기할 수 있었습니다.

우리 민족은 남다른 열정, 근면, 근검절약, 교육에 대한 열망, 가족에 대한 가치 등 소중한 개성과 정신적 유산을 갖고 있습니다. 세계화 시대에 이런 장점을 키워나가는 데는 다른 장점들을 받아들이고 우리의 것을 살찌우는 노력이 있어야 합니다. 호기심, 개척정신, 다양성의 존중, 토론의 습관 등을 받아들이고 소화하는 것이 필요합니다. 이는 고유의 전통이나 유산, 문화를 더욱 풍성하게 하자는 것이지 우리의 개성이나 장점을 대체하자는 것이 아닙니다.

의식의 세계화는 지적(知的)인 차원에서 세계를 우리의 활동 무대로 하자는 것이지, 우리가 세계에 동화되어버리자는 것이 아닙니다. 우리의 국악을 키우되 서양음악도 익히자는 것이며, 동양화를 발전시키되

서양화도 배우자는 것이며, 국문학을 풍성하게 하되 서구문학도 알자는 것이며, 동양의학을 새롭게 하되 서양의학도 활용하자는 것입니다.

외교적 측면에서 볼 때 우리 의식의 세계화는 국제적 흐름과 국내적 인식의 차이를 줄여보자는 것입니다. 우리는 작년 말 이래 이른바 UR 정국을 맞아 많은 고민과 고통을 겪었습니다. UR은 하나의 예이며 환경보호, 개도국 원조, OECD 가입 등 비슷한 외교 사안들이 있습니다. 이러한 문제를 다루며 우리가 겪은 어려움은 물질과 정신, 두 가지 세계화 과제 사이의 갭에서 비롯되는 것입니다. 우리가 겪는 진통은 그 갭을 메꾸어나가는 과정으로 볼 수 있습니다. 작년보다 훨씬 더 많은 사람들이 UR 결과를 수용하고 WTO 설립협정 비준의 불가피성을 이해하고 있습니다. 그만큼 우리 사회는 성숙된 것이며, 그만큼 다른 유사한 사안들을 풀어나가는 데 우리의 부담이 적어지는 것입니다.

우리의 세계화 과정에서는 많은 노력과 고통이 수반될 것입니다. 그러나 그 과정은 우리 사회가 더 성숙되고 지적으로도 풍요로운 사회가 되는 데 필요한 것입니다. 과제가 어려운 만큼 간단한 해법을 기대하는 것은 무리입니다. 그러나 성공에 이르는 몇 가지 중요한 방법은 헤아려 볼 수 있습니다. 그것은 우리가 국제적 흐름에 적극적으로 그리고 능동적으로 참여하는 것, 우리 사회에서 자유주의와 다원주의를 함양하는 것, 그리고 우리의 지적 지평을 외부 세계로 확대하는 것 등입니다.

어쩌면 의식의 세계화라는 과제는 우리가 해방 이후 각고의 노력으로 시작한 선진화의 길을 완성하는 데서 마지막의 도전이 될 수도 있습니다. 우리가 이에 성공할 때 우리는 20세기에 유일하게 후진국에서 선진국으로 성장한 국가가 될 것입니다. 우리는 서구 국가들이 수백 년이 넘는 기간에 걸쳐 달성한 산업혁명, 민주화, 사회 발전, 선진화 등을 불과 한두 세대 만에 모두 성공적으로 이루어낸 놀라운 민족으로 역사에 기록될 것입니다.

세계화와 유엔

두 차례에 걸친 세계대전을 겪은 후 항구적인 세계 평화 수립이라는 인류 공동의 염원을 안고 유엔이 탄생한 지도 벌써 반세기 가까운 세월이 흘렀습니다.

아시다시피 냉전체제하에서 유엔은 동서 양 진영의 대립에 인질이 되어 그 기능을 제대로 발휘하지 못했습니다. 따라서 냉전 후기에 와서는 국제 평화와 안전의 유지라는 안전적 기능보다는 경제·사회 분야에서 더 많은 역할과 기여를 해왔습니다. 그러나 냉전이 종식된 이후 유엔은 다시 안보 분야에서도 본래의 기능을 회복하기 시작했습니다. 국제 평화와 안전 유지를 위한 유엔의 역할은 냉전 종식 후 양적으로 크게 증가했을 뿐만 아니라, 질적으로도 적지 않은 성과를 거두고 있습니다.

우리나라와 유엔은 출생과 성장 과정에서 남다른 인연과 관계를 맺어온 사이입니다. 유엔은 우리 정부수립 과정에서 적극적인 후원자 역할을 해주었고, 6·25전쟁이라는 국가 존망의 위기에서 우리의 안보를 지켜주었습니다.

이제 우리는 유엔으로부터 도움을 받기만 하는 상대가 아니라 유엔의 활동에 도움을 줄 수도 있는 능력을 갖춘 나라로 성장했습니다. 우리 신외교 5대 기조의 하나인 세계화가 추구하고 있는 자유·정의·평화·복지 등의 보편적 가치는 바로 유엔이 추구하고 있는 이상과 목표이기도 합니다. 유엔의 기능이 활성화되는 시기에 우리의 유엔 가입이 이루어지고, 우리가 유엔의 활동에 적극 기여할 수 있는 기회를 갖게 된 것은 참으로 다행스러운 일입니다.

우리가 유엔 안보리 비상임이사국 진출을 위해 노력하고, 환경·군축·인권 등 인류 보편적 가치와 이익을 보호하기 위한 국제적 노력에 적극 참여하면서 우리의 경제력에 상응하는 대외원조를 확대해나가고 있는 것은 모두 그만한 능력과 기회가 주어졌기 때문에 가능한 것입니다. 유엔 창설 50주년 기념행사도 그러한 의미에서 우리에게 더 뜻깊은 것이라고 생각됩니다.

유엔 50주년 기념 한국위원회 사업의 성공적인 추진과 위원 여러분들의 활약을 기대합니다. 감사합니다.

부록 3

불안정한 삼각관계

중국과 일본 사이의 한국

2012년 11월 21일(수)
일본 국제문화회관 창립 60주년 기념강좌

동아시아의 불안정

제가 '세계에서의 일본 역할'이라는 폭넓은 주제에 대해서 이야기를 하기 위해 초청을 받았을 무렵은 바로 중국, 일본, 한국이 3개국 FTA를 위한 교섭을 시작하려던 때였고 FTA 체결 가망성도 상당히 높았던 시기이기도 했습니다. 3개국 정상들이 2012년 5월에 베이징에서 열린 정상회담에서 이러한 계획을 추진해나가기로 합의한 바 있었습니다. 하지만 그 후 3개국 관계는 매우 불안정하고 요동치게 되었고, 영유권 분쟁을 둘러싸고 민족주의 감정이 폭발하며 분위기도 악화되어 있습니다.

오늘 저는 한국이 중국, 일본이라는 두 강대국과의 줄타기 관계에 초점을 맞추어 동북아 삼각관계에 대해서 말씀드리고자 합니다.

2010년대에 들어 지리적으로도 문화유산상에서도 가까운 이 3개국은 한편에서는 협력과 통합, 그리고 다른 한편에서는 충돌과 협력관계의 붕괴라는 두 반대 방향으로 동시에 나가고 있습니다. 통합으로의 움직임은 3개국 간 경제적 상호의존의 증가, 그에 따른 협력 필요성, 그리고 사회 네트워크와 인적 교류 확대 등에 의해 뒷받침되고 있습니다. 하지만 불행하게도 지역 연계를 해체하려는 움직임이 보다 더 강한 힘에 의해 선동되고 있습니다. 민족주의적 감정, 역사적 장애, 기회주의적이고 정치적인 의도에 의한 정책, 영유권 주장의 대립 등이 그것입니다.

3개국의 역학관계 변화는 3개국이 협력을 강화시켜야 하는 요인이 되기도 하지만, 동시에 불신과 갈등 및 억제의 필요성을 증가시킬 요인이 되기도 합니다. 현재 상황을 훑어보면 중국은 인구가 가장 많은 나라로 13억 명을 넘었고, 일본은 1억 2,600만 명, 한국은 약 5,000만 명입니다. GDP에서도 중국은 2010년에 일본을 능가해 세계 2위 경제대국이 되었습니다. 중국의 2011년 GDP는 7조 2,000억 달러로 일본의 5조 7,000억 달러를 상회했습니다. 한국은 훨씬 적은 1조 1,000억 달러였습니다. 외화보유액에서도 중국은 3조 달러, 일본은 1조 2,000억 달러, 한국은 3,120억 달러입니다. 국방비에 대해서는 중국의 경우 숫자는 각기 다르지만(정부 공식 발표액과 추계액과는 큰 차이가 있음), 일본의 두 배를 넘었다고 보아도 될 것입니다. 일본의 국방비는 인건비가 대부분을 차지하기는 하지만, 북한의 직접적인 군사적 위협에 직면하고 있는 한국의 두 배를 넘었습니다. 1인당 GDP는 2011년 현재 1위는 물론 일본으로 약 4만 6,000달러, 한국은 2만 2,000달러, 중국은

5,400달러입니다.

중국은 국력과 국제적 지위에서 일본을 추월하는 과정에 있으며, 한국은 아직 크게 떨어진 제3위의 입장에서 대등한 위치로 올라서도록 노력하고 있습니다. 북한은 핵무기, 장거리 미사일, 도발적 행위, 사회경제적 불능에 의해 지역의 다른 국가들에 위협이 되고 있지만, 중국이 그러한 북한을 지원하고 후원자가 되고 있는 것에 한국과 일본은 우려와 불만을 갖고 있습니다.

중국은 예전에 한국과 일본의 대미 동맹관계를 지역 안정을 유지하고 일본의 재무장을 방지하기 위한 필요악으로 보고 있었습니다. 하지만 현재는 미국 동맹체제의 주요 목적이 동북아 지역 통합에 기여하기 위한 것이 아니라 중국을 봉쇄하고 포위하는 것에 있다고 보고 있습니다. 중국은 미국의 동맹체제를 냉전의 유산으로 보고 비난하고 있습니다. 이 지역에는 실현 가능한 안보 구조가 없기 때문에 동맹관계와 연합관계는 최근 동북아 국가들 간 관계에 안정을 가져오는 것과 동시에 긴장도 가져오고 있습니다.

북한핵 문제를 둘러싼 3개국 관계

북한 핵무기 개발 계획을 시작으로 이러한 요인들이 구체적인 문제를 평가하는 데 어떻게 서로 영향을 끼치는지를 보겠습니다.

과거 20년간 북한의 핵무기 개발 계획은 주변국들에 큰 우려가 되고 있습니다. 북한은 핵개발 계획을 동결한 1994년 제네바 합의에 서명했음에도 불구하고 수년 후에는 핵개발 사업을 재개했고, 이제는 2006년과 2009년의 핵실험을 거쳐 사실상의 핵보유국이 되었습니다. 2003년 이후 중국, 미국, 러시아, 일본, 한국은 6자회담을 통해 북한에 대해 핵개발 계획을 포기하도록 설득했지만 큰 진전을 보지 못했습니다.

중국, 일본, 한국 3개국은 모두 북한을 비핵화시키고 북한이 명실공히 핵보유국이 되는 것을 저지하고 싶다는 생각을 갖고 있지만, 이 문제를 처리하는 목표와 접근 방식은 각기 다릅니다. 중국은 북한핵 문제는 평화적 대화를 통해서 해결해야 한다는 입장을 취하고 있습니다. 시간이 얼마나 걸리더라도 관계 국가들, 특히 미국과 한국이 과도한 압력과 강제력을 사용해서는 안 된다는 입장입니다. 중국이 왜 이러한 비교적 부드러운 접근을 고집하고 있을까요? 그 대답은 아마도 국가는 흔히 상반되는 목표를 갖기 때문이라고 하겠습니다. 예를 들어 중국은 북한의 비핵화를 원하긴 하지만 군사적 충돌을 막기 위해서 북한 체제를 존속시켜 한반도를 현상대로 유지하겠다는 생각도 갖고 있습니다. 북한으로 하여금 핵무기를 포기하게끔 하기 위해서는 중국이 어느 정도 압력을 강화시켜야 하지만 압력이 너무 강하면 북한 체제가 붕괴될 수도 있습니다. 따라서 북한 체제를 존속시키려고 하는 이상, 중국으로서는 핵 문제와 그 외 문제에 대해서 북한에 대해 유연하게 접근할 수밖에 없다는 것입니다.

6자회담은 이제 3년 이상 열리지 않았으며 베이징은 6자회담을 거의 포기한 것처럼 보입니다. 중국은 북한핵 문제는 지속적으로 대화를 통해 해결할 필요가 있다고 강조하며 북한에 대해 정치적 지원과 외교적 후원을 제공하고 있습니다. 중국은 스탈린 체제의 북한 붕괴를 원치 않습니다. 또한 아직까지 검증되지 않은 평양의 새로운 지도자가 중국의 지지와 인정을 크게 필요로 하고 있는 지금, 북한에 대한 영향력을 높일 수 있는 좋은 기회를 놓치고 싶지 않다는 생각도 갖고 있습니다. 김정은의 3대 세습을 승인함으로써 중국은 실질적으로 나중에 회수가 가능한 차용증서를 발행한 것과 같습니다. 김정일의 사망으로 북한은 경제적으로도 외교적으로도, 그리고 자국 생존을 위해서도 종래보다 더욱더 중국에 대한 의존도를 높이고 있습니다. 중국은 북한에 대해 핵실험과 로켓 발사, 한국과 세계의 다른 국가들을 표적으로 한 관습적인 도발 행위와 같은 호전적인 행동을 하지 않도록 재촉함으로써 이 상황을 이용하고 있는 것처럼 보입니다.

일본도 북한에 의한 핵무기와 그 운반 시스템 개발을 위협으로 느끼고 있습니다. 1994년 제네바 합의 서명 후 일본은 북한이 핵무기와 그 설비를 폐기하는 보상으로 북한 내에 경수로를 건설하는 목적으로 거액의 재정지원(10억 달러)을 하기로 동의했습니다. 하지만 6자회담에서 핵 문제와 북한에 의한 일본인 납치 문제를 연결시키는 것을 고집한 결과, 일본의 교섭 영향력은 한정되었습니다. 이와 동시에 일본은 핵무기에 대한 대비와 군사안보 전반에 대해서 미국에 대한 의존성이 한층 더 커지고 있습니다.

한국은 적어도 세 가지 이유에서 북한의 핵개발 계획을 심각한 위협으로 받아들이고 있습니다. 첫째로 북한이 실제로 핵무기 보유국이 될 경우, 한반도 군사 균형은 기본적으로 평양에 유리한 방향으로 시프트 될 것입니다. 둘째로 한국의 주변국들이 모두 핵무기 보유국이나 핵기술, 핵물질 선진국이 되었을 경우, 한국은 핵 능력에서 크게 뒤쳐지게 될 것입니다. 셋째로 설령 한국이 핵 지위에서 열세에 서는 것을 받아들인다 하더라도 북한 핵무기는 동북아에 핵확산 도미노 효과를 가져오는 방아쇠가 되며, 한국이 핵무기 개발 및 보유를 하지 않는다는 약속을 재검토하도록 하는 압력이 더욱 강화됩니다.

어쨌든 북한핵 문제에 관해서 입장을 같이하는 일본과 한국은 평양의 핵개발 계획에 대한 중국의 미온적인 태도를 불만스럽게 생각하고 있습니다. 양국 모두 할 수 있는 것은 모두 다 하고 있지만, 현재 우선 과제가 북한 체제와 그 새로운 지도부를 지탱하는 것이라는 베이징의 주장을 납득하지 않고 있습니다. 이러한 상황은 종종 중국 이외의 3개국, 즉 미국, 일본, 한국은 중국 및 북한과 대립하고 러시아는 어느 편에도 서지 않는다는 구도를 가져오며, 북한은 그 교착 상태를 이용해 핵무기 개발 계획과 그 능력을 유지 및 강화한다는 결과로 이어지고 있습니다.

그럼에도 불구하고 북한과 북한의 핵개발 계획을 효과적으로 처리하려고 한다면, 3개국은 서로 협력하고 조정해나갈 수밖에 없습니다. 다행히 지금까지 중국은 평소 북한 문제와 3개국과 관련된 그 외 문제들을 연계하지 않고 있습니다. 모든 관계 국가들은 다음에 언급하는 영유권 분쟁과 무역상의 불화와 같은 문제들이 다른 분야로 확산되지 않도록 억제해야 하며, 이와 동시에 북한핵 문제를 둘러싼 갈등으로 확대되지 않도록 배려해야 합니다.

민족주의와 영유권 주장

동북아 3개국은 관점이 다르고 이해가 다르기 때문에 협력이 더 어려워지고 있습니다. 제2차 세계대전 종결 이후 67년이 지났지만, 왜 우리들은 갑작스럽게 수많은 영유권 주장과 논쟁에 더해 민족주의 감정의 분출까지 발생하는 사태를 보고 있는 것일까요? 이를 설명하기 위해 몇 가지 제 의견을 말씀드리고자 합니다.

첫째, 중국 지도부는 경제 발전을 추진하면서 우선적으로 개혁, 국내 통합, 그리고 폭발적으로 필요성이 확대되는 경제 운영을 중점적으로 다룰 수밖에 없었습니다. 역사적인 영유권 주장을 전면에 내세우는 것은 이와 같은 다른 임무들보다 뒤로 미뤄져왔습니다. 중국은 현재 자국이 영유해야 했으나 약하고 발전이 늦은 시기에 잃어버린 영토를 되찾을 태세가 갖춰졌다고 느끼고 있습니다. 중국은 자신의 영유권 주장이 늦었기 때문에 일본이 중국과 다투고, 미국은 지역적 동맹관계와 연합관계에 의해 중국을 견제하고 포위하고 있다고 생각하고 있습니다. 일본이 센카쿠 열도/댜오위다오를 국유화한 것은 국내 울트라 민족주의자가 섬을 구입하려고 하는 움직임을 미연에 방지하기 위해서라는 일본 정부의 설명에도 불구하고, 중국은 일본의 국유화를 중국의 주장에 대한 직접적이고 명백한 도전으로 보고 있습니다.

이 문제에 관한 중국의 행동의 또 다른 한 가지 요소는 중국에 현재 적대하는 상대와 앞으로 적대할 것 같은 상대에 대해 '깨닫게 하려는(teach a lesson)' 경향이 있다는 것입니다. 중국의 기분을 해치면 얼마나 큰 대가를 지불하게 되는가를 깨닫게 하려고 인도(1962년)와 베트남(1979년)을 침공했을 때와 마찬가지로, 중국은 현재 일본과 영유권 분쟁을 안고 있는 다른 국가들에 대해 신호를 보내고 싶은 것입니다. 중국이 영유권을 주장하는 데 있어서 온화하게 추진하지만은 않을 것입니다. 미국의 정치학자인 찰머스 존슨은 1962년 저서 〈농민 민족주의와 공산당 권력 *Peasant Nationalism and Communist Power*〉에서 마오쩌둥의 공산주의 운동이 성공한 것은 중국 농민들의 민족주의가 강했기 때문이라고 주장하고 있습니다. 현재 중국 지도부(1949년 이후의 제5세대)는 민족주의자 자격을 바탕으로 자신의 지배를 정당화한다는 전통을 계승하고 있는 것 같습니다. 최근 센카쿠 열도/댜오위다오 문제를 둘러싼 시위 때에 마오 주석의 초상화가 내걸렸던 것에서도 알 수 있듯이, 민족주의는 지금도 중국 정치에서 강력한 힘을 지니고 있습니다. 여러분들도 처음에는 저처럼 왜 시위 참여자가 마오쩌둥 초상화를 내걸고 있는지 신기하게 생각했을 수도 있겠지만, 마오쩌둥에 대한 숭배와 같은 정도로 민족주의를 나타내고 있었던 것은 분명합니다.

중국은 일본의 강력한 영유권 주장(또는 남중국해, 동중국해에서의 베트남과 필리핀에 의한 영유권 주장)의 뒷면에 미국의 숨겨진 영향도 있다고 보고 있는 것 같습니다. 중국은 이러한 국가들에 대한 미국의 지원과 미국의 '아시아 회귀(재균형)' 움직임을 중국에 대한 도전을 부추기는 것으로 보고 있습니다. 현재 이행기에 있는 중국 지도부에는 영토 문제에 대해 강경 자세를 취하는 정치적인 동기가 있습니다. 미국도 최근 항공모함 존 스테니스를 남중국해로, 항모 조지워싱턴을 동중국해로 파견함으로써 중국의 불안과 불신을 확인해주는 것처럼 보입니다.

둘째, 일본에서는 평화헌법과 군대 포기 등 패전국으로서 제2차 세계대전 후에 결정된 것들을 수정해야 한다는 감정이 높아지고 있습니다. 이 논의에 따르면, 일본은 다시 군대와 집단적 자위권을 행사하는 권리를 갖는 '보통국가'가 되어야 합니다. 20년 이상에 걸친 일본 경제 침체로 인해 일본인들은 다른 동북아 국가들에 대해 상대적으로 쇠퇴하고 있다는 의식을 갖게 되었으며, 이러한 의식이 2011년 3월 11일 대지진에 의해 한층 더 높아지고 있는 것처럼 보입니다. 이러한 감정은 쉽게 보다 민족주의적이고 자기주장이 강한 자세로 나아가도록 자극합니다.

일본에서는 울트라 민족주의자뿐만 아니라 더 많은 사람들, 특히 젊은이들도 주변국들이 일본이 상대적으로 쇠퇴한 틈을 타서 일본을 얕보기 시작했다고 느끼고 있습니다. 이러한 사람들은 전전 일본의 제국주의적이고 군국주의적인 행동과 관계없는 현 세대의 일본인들이 왜 70년도 넘게 전에 일어났던 것에 대해 책임을 느껴야 하는가에 대해서 의문을 품고 있습니다. 그들은 일본이 과거의 잘못에 대해 여러 차례 사죄를 했고 충분한 금전적 보상도 했다고 주장하고 있습니다. 그리고 도대체 언제까지 사죄와 금전적 보상을 계속해야 하는가, 왜 일본은 정규 군대의 유지와 통상적인 집단적 자위권 행사를 금지까지는 아니더라도 제한하고 있는 헌법을 유지해야 하는 것인가, 왜 일본은 자신들의 정당한 근거를 바탕으로 자국령으로 간주하는 영토를 소유하거나 소유하고 싶어 하는 것에 대해 죄책감을 느껴야 하는가라는 의문을 제기하고 있습니다. 다만 일본 내에서 영토 문제와 역사 문제에 대해서 상이한 의견이 표명되거나 들린다는 것은 그래도 일본이 성숙되고 열린 국가라는 증거라 할 수 있습니다.

일본 정부는 중국과 러시아의 영토에 대한 도전을 물리치는 경우에도 할 수 있는 것에는 한계가 있음을 인식하고 있습니다. 러시아는 여전히 초군사대국이며 중국은 초경제대국이 되어가고 있습니다. 러시아는 일본 열도 주변에서 해·공군의 광범위한 군사훈련을 재개하고 있지만, 일본은 이러한 움직임을 주로 중국을 겨냥한 것으로 보면서 경시하는 경향이 있습니다. 일본 지도자들은 국내에서 일반 대중들과 일부 정치인들의 민족주의 감정에 편승하여 한국과의 영유권 분쟁을 주장하는 것이 정치적으로 유익하다고 생각합니다. 한국은 군사적으로도 경제적으로도 중국과 러시아만큼 강하지 않기 때문입니다.

셋째, 일본 제국주의와 군국주의에 희생이 된 주변국들은 일본이 아무리 후회와 사죄를 표명해도 그 표명은 표면적이고 성의가 없는 것이라고 보고 있습니다. 특히 한국인들은 일본이 공식적으로 전시 성노예의 존재를 인정하고 완곡적으로 '위안부'라고 불리는 그 희생자들에게 사죄와 보상을 하는 것을 거부하고 있는 것에 당혹감을 느끼고 있습니다. 한국의 헌법재판소는 2010년 한국 정부가 일본 정부에 대해 사죄와 보상을 강력히 요구하지 않아 시민의 헌법상 권리 보호를 소홀히 하고 있다는 판결을 내렸습니다. 한국인들에게 독도(일본명 타케시마)는 일본이 한국을 식민지화하는 과정에서 제국주의적 의도의 결과로 1905년 시마네현에 편입된 것이므로 영유권 주장 문제라기보다는 역사 기록의 문제입니다.

넷째, 제2차 세계대전 이전에 일본에 점령된 영토 처리가 전후에도 애매모호하게 남겨졌다는 것입니다. 전쟁을 정식으로 종결시킨 1951년 샌프란시스코 평화조약은 전략적이고 지정학적인 이유로 현재 이 지역 관계를 어렵게 하고 있는 중일 및 한일 간 영토 문제를 깨끗이 마무리하지 못했습니다. 따라서 역사 문제와 영토 문제는 모두 제2차 세계대전 이후 소련의 위협과 팽창주의를 미국과 일본의 협력하에 막는다는 이해타산에 의해 감춰져 있었던 것뿐이고 그 이후에도 계속 해소되지 않았다는 것이 현재 주장과 반론이 되풀이되는 관계의 근원이 되고 있습니다.

마지막으로, 디지털혁명과 근대적 통신수단을 쉽게 이용할 수 있게 된 것이 동북아에서 민족주의가 부추겨지는 한 원인이 되고 있습니다. 인터넷, 휴대전화, 특히 소셜 네트워크 매체와 같은 전자통신의 폭발적 보급에 의해 널리 빨리 민족주의를 부추기는 것이 쉽게 될 수 있게 되었습니다. 민주적인 정부를 갖는 국가이든, 권위주의적인 정부를 갖는 국가이든 간에 지도자들은 민족주의적 충동을 바탕으로 행동하도록 요구하는 대중으로부터 큰 압력을 느끼고 있습니다. 이와 동시에 지도자들이 정치적 지지를 굳히기 위해 영토 문제와 민족주의 문제를 이용하는 유혹에 빠지기도 합니다.

문제는 민족주의와 갈등으로 가는 경향들이 종종 서로를 강화시키거나 동시에 발생된다는 것입니다. 더욱이 지금의 영유권 분쟁과 민족주의적인 분쟁을 극복해서 이 지역을 보다 건설적이고 미래지향적인 관계로 이끌어나갈 능력과 의욕을 가진 지도자가 동북아 국가들 중 어디에도 없다는 문제도 있습니다.

우리는 긴장과 충돌의 소용돌이로 빠져들고 있는 것일까요? 특히 3개국 모두 지도자가 교체되고 어떤 국가에서도 개화되고 강력한 지도자가 등장할 전망을 가질 수 없는 지금, 누가 브레이크를 걸어 민족주의적인 외침을 극복하며 해결책을 모색해나갈 수 있는 것일까요?

중일 사이에 위치하는 한국

과거 2000년 동안 중국 북동 끝에 위치하며 일본과 해협을 사이에 둔 반도 국가인 한국은 언어적, 문화적, 정서적, 정치적으로 독립한 국가체를 유지해왔습니다. 그 속에서 한국은 침공과 침략, 더욱이 점령까지 경험하고 그렇지 않은 경우에도 두 개의 강력한 이웃 나라들로부터 지배적인 영향을 느끼고 있었습니다. 많은 점에서 한국의 운명은 러시아와 독일과 같은 강력한 이웃 나라들 사이에 끼어서 눌려온 유럽에서의 폴란드의 운명과 비슷한 것이었습니다. 20세기에 들자 일본의 지배를 받아 식민지화되었고, 그 이후 나라는 소련군이 점령하는 북측과 미군이 점령하는 남측으로 분단되었습니다.

남북한은 독립을 이루자 미국이 남측을, 소련과 중국이 북측을 지원하는 형태로 같은 민족끼리 대리 전쟁을 치렀습니다. 이 비극적인 유산의 결과, 조국이 여전히 분단되어 있기에 한국인들은 남녀노소가 모두 강한 억울함과 피해의식을 안게 되었고, 이로 인해 강렬한 민족주의를 안게 되었습니다. 중국과 일본의 민족주의에는 공격과 방어 양 경향이 있지만, 한국의 민족주의는 주로 방어적이고 징벌적인 성격을 갖는 경향이 있습니다.

한국이 이 지역의 삼각관계에서 수행할 수 있고 또한 수행해야 할 역할에 대해서는 중복되는 부분과 상반되는 부분이 있긴 하지만 다음 7가지로 나눌 수 있을 것 같습니다.

1) 균형자

2003~2008년에 재임한 노무현 전 대통령은 한국이 중일 간의 지역적인 균형자 역할을 수행해야 한다고 주장했습니다. 이는 18~19세기에 영국이 유럽의 세력 균형에서 수행한 것과 같은 역할입니다. 이 정책은 한국 국내에서는 비현실적이고 우리 자신을 과대평가하는 정책이라는 비판을 받았지만, 자기주장이 강해진 한국이 자신감을 증대시키고 있음을 반영한 것이었습니다.

2) 등거리

이 정책은 1)과 유사하지만 균형이 잡힌 지역관계를 유지하기 위해 지역 문제에 대해서 한국이 어느 한쪽을 '편드는 것'을 필요로 하지 않는다는 점이 다릅니다. 서로 힘을 합치는 것이 요구되는 문제들이 산적한 상황을 생각해보면, 한국이 일관되고 의미 있는 방법으로 이 전략을 추구하는 것은 현실적으로 어려운 일입니다. 실제적이지 못합니다.

3) 어느 한쪽으로 편듦

한국은 반도 국가이기에 국내에서는 대륙 국가로서 나아가야 할지, 해양 국가로서 나아가야 할지에 대해 논의되고 있습니다. 해양 국가로서의 색채를 강화시키는 것이 일본, 더 나아가 미국과의 관계를 심화시키는 것을 의미하는 데 대해, 스스로를 대륙 국가로 하는 것은 중국과 러시아와의 관계를 더욱 중시하는 것을 의미합니다. 이 4개국 모두와 우호관계를 유지할 필요가 있음을 생각해보면, 이 정책은 현실적이지도 실제적이지도 않습니다.

4) 가교

이 정책은 동북아 국가들이 충돌을 최소화시키고 협력을 최대화해야 한다는 것, 또한 한국이 중일 간의 중개 역할, 조정 역할을 수행할 수 있다는 것을 전제로 하고 있습니다. 이 정책의 지지자들에 의하면 한국은 지리적 측면뿐만 아니라 경제 발전, 기질 그리고 문화 교류 측면에서도 양국 사이에 위치하고 있습니다. 하지만 분명히 중국과 일본의 이해와 감정에 큰 차이가 있는 것을 생각해보면 한국이 그렇게 원하더라도 수행할 수 있는 가교적 역할에는 한계가 있습니다.

5) 대등한 경쟁자

이 정책은 한국은 중일 양국과 대등한 입장에서 관계를 맺을 수 있는 위상에 도달해 있다는 생각에 바탕을 두고 있습니다. 이 관점에 따르면, 한국이 사실은 경제적 능력과 외교적 영향력, 인구 등에서 대등하지 않지만 지금까지의 성장에 의해 이미 '두 마리 고래 사이에 낀 새우'가 아닌 위상에 도달해 있다고 봅니다. 이 정책을 지지하는 주장들도 한국이 자신감과 자존심을 증대시키고 있음을 반영한 것입니다.

6) 공동체

이 정책은 동북아 3개국은 공동체를 형성할 수 있을 만한 공통 이익과 공통점을 가지고 있다는 생각에 바탕을 두고 있습니다. 공동체 구축은 경제(예를 들어 3개국 간의 FTA 등), 환경, 문화 교류에서의 통합과 협력부터 시작할 수 있으며, 3개국 공통 문화와 공통 이익을 바탕으로 공동체가 구축될 수 있다고 봅니다.

7) 현상 유지(세력 균형)

이 관점에 따르면, 한국과 일본이 미국과 동맹관계를 가지며, 중국은 러시아와 연합하고 북한을 편드는 현상이 최선이라고 하지는 못하더라도 받아들여질 수 있는 동북아의 세력 배치라는 것입니다. 이 세력 배치에서는 중국이 미국뿐만 아니라 일본과 한국과도 압도적인 경제관계를 유지합니다. 이 관점에 따르면, 중국은 앞으로도 계속해서 한국의 최대 무역 상대국인 한편, 한국은 미국 그리고 간접적으로는 일본과도 군사적, 안보적 측면에서 밀접한 유대관계를 갖습니다. 또한 중국의 경제력과 군사력이 강화되어도 다른 국가들과의 경제적 상호의존 관계 때문에 중국은 계속해서 다른 동북아 국가들과 협력적인 정책을 취한다고 봅니다.

하지만 이들 정책의 처방전은 어느 하나를 실시하거나 유지하기가 어렵거나 불가능한 것입니다. 3개국은 다양한 주요 문제에 대해서 이해와 관점이 다릅니다. 분명히 한국은 이 격동적인 주변국들과의 관계 속에서 살아남고 잘 헤쳐나가고 번영해나가기 위해서 때와 상황에 따라 위의 선택지들을 다양하게 조합시켜나갈 수밖에 없을 것입니다.

북한핵 문제에 대한 대처에서 한국은 일본 입장에 가깝고 중국을 이쪽 편으로 끌어들이고 싶다고 생각하고 있습니다. 동맹 문제에 대해서는 미국은 분명히 한국과 일본을 연계시켜 양국으로 하여금 협력과 공동 작업을 밀접하게 하도록 부추기고 있습니다. 양국 모두 미국과의 동맹관계를 중시하고 있지만, 중국은 이러한 상황에 큰 불신을 안고 있습니다. 따라서 중국은 미국의 '아시아 회귀' 정책이 자국을 견제하고 봉쇄하려는 것으로 간주하고 있습니다. 하지만 중국이 좀처럼 인정하지 않더라도 주변 2개국의 미국과의 동맹은 몇 가지 점에서 중국에도 이익이 되고 있습니다. 미국과의 동맹관계는 일본과 한국에 안정감을 안겨주고 군비 확장 경쟁, 특히 핵확산 경쟁을 막고 있기 때문입니다. 미국과 미사일 사정거리 연장 교섭을 하는 데 있어 한국 정부는 미국이 일본뿐만 아니라 중국에 대해서도 신경을 쓰고 있다고 보고 있습니다. 미국은 한국이 대북한 능력을 강화하는 것은 바라고 있지만 지역 안정을 훼손시킬 수 있는 새로운 능력을 인정함으로써 주변 국가들에 대해 경계심을 안게 하는 것은 바라지 않습니다.

20세기 전반부터 남아 있는 문제인 일본의 제국주의적 과거와 그 영향에 대해서는 한국은 대체로 중국과 견해와 감정을 공유하고 있습니다. 3개국이 경쟁 상대임에도 불구하고 공통 이익을 갖고 있는 것은 경제와 무역 분야뿐입니다.

3개국 관계를 강화하기 위해

부정적인 관계를 상쇄시키고 지역관계를 개선시킬 수 있는 다른 요인은 있을까요? 저는 있다고 봅니다.

첫째로 경제적 협력의 필요성이 커지고 있습니다. 3개국 정상들은 2012년 5월 한중일 FTA 교섭을 개시하기로 합의했습니다.

3개국 관계의 친밀함을 보여주는 데이터를 몇 가지 소개하겠습니다. 첫 번째는 3개국 간의 호감도와 비호감도를 보여주는 것입니다. 우선 한국인의 중국과 일본에 대한 의식입니다. 한국인의 중국에 대한 의식은 처음에는 호감도가 높았지만 서서히 낮아졌고(2012년 33%), 비호감도는 상승되고 있습니다(2012년 64%). 일본에 대한 호감도는 금년까지

지속적으로 매우 높은 상태였지만(2010년 64%, 2011년 68%), 비호감도가 최근 2, 3년에 상승되고 있습니다(2011년 20%, 2012년 58%). 마지막으로 한국의 미국에 대한 호감도는 매우 높은 상태를 유지하고 있습니다(2011년 74%, 2012년 62%).

다음은 중국인의 의식입니다. 중국인의 한국에 대한 의식은 처음에는 호감도가 매우 높았지만(2010년 57%) 몇 가지 이유 때문에 떨어졌고(2011년 36%), 그 후에 회복되고 있습니다(2012년 57%). 하지만 일본에 대한 의식을 보면 아마도 대일관계에 반응한 것이겠지만 호감도는 계속 낮은 상태이며(2010년 29%, 2011년 18%, 2012년 16%) 비호감도도 매우 높은 수준을 유지하고 있습니다(2010년 47%, 2011년 71%, 2012년 63%). 중국에서는 미국에 대한 의식은 호감도보다 비호감도가 더 높은 수치입니다(2012년 호감도 29%, 비호감도 48%).

일본인의 의식은 어떨까요? 일본인의 한국에 대한 의식은 중국에 대한 의식보다 호감도가 매우 높습니다(한국에 대한 호감도 34%, 중국에 대한 호감도 10%. 한국에 대한 비호감도 16%, 중국에 대한 비호감도 50%. 모두 2012년). 예상대로 일본인의 미국에 대한 의식은 상당히 좋습니다(호감도 32%, 비호감도 15%. 2012년).

참고로 유럽의 상황을 보면, 제2차 세계대전 중 괴멸적인 전쟁을 치른 프랑스와 독일이지만 프랑스인은 독일에 대해 매우 높은 호감도를 보여주고 있습니다(호감도 80%, 비호감도 13%. 2012년). 독일인도 프랑스에 대해 매우 높은 호감도를 보여주고 있습니다(호감도 72%, 비호감도 16%. 2012년).

다음으로 동아시아에서 실제적인 교류 실태를 보여주는 숫자를 보겠습니다. 우선 무역 상황입니다. 일본의 대중국 무역액(수출입)은 대미국, 대한국 무역액을 합친 것보다 더 많습니다. 한국도 같은 상황이며 중국과의 무역액이 대일본, 대미국의 합계액을 상회하고 있습니다. 중국에서 보면 최대 무역 상대국은 미국이며, 그다음이 일본, 한국의 순서입니다.

인적 교류를 보면 한국에서 중국으로 가는 여행자 수는 늘어나고 있으며 일본을 상회하고 있습니다. 2011년은 대지진의 영향이겠지만 한국에서 일본으로 가는 여행자 수가 상당히 격감되었습니다. 그래도 다른 국가들로부터 오는 여행자 수를 여전히 상회하고 있습니다. 중국인 해외 여행자 수는 늘어나고 있으며, 이전에는 일본으로 가는 여행자 수와 한국으로 가는 여행자 수가 거의 같았지만 2011년 이후, 2012년에도 그렇게 되겠지만, 한국으로 가는 여행자 수가 일본으로 가는 여행자 수를 크게 상회하게 될 것입니다.

일본인의 해외 여행자 수를 보면 중국과 한국이 거의 같습니다. 일본과 한국의 정치적 분쟁이 높아지더라도 2012년 일본인의 한국 여행자 수가 감소되지 않고 늘어나고 있는 것은 상당히 고무적인 것이라고 생각합니다.

감정 면에서는 현재 최고의 상태에 있는 것은 아니지만 그래도 중국인, 일본인, 한국인 사이에는 일정한 호감도가 남아 있습니다. 한국인과 중국인 사이의 감정과 일본인과 한국인 사이의 감정은 일본인과 중국인 사이의 감정보다 더 좋은 경향이 있습니다.

전체적으로 3개국 간의 방문자 수, 특히 관광 여행자 수는 급증하고 있으며 문화, 관광, 시민사회 교류와 협력도 더욱 광범위하고 밀접해지고 있습니다. 정치적이고 종종 적대적인 수사들이 오가는 다른 한편에서는 언론, 지식인, 기업인, 일반 대중이 모두 아직 잘 교류, 협력해가고 있습니다. 3개국은 비핵화, 개혁, 개방이라는 북한 관련의 전략적 이익도 공유하고 있습니다.

마지막으로 미국은 특히 한일관계에서 적극적인 역할을 수행할 수 있습니다. 중국이 의심스러운 눈으로 보아도 미국이 한국과 일본 간에 유지하고 있는 동맹관계는 동북아 동맹국들 간의 평화를 유지·보증하고 있으며, 이 지역에서 핵무기 확산을 방지하는 데 도움이 될 수 있습니다.

3개국 각각에는 지역관계를 둘러싸고 많은 상이한 의견들이 있습니다. 민족주의자들과 맹목적 애국주의자들도 있지만, 국민 대부분은 지역 협력을 위해 활용할 수 있는 보다 국제주의적이고 온화하고 실제적인 의견을 공유하고 있습니다. 따라서 전망이 어둡다고 말하면 안 됩니다. 미국의 옛 팝송에도 나오듯이 좋은 부분은 늘리고, 나쁜 부분은 줄여나가야 합니다.

가장 중요한 것은 3개국이 감정적이 되기 쉬운 가운데 골치 아픈 영토 문제와 민족주의 문제가 실무적으로 처리해야 할 무역과 투자, 금융, 그리고 기타 문제까지 파급되지 않도록 배려하는 것입니다. 3개국의 어느 지도자들도 '개화된 자기이익(enlightened self-interest)'에 따라 행동하고 냉정함을 유지해야 합니다.

제1차 세계대전 당시 프랑스 수상이던 조르주 클레망소는 "전쟁은 장군들에게 맡기기에는 너무 중대하다."고 말했습니다. 마찬가지로 중국, 일본, 한국의 3개국 관계도 정부 지도자들에게만 맡기기에는 너무 중대합니다. 민간 부문, 시민 개개인, 다양한 비정부조직(이익단체, 문화협회, 교육기관, 종교단체 등)이 이 불안정한 삼각관계를 적절한 것으로 변화시키고 차세대에 인도하도록 보다 건설적이고 생산적이고 평화적인 관계를 구축하는 데 기여해야 합니다.

중국인 작가 옌롄커는 인터내셔널 헤럴드 트리뷴에 현재 중일 간에 일어나고 있는 영토 분쟁에 대해 "영토 분쟁을 부추기는 격정의 분출을 진정시키기 위해 중국과 일본의 문화적인 유대를 활용해야 한다."고 썼습니다.

문화적 유대, 상업적 인센티브, 안보상의 필요성, 지역 운명에 대한 공유 의식, 그리고 순전한 이성, 이러한 요인들은 모두 지역 평화와 협력을 저해하기도 하고 조장하기도 합니다. 우리는 이들을 충돌과 불화를 위해서가 아니라 지역 평화와 협력을 위해 활용해야 합니다.

부록 4

한반도의 분단 관리와 통일 문제

2015년 11월 13일(금)
서울, 통일준비위원회 국제회의 기조연설

1. 남북한 관계의 현주소

한국전쟁이 끝난 1953년 이후 남북한 관계는 대략 대결과 화해가 교차하는 9개의 단계를 거쳐온 것으로 관찰할 수 있습니다. 첫째 단계인 1954~60년의 시기는 양측이 모두 전쟁의 폐해로부터 회복하고 남북 간에 적대관계가 계속되는 양상이었습니다.

두번째 단계(1960~72)에서는 남한에서 군사정권이 탄생하고 북한은 남측과 미국에 대해 소규모의 군사적 도발을 감행하는 등 북한의 적대적 정책이 강화되는 모습을 보였습니다.

세 번째(1972~84)는 양측이 내부적으로 권력을 다지기 위해 남북대화를 시작하고 활용하면서 상호 간의 공존을 꾀하는 시기라고 성격지울 수 있습니다.

네 번째 시기(1983~92)에는 1983년 남한 대통령의 버마 방문 시 북한이 심어놓은 폭탄이 폭발하여 대통령의 암살을 기도했음에도 불구하고 남북대화가 재개되어 간헐적인 접촉이 있었습니다.

다섯 번째 시기인 1980년대 말부터 1990년대 초까지에는 한국이 서울올림픽을 개최하여 동구권과의 관계가 확대되고 소련 블록이 붕괴되고 독일이 통일됨에 따라 북한은 남한과의 대화를 재개하고 양자 협의에 응할 수밖에 없었습니다. 1991년에는 남북한이 화해와 불가침 협정에 합의하고 한반도 비핵화 공동선언을 채택했습니다.

그러나 호전되는 듯했던 남북한 관계는 여섯 번째 시기(1993~98)에 와서 북한의 핵무기 개발 의혹이 불거지고 1994년 제네바 합의로 북핵 문제가 일단락되는 듯했으나 남북관계는 다시 적대적 관계로 들어갔습니다.

여덟 번째는 1998년 12월 당선된 김대중 대통령이 오랫동안 주장해온 북한과의 화해와 협력을 강조한 햇볕정책의 시기(1999~2008)였습니다. 2003년 정권을 이어받은 노무현 대통령이 햇볕정책을 계승했으나 역설적으로 이 시기에 북한의 김정일 정권은 핵무기 개발을 재개하고 더욱 박차를 가했습니다.

2007년 이명박 대통령이 취임한 후 햇볕정책은 북한에 대해 무조건적이고 일방적인 시혜정책에서 벗어난 더 균형된 정책으로 대체됩니다. 아홉 번째의 시기(2007~16)에 북한은 제3세대의 정권 승계를 이루고 핵무장을 가속화하고 남한에 대한 군사적 도발을 감행하는 가운데, 남한은 북한에 대해 가혹한 국제 제재를 꾀하고 남북한 관계는 악화의 일로를 치닫게 됩니다.

2. 한반도 통일과 독일의 통일

25년 전의 독일 통일은 한국 국민들 사이에 아직도 찬탄과 선망을 불러일으키고 있습니다. 독일이 통일되기 전 동서독 간의 관계와 남북한 간의 관계는 유사점과 상이점을 공유하고 있었습니다. 두 나라는 제2차 세계대전 후 별개의 연합국에 의해 분단되었습니다. 양국 공히 전후 동맹체제에 편입되어 동서 대립의 장이 되었습니다. 그렇지만 어느 나라도 분단 후 수십 년 동안 통일을 향한 소망을 포기하지 않았습니다. 어느 경우도 주변국들은 이들 나라가 통일되는 것을 보고 싶어 하는 것 같지 않았습니다. 독일의 이웃들은 독일이 강력한 통일국가로 거듭날까 봐 두려워했고, 한반도 주변국들은 통일 후 있을 수 있는 불안정과 통일한국이 다른 나라의 영향권에 들어갈 가능성을 우려했습니다.

아울러 독일과 한국의 분단 사이에는 몇 가지 다른 점이 있었는데, 그 가운데 네 가지가 두드러졌습니다. 한 가지는 민족분단으로서, 한국 국민은 '피해의식'이라고 할 수 있는 것에 사로잡혀 있는 반면, 독일 국민에게는 '죄의식'이라고 부를 수 있는 것이 있었습니다. 한국인들은 분단의 비극을 감수해야 할 아무런 잘못도 저지르지 않았고, 단순히 힘의 정치와 특히 미국과 소련을 위시한 강대국 간의 뒷거래에 따른 희생물에 불과했다는 의식이 있었습니다. 반면 독일인들은 그들의 민족 분단이 2차대전 전 독일이 저지른 일의 결과라는 사실을 인정하고 이를 받아들였는데, 이웃 나라를 정복한 것, 유태인을 비롯한 일부 민족을 박해한 것, 그리고 2차대전을 촉발시킨 것이 그것입니다.

둘째로 민족분단 시절 독일민주공화국, 즉 동독은 소련의 효과적인 통제 및 보호하에 있었기 때문에 단독으로 서독에 심각한 군사적 위협을 가하지 않았습니다. 이와 반대로 북한은 한국전쟁이 되었던 전면적 무력 남침, 공비 출현을 비롯한 소규모 무력 도발, 재래식 군비 증강, 각종 대량살상무기 및 미사일 개발, 그리고 전복활동 등으로 남한에 지속적인 군사적 위협이 되었습니다.

셋째로, 통일을 향한 한국 내 열풍 및 운동이 주로 청장년층과 정치적 좌익 부문으로부터 나온 데 비하여, 독일은 통일을 향한 비교적 차분하고 수동적인 요구와 잠재적 욕구가 대부분 노년층과 보수적 부문에 속하는 경향이 있었습니다.

마지막으로, 서독이 유럽공동체(EC)와 북대서양조약기구(나토)와 같은 다자, 지역 및 안보 기구의 중요한 회원국이자 적극적인 참여자였던 반면, 남한은 외부 세계와의 주요한 안보 연결고리가 미국과의 양자동맹이었고 지역적 기구나 공동체의 회원국 자격을 향유하지 않았습니다. 그래서 독일에 통일이 왔을 때 동독인들은 사실상 서독의 형제일 뿐만 아니라 EC 및 나토에 합류함으로써, 동독이 서독에 의해 접수되고 있다는 느낌을 희석시켰던 것입니다.

3. 한반도가 따라 할 수 있을까?

그러나 분단된 독일과 한국의 이런 차이점에도 불구하고, 한국은 독일 통일 후 그 길을 따라갈 수 있다는 희망을 가졌습니다. 다른 한편으로 독일 통일은 북한에 자극을 줌과 동시에 아마도 한반도에서 유사한 과정이 진행됨을 방지하는 방안을 강구하도록 했을 것입니다.

사실 북한은 독일 통일의 시기에 우려할 일이 많았습니다. 소련제국이 와해되고 있었습니다. 중국과 소련 모두 대한민국을 공식 승인하고 외교관계를 수립하는 동안 미국과 일본은 북한에 대하여 상응한 조치를 취하지 않았습니다. 미국과 소련은 데탕트에 합의했습니다. 중국과 미국이 화해하기로 뜻을 모았습니다. 말할 나위도 없이 북한은 독일 통일 방식을 한국에 적용하는 데 반대했습니다.

이와 같은 의미에서 북한의 경직된 태도는 독일 통일이 남북한 관계에 단기적으로 진보보다 퇴보를 가져오도록 했습니다. 이것은 분단국에 매우 비극적인 아이러니입니다. 다시 말하면, 통일을 향한 일방의 소망이 강하면 강할수록, 또 통일을 위한 외침이 크면 클수록 타방은 그것이 자신을 접수하려는 욕망이라고 위협적으로 받아들이기 때문에 이를 달성하기 위한 실제 기회나 가능성이 더욱 줄어듭니다. 북한이나 남한이 통일을 외쳤지만 어느 일방도 통일이란 이름으로 자기의 권력을 타방에게 인계하거나 공유하려 하지 않았습니다. 이와 같은 상황하에서 어느 일방에 의한 통일은 타방에 대한 정복이 아니라면 흡수 또는 복속을 뜻하게 됩니다. 북한이 통일을 언급하는 것이 남한 사람들에게는 남한을 접수한다는 뜻이었던 반면, 남한에서 말하는 통일은 북한 사람들에게 남한에 의한 북한의 흡수를 의미하는 것으로 들려 공포와 저항을 불러일으켰습니다.

북한은 체제 변화와 그에 따른 통일을 방지하기 위하여 핵무기 및 미사일을 포함한 대량살상무기 개발을 서둘렀고 외부 영향으로부터 자신을 더욱 격리시키는 선택을 했습니다. 북한은 남한이 다량의 경제 지원을 제공하는 데 열심이었던 1998년부터 2008년까지 10년간의 햇볕정책 기간 동안만 남한을 끌어들인 것입니다. 그러나 이명박 대통령의 당선과 2008년 한나라당의 재집권으로 남한의 햇볕정책 실험이 종말을 고하고, 북한과의 상호성, 조건부 및 신중한 대응을 강조한 실용주의 및 균형 전략이 한국 정부의 공식 정책으로 되었습니다.

북한 쪽에서는 대단히 관대한 10년간의 햇볕정책에 이은 한국 정부의 덜 관대하고 덜 후한 태도에 불만을 품게 되었습니다. 그로부터 북한은 4차에 걸친 핵실험을 감행했으며, 핵보유국이 됨과 동시에 경제 회생도 병행하겠다는 정책으로 묘사되고 '병진정책'으로 명명된 것을 추진해왔습니다.

그러는 동안 이명박 정부에 이은 박근혜 정부는 전 정부의 '신중 대응정책'을 대부분 지속했지만, 한국과 주변국들에게 경제적 '대박'을 가져다줄 것으로 예상되는 '통일'의 추구와 북한과의 협력을 더욱 강조했습니다. 문제는 박근혜 정부의 통일정책이 긍정적인 성과를 거두려면 두 가지 장애물을 극복해야 한다는 데 있었습니다. 하나는 박 대통령의 통일 제안이 독일 방식인 '흡수 통일' 요망에 불과하다는 북한의 의

구심을 극복할 필요가 있다는 것입니다. 다른 하나는 북한이 핵무기 프로그램을 중단하고 포기하며 재래식 도발을 삼가도록 하는 방안을 강구해야 한다는 것입니다.

4. 강대국에 대한 설득

한국 정부에 또 하나 중요한 일은 한반도 정세가 어떻게 전개될 지에 대해 지대한 관심을 가진 4대 강국, 즉 중국, 미국, 러시아 및 일본에, 한국 통일이 닥쳤을 때 그것이 자국의 이익에 반하지 않고 실질적으로 부합할 것임을 설득하는 것입니다.

그러면 한국 통일이 그들의 이해관계에 어떤 영향을 미칠까요? 한국 통일에 관하여 긍정적 관심과 부정적 관심을 모두 생각할 수 있겠습니다.

미국의 이해관계

먼저 미국의 이해관계에 관하여 이야기해봅시다. 미국이 한국 통일을 자국의 이익에도 부합하는 것으로 생각할 긍정적 이유가 있습니다.

<u>긍정적 이유:</u>

1. 한국 내 또는 한국을 둘러싼 전쟁 가능성이 줄어듦.
2. 북한의 대량살상무기, 미사일 등에 의한 위협과 도발이 제거됨.
3. 강력한 동맹인 통일한국이 출현함.

4. 미국으로부터 단기적으로 경제 및 안보 지원을 필요로 하는 한국의 대미 의존도가 증가함.
5. 민주주의와 시장경제가 확대됨.

그러나 한국 통일이 미국의 이익에 반할 것으로 생각할 수 있는 몇몇 이유가 있습니다.

부정적 이유:

1. 한미동맹의 명분과 필요성이 약화됨.
2. 한국이 중국의 영향권에 더욱 가까워질 가능성이 있음.
3. 미국의 한국에 대한 영향력이 감소됨.
4. 한국과 일본 간의 관계가 더욱 악화될 가능성이 있음.

일본의 이해관계

다음으로 일본이 한국 통일에 대해 가질지 모르는 상반된 이유를 살펴봅시다.

긍정적 이유:

1. 북한의 대량살상무기, 미사일 등에 의한 위협과 도발이 제거됨.
2. 민주주의 및 시장경제 등 '자유 세계'가 확대됨.
3. 통일 과정 중에는 한국이 국내 문제에 매달림.
4. 일본의 지지와 지원의 필요성이 증대됨.

부정적 이유:

1. 강력한 주변국이 등장함.
2. (북한의 위협에 대한) 일본의 군사대국화 이유가 제거됨.
3. 남북한 사이에서 '분할 통치'의 기회가 상실됨.
4. 통일한국이 중국에 더욱 가까워질 가능성이 있음.

러시아의 이해관계

러시아도 한국 통일을 환영하거나 꺼리는 상극적 이유가 있을지 모릅니다.

긍정적 이유:

1. 가스, 철도, 교통, 무역, 투자 등 경제적 기회가 증대됨.
2. 미국의 동맹체제가 약화됨.
3. 통일 과정에서 주요 역할을 담당함.

부정적 이유:

1. 남북한 사이 '험난한 바다에서 물고기를 낚을' 기회를 상실함.
2. 한국에 대한 중국의 영향력이 증대됨.

중국의 생각

한국 통일의 주요 요소는 중국의 생각이 어떻게 자국의 이해관계 계산에 영향을 주느냐는 것입니다. 중국은 한반도 통일에 대하여 실제로 어떤 계산을 하고 어떤 역할을 할 것을 기대하고 있을까요? 우리가 흔히 '중국의 생각'을 이야기하지만, 제가 보기에는 통일과 직접 관련되는 중국의 북한 정책 전문가들 사이에 일치된 합의가 존재하지 않아 보입니다. 그들의 견해는 몇 가지로 갈라져 있는 것으로 보입니다.

첫째는 중국이 혈맹인 북한에 무조건 원조를 제공하고 안전을 보장해야 한다는 주장입니다. 중국은 (조선민주주의인민)공화국을 보호함으로써 다른 개발도상국들에 자국의 힘을 과시하고 평양을 영향권 내에 두기를 원합니다.

둘째는 한편으로 북한을 감싸는 현행 정책을 유지하면서, 다른 한편으로는 일본, 한국 및 미국과의 협력관계를 권유하는 것입니다. 중화인민공화국은 한반도에서 분쟁을 방지하기 위하여 평양 정권이 개혁을 시행하고 도발을 삼가도록 하기를 원합니다.

셋째는 중국이 북한에 대해 더욱 강한 압력을 행사하고 국제적 제재에 동참하며, 필요하면 북한 감싸기를 포기하는 것입니다.

이와 같은 견해, 말하자면 북한의 정권과 체제를 보호하기 위한 무조건적 지원, 도와주면서 개방과 변화를 유도, 압력을 가하고 필요 시 포기 가운데 중국 정부의 현행 정책은 둘째, 즉 북한 및 그 체제의 생존을 지원하면서 개혁, 개방 및 도발 자제를 권고하는 것으로 보입니다. 그러나 중국의 북한 정책은 북한에 압력을 가중하는 쪽으로 서서히나마 이동하기 시작한 것으로 감지됩니다. 이는 한국 통일에 대한 이해관계와 관련한 중국의 계산과 밀접한 관련이 있는 것으로 간주됩니다.

중국의 이해관계

중국은 만약 한반도가 한국의 주도하에 통일된다면 다음과 같은 단기적 이익을 얻을 것으로 생각하고 있습니다.

첫째, 한반도가 통일되면, 지금까지 부담스러웠던 북한에 대한 경제원조와 군사 지원의 짐으로부터 풀려날 것입니다.

둘째, 중국은 한반도에서 남북한 간의 적대 행위와 대립에서 벗어남으로써 자국의 이익에 반하는 것으로 간주되는 군사적 충돌과 전쟁의 위험으로부터 자유스러워질 것입니다. 이와 같은 인식은 북한이 최근 핵무기와 미사일 개발을 가속하는 데 따른 핵무기 공격과 사고 가능성으로 중국에 대한 위협이 증대되고 있다는 사실과 무관하지 않습니다.

셋째, 북한의 군사적 위협 증가는 또한 일본의 군사화와 미국의 동북아 군사력 증강의 명분을 제공합니다.

넷째, 한국 주도의 통일을 전제로 할 때, 중국은 이미 활발한 남한과의 경제관계를 더욱 확대하고 활성화할 뿐 아니라 북한 내 경제적 이익을 안정적으로 확보할 기회를 포착할 수 있을 것입니다.

중국은 한국 통일로부터 장기적으로 다음과 같은 이익을 얻기 희망할것으로 보입니다.

첫째, 통일은 한반도뿐 아니라 동북아시아 전체의 평화와 안정에 기여할 것입니다.

둘째. 통일정부하의 남북한을 합한 경제권 및 시장은 중국에 더 큰 경제적 기회를 제공할 뿐 아니라 중국이 주축이 되는 지역 통합에도 기여할 것입니다.

셋째, 통일한국은 미중관계의 변화 여부에 상관없이 외부 세력(미국)의 군사적 관여 및 주둔 사유(적절성)를 없앨 것입니다. 동시에 한미일 3국 간 동맹이 중국을 가두고 에워쌀 이유가 약해질 것입니다.

이와 같이 장단기의 긍정적 함의에도 불구하고, 중국은 한반도 통일의 부정적 결과와 영향에 대한 우려를 표시하기도 합니다.

단기적으로 중국은 다음과 같은 염려를 합니다.

첫째, 만약 한반도가 통일의 소용돌이 안에서 불안정해진다면 수많은 피난민이 북한에서 중국으로 유입될 것입니다. 북한 피난민이 압록강과 두만강을 건너 중국의 동북 3성(요녕, 길림, 흑룡강)의 변경 지대로 들어감과 아울러, 해로를 따라 요녕, 하북 및 산동 해안으로 상륙할 것입니다. 난민의 대규모 유입은 중국에 엄청난 재정적 부담을 안겨줄 뿐 아니라 지역 안보에 대한 위협이 될 것입니다. 난민 문제는 통일한국과의 관계에서도 난제가 될 것입니다.

둘째, 한반도 통일은 중국과 북한 간의 경제관계에 직접적으로 부정적인 영향을 미칠 것입니다. 이는 특히 북한과 중국 간 무역의 70퍼센트를 차지하는 동북 3성과의 경제관계에 막대한 지장을 초래하게 될 것입니다.

셋째, 중국인들의 생계와 재산, 예를 들어 회사, 식당, 상점, 공동주택, 도로 및 항만과 같은 하부구조, 그리고 합작 사업 등이 통일 과정의 사회 불안 및 무질서로부터 손실을 입게 될 것입니다.

중장기적으로 중국은 통일의 결과에 대해 다음과 같이 우려합니다.

첫째, 미국의 동북아 주둔에 대한 '완충' 지대 노릇을 할 수 있는 북한의 존재를 잃을 것입니다.

둘째, 중국의 북한 내 경제 기반은 남한이 대체할 것이므로 위축되고 약화될 것입니다. 중국과 북한 간의 교역량(2014년 69억 달러)은 중국의 총교역량(4조 3천억 달러)에서 극히 미미한 부분(0.16% 또는 1/623)에 해당되므로 중국의 연간 대외무역 가운데 큰 몫이 아닌 것으로 치부될지 모르나, 한국 통일은 요녕성과 길림성에 상당한 타격이 될 것이고 단동과 연길은 더욱 심각한 피해를 입을 것입니다.

셋째, 동맹관계(한미동맹) 및 외국 군대의 통일한국 주둔과 같은 사안에 불확실성이 내재되어 있습니다.

이상과 같이 저는 한반도 통일에 관한 중국의 긍정적 견해와 부정적 견해를 비교하고 나열했습니다. 이제 제가 마지막에 언급한 한미동맹과 주한미군에 대한 중국의 시각에 관하여 좀 더 상세히 말씀드리고자 합니다.

중국은 원래 한미동맹뿐만 아니라 미일동맹도 '필요악'으로 간주하여 1990년대 냉전 말엽까지는 긍정적이거나 최소한 관대한 입장을 견지했습니다. 그 이유는 미일동맹이 일본의 재무장(및 핵무장)을 억제할 뿐 아니라 중국의 경쟁국인 소련의 군사력에 대응하는 역할도 수행했기 때문이었습니다. 특히 한미동맹이 한반도에서 북한의 도발을 억지하는 역할을 한다는 사실은 중국이 그것의 유용성을 받아들이는 이유가 되었습니다.

냉전이 종식되고 소련의 위협이 크게 잦아들자, 중국은 한미동맹과 미일동맹이 중국을 겨냥하고 있다는 판단하에 미국의 동북아 동맹체제를 냉전의 유산이라고 비난하기 시작했습니다.

중국은 또한 한미동맹 및 미일동맹과 같이 미국을 중심으로 한 현행 양자 합의가 나토형의 다자동맹으로 발전할 가능성을 경계하고 있습니다. 그래서 통일한국이 그와 같은 다자동맹체제에 합류할 전망에 대한 우려가 중국에 있다고 보입니다.

중국은 미국이 일본이나 한국에 확장억지(핵우산)를 제공하는 데도 민감한 반응을 보이면서 반대 입장을 견지하고 있습니다. 중국은 미국이 일본과 한국에 핵억지력을 제공함으로써 자국의 핵억지력을 상쇄하거나 반감시키는 것으로 생각하고 있음이 분명합니다.

그러나 객관적인 관점에서는 미국의 확장억지나 한미동맹이 중국에 항상 불리하지만은 않습니다. 저는 이 점이 현재는 물론이고 한국 통일 이후까지도 옳다고 생각합니다. 핵억지 및 한미동맹은 미일동맹과 함께 일본을 계속해서 비핵 국가로 묶어두는 효과가 있을 것입니다. 이는 통일한국에 안보에 대한 자신감을 불러일으킴으로써 군비 확장의 필요성을 없애줄 것이 틀림없으며, 나아가 군비 축소까지도 기대할 수 있을 것입니다. 뿐만 아니라, 이는 또한 미국으로 하여금 지금은 차치하고라도 통일 이후까지도 한국과 일본 간의 평화를 유지하는 데 평화 구도자 역할을 수행할 수 있도록 할 것입니다. 동시에 한국은 양 대국과 긴밀한 관계를 유지함으로써 미국과 중국 간의 협력에 유용한 건설적 중간자 역할을 담당할 수 있을 것입니다.

유럽에서 독일 통일 후 다자동맹인 NATO는 종식되지 않고 더욱 확대되고 강화되었습니다. 그러나 동북아에서는 다자동맹이 현재에도 없으며 앞으로(특히 한반도 통일 후)는 더욱 필요하지도, 가능하지도 않을 것입니다. 오히려 재래식 세력 균형을 상징하는 다자동맹체제를 넘어서는 집단적 평화안보구조(collective security architecture)가 가능해질 것입니다.

주한미군에 관한 한, 중국은 통일 후 한반도에 미군이 주둔할 이유와 필요성이 줄어들거나 사라질 수 있을 것으로 기대할지 모릅니다. 동시에 중국은 설사 통일 후 한미동맹이 유지되고 미군이 계속 주둔한다 하더라도 미군은 결코 현행 군사분계선 이북으로 진출하지 않기를 요구할 것입니다. 북한의 대량살상무기, 특히 핵무기 및 대륙간탄도탄을 해체하는 과정에서 일정 수준 미국의 군사적 역할이 필수불가결하다는 미국의 입장은 예상되지만, 그런 요구(미군의 휴전선 이북 불진출)가 한국과 미국에 수용이 불가하지는 않을 것입니다.

따라서 중국은 한국과 미국이 중국에 다음 사항들을 보장해줄 것을 원하고 있을 것입니다.

첫째, 한국과 미국은 미군이 비무장지대 이북으로 진출하지 않는다는 데 합의한다.

둘째, 미국은 비무장지대 이북에 새로운 군사기지를 설치하지 않는다.

셋째, 한국군의 북한 내 활동은 전쟁의 범주에 속하지 않으므로 작전통제권이 전환되기 이전이라도 미국의 전시작전통제 범위 밖에 해당한다. 한국군은 중국 접경 지역을 피하여 북한군을 무장해제한 뒤 퇴각한다.

넷째, 한국과 미국은 인적, 군사적 정보를 포함한 북한 관련 정보를 중국과 공유한다.

다섯째, 한미 동맹국이 북한의 대량살상무기(핵, 생화학무기 및 그 운반 수단)를 확보한 때는 국제연합 및 국제원자력기구와 같은 국제기구와 적극 협조한다.

여섯째, 통일한국은 별도의 협상과 합의가 없는 한 남북한이 중국과 맺은 영토 관련 협약을 존중한다.

일곱째, 통일한국은 비핵 국가가 될 것임을 약속한다.

5. 결론

한국 통일과 관련한 주요국들의 모든 이해관계를 반영한다면, 독일 통일의 경우와 마찬가지로 미국이 한국 통일을 적극 지지하고, 일본의 비호의적인 반응이 완화되며, 중국이 한국 통일을 받아들임으로써 한반도 통일의 가능성을 증대시킬 수 있다고 말할 수 있습니다. 미국의 적극적인 협조와 지지와 보장이 없이는 중국이나 일본을 설득하기가 어려울 것입니다. 한국은 통일을 추진하는 데 주변 4대국과 조용하지만 전향적으로 협의하고 조정하는 것이 필수적입니다.

독일 통일 시 당초 프랑스와 영국을 비롯한 일부 주변국과 소련은 독일 통일이 그들의 이익에 반하는 것으로 간주하여 환영하지 않았습니다. 그들은 주로 미국의 설득으로 태도를 변경했습니다. 독일 통일은 넓게는 유럽공동체와 그 안에 있는 개별 국가뿐 아니라, 후에 러시아가

된 소련을 포함한 동유럽 국가의 이익에도 궁극적으로 부합함이 드러났습니다. 통일독일은 유럽 통합의 동력과 지도력에서 경제적 자원을 공급하고 통합된 유럽과 러시아를 포함한 나머지 나라 사이의 가교 역할을 수행하는 주요 원천이 되었습니다.

한국의 경우 각국이 한국 통일을 각국의 개별적 이익에 부합하거나 반하는 것으로 간주함에 상관없이 통일한국이 가져올 몇 가지 긍정적 효과에 집중할 필요가 있습니다.

먼저 통일은 한반도와 아시아 전역에서 핵 비확산 문제를 해결하기 위한 확실한 방안이 될 것입니다.

둘째로 통일한국은 긴장과 분쟁의 중요한 근원을 제거함으로써 지역 평화와 안정에 기여할 것임이 확실합니다.

셋째, 한반도의 통일은 동아시아의 통합과 협력에 기여할 것입니다.

끝으로, 통일한국은 정치적, 경제적 협력의 주요 기반 및 원천이 되어 지역 경제의 규모, 활력 및 활동을 확대하는 데 기여할 것입니다.

이러한 모든 통일의 수확(dividend)은 한국뿐 아니라 모든 이해 당사국들이 한국 통일을 지지하고 찬성해야 하는 확고한 이유가 될 수 있습니다.

부록 5

주요 해외 신문기사와 인터뷰 동영상

뉴욕타임스 1993년 12월 28일

Seoul Journal; A Korean Voice: Forceful, but Almost Inaudible

By David E. Sanger,

http://www.nytimes.com/1993/12/28/world/seoul-journal-a-korean-voice-forceful-but-almost-inaudible.html

뉴욕타임스 2003년 4월 20일

Korean Diplomacy Enters a New Era

By Howard W. French

http://www.nytimes.com/1993/12/28/world/seoul-journal-a-korean-voice-forceful-but-almost-inaudible.html

워싱턴포스트 2004년 7월 16일

South Korean Ambassador Knows How to Keep His Cool

By Nora Boustany

http://www.washingtonpost.com/wp-dyn/articles/A53683-2004Jul15.html

버클리대학 국제문제연구소 인터뷰

Conversations with History:

Institute of International Studies, UC Berkeley

http://globetrotter.berkeley.edu/people3/Han/han-con0.html

약어 일람

AFKN American Forces Korea Network
주한미군을 대상으로 하는 라디오 방송

AMF Asian Monetary Fund
아시아 통화기금

ANZUS Australia-New Zealand-U.S.
태평양안전보장조약

APEC Asia Pacific Economic Cooperation
아시아·태평양 경제협력체

ARF ASEAN Regional Forum
아세안 지역포럼

CFR Council on Foreign Relations
미국 외교협회

CSCAP Council for Security Cooperation in the Asia Pacific
아태안보협력이사회

DGAP Deutsche Gesellschaft für Auswärtige Politik
독일 외교협회

EAFTA East Asia Free Trade Area
동아시아자유무역지대

EAS East Asian Summit
동아시아 정상회의

EASG	East Asian Study Group
	동아시아 연구기구
EAVG	East Asia Vision Group
	동아시아 비전그룹
EC	European Community
	유럽공동체
EEC	European Economic Community
	유럽경제공동체
ESCAP	Economic and Social Commission for Asia and Pacific
	아시아태평양 경제사회위원회
EU	European Union
	유럽연합
FOTA	Future of the Alliance
	동맹의 미래
FOTAF	Friends of the Asia Foundation
	아시아재단우호협회
FTA	Free Trade Agreement
	자유무역협정
IAEA	International Atomic Energy Agency
	국제원자력기구
IFRI	Institut français des relations internationales
	프랑스 국제관계연구소
IMEMO	Institute of World Economy and International Relations
	러시아 국제정치경제연구소

JCIE	Japanese Center for International Exchange 일본 국제교류센터
NATO	North Atlantic Treaty Organization 북대서양조약기구
NPT	Nuclear Non-Proliferation Treaty 핵확산금지조약
PBEC	Pacific Basin Economic Council 태평양경제협의회
PECC	Pacific Economic Cooperation Conference 태평양경제협력협의회
RIIA	Royal Institute of International Affairs (Chatham House) 영국 왕립 국제문제연구소
RPF	Rwandan Patriotic Front 르완다 애국전선
SRSG	Special Representative of the Secretary-General 사무총장 특별대표
TCOG	Trilateral Coordination and Oversight Group 한·미·일 3자 협의회
TPP	Trans Pacific Partnership 환태평양경제동반자협정
UNAMIR	United Nations Assistance Mission for Rwanda 유엔평화유지군
UNDP	United Nations Development Programme 유엔개발계획

저자 연보

1940. 9. 13	서울 출생
2014. 9–2017. 4	한·독 통일외교정책자문위원회 공동위원장
2008–2017	한미협회 회장
2009. 8–2010. 12	FIFA 월드컵 유치위원회 위원장
2007. 3–2008. 1	고려대학교 총장서리
2006–	고려대학교 정치외교학과 명예교수
2003. 4–2005. 2	제19대 주미 대사
2002. 6–2003. 2	고려대학교 총장서리
2000–2003	삼각위원회 아시아태평양지역 부의장
2000	동아시아비전그룹(EAVG) 의장
1998–2000	아태안보협력이사회(CSCAP) 공동의장
1995–1996	키프로스 담당 유엔사무총장 특별대표
1995–2003	유네스코 석좌교수
1993. 2–1994. 12	제24대 외무부 장관
1988–1993, 1998–2003	서울국제포럼 회장
1978–2005	고려대학교 정치외교학과 교수
1970–1978	미국 뉴욕시립대학교(CUNY) 교수

학력 사항

1964–1970 캘리포니아대학교(버클리) 정치학 박사

1962–1964 뉴햄프셔대학교 대학원 정치학 석사

1958–1962 서울대학교 외교학과 학사

1952–1958 경기중고등학교

수훈

2016 일본 욱일대수장

1995 청조근정훈장

1993 페루의 태양 대십자훈장

1992 수교훈장 창의장

저서

〈동반성장과 한반도 통일〉(공저), 동반성장연구소, 2016. 6. 13

〈대한민국 국격을 생각한다〉(공저), 올림, 2010. 11. 25

〈남과북 그리고 세계〉, 나남, 2000. 9. 13

〈세계화시대의 한국외교〉, 지식산업사, 1995. 5. 1

〈전환기 한국의 선택〉, 한울, 1992. 11. 1

〈한국사회의 제문제〉(공저), 민음사, 1987. 3. 1

〈제2공화국과 한국의 민주주의〉, 종로서적, 1983. 8. 1

〈중공의 현실〉(공저), 고려대학교출판부, 1981. 2. 1

영문판

The Failure of Democracy in South Korea. University of California Press, 1974.

The US-South Korean Alliance: Evolving Patterns in Security Relations, Gerald L. Curtis and Sung Joo Han (co-editors). Lexington Press, 1983.

집필 후기

내가 장관직에서 물러난 것은 1994년 말, 50대 중반의 나이였다. 대사직을 마친 것은 10년 후인 2005년 초, 60대 중반이었다. 그 당시에 회고록을 생각해보지 않은 것은 아니었으나, 카네기위원회 위원장을 지낸 미국의 지인인 로버트 마이어스(Robert Myers) 박사가 아직 젊은 나이이니 조금 더 기다려보는 것이 좋겠다고 조언해주었다.

그 후 70대에 접어들어 회고록을 쓸까 했는데, 이런저런 일과 핑계로 엄두가 나지 않았다. 무엇보다도 회고록을 쓴다는 것이 내성적인 나에게는 나의 인생의 겉옷을 벗고 알몸을 보여주는 것같이 무척이나 쑥스럽기도 하고 부담스럽기도 했다. 남들 앞에 내세울 정도로 잘난 것도 별로 없는 인생을 노출한다는 것이 아무래도 마음 내키지 않았다.

나는 대학에 진학할 때나 유학을 갈 때에도 큰 뜻이 있어서라기보다는 남이 하니까, 부모님이 기대하시니까 그대로 한 것에 불과했다. 공부하는 것 외에 별다른 기술이나 특기가 없다 보니 그저 세태에 따라 갔을 뿐이다. 시험을 치를 때마다 마음을 졸이기는 했으나, 내가 알기로는 1, 2등을 다툰 일도 없고 운이 좋아서인지 떨어진 일도 없었다.

회고록은 전기나 자서전처럼 인생 전체를 다루는 것이 아니고 한 분야에서 해온 일을 집중적으로 기술하는 것이다. 나는 교수로 인생의 대부분을 살았다. 외교관으로 활동한 시간은 인생 전체를 놓고 보면 일부분에 지나지 않았다. 그러나 나의 족적을 돌이켜보면 외교관으로서 했던 일이 학자로서의 역할보다 결코 적지 않은 부분이었다고 생각한다.

내가 '외교의 길'에 중점을 둔 회고록을 본격적으로 쓰게 된 동기는 세 가지다.

그중 하나는 3년 전 국립외교원에서 전직 외교관들의 외교활동을 구술로 정리하는 '오럴 히스토리' 작업을 하면서 나에게 집중적 인터뷰를 요청했던 것이다. 하루에 2시간씩 10회, 도합 20시간을 구술했는데, 그 작업을 주도했던 이혜정 중앙대 교수가 어찌나 나의 과거 활동과 저술 등을 철저히 조사, 추적하는지 나로서도 감탄할 노릇이었다. 그는 날카로운 질문과 구체적인 지적으로 나의 과거를 회상하고 생각을 정리하는 데 결정적인 도움을 주었다. 깊이 감사드린다. 구술 인터뷰의 기획과 진행에 도움을 준 국립외교원의 이상숙 교수에게도 감사의 말씀을 드린다.

두 번째 계기는 다소 사소하다고 느껴질 정도다. 2016년 11월 8일 미국 대통령 선거에서 예상외로 도널드 트럼프라는 정치의 이방인이 당선되었다. 나는 미국 대선 과정에 큰 관심을 갖고 미국 방송, 특히 CNN을 즐겨 보았는데, 그 결과에 실망한 나머지 한동안 TV를 멀리하게 되었다. 그러면서 회고록 집필에 집중하게 되었다. 마음이 혼란스러울 때는 글을 쓰는 것이 안정에 크게 도움이 된다는 사실을 그때 깨달았다.

세 번째 이유는 나의 나이와 관련된 것이다. 70이 넘어서면서 기억력도 예전 같지 않고, 앞으로 건강에 어떠한 변화가 있을지 모르는 상황에서 10년, 20년 전의 일을 하루라도 빨리 기록해두는 것이 좋겠다는 생각이 들었다.

나는 일기를 매일 쓰거나 서류를 체계적으로 보관하는 성격이 못 되는 사람이다. 그저 중요하다고 생각하는 사안이나 대화 내용을 간단히 노트해놓는 정도다.

사람의 기억이나 사고(reasoning)라는 것이 온전하거나 완벽할 수는 없다. 그러나 나는 이 책에서 과장과 허위 또는 막연한 속단에서 벗어나 상식적이면서도 사실에 최대한 근접하게 기술하려고 노력했다. 그러한 흔적을 독자들이 알아주고 인정해줄 수 있기를 바란다.

2017년 5월 1일